ENCUENTROS

¡Apúntate!

Método de español

PASO AL BACHILLERATO

Cornelsen

¡Apúntate! Paso al bachillerato
Lehrwerk für Spanisch als zweite Fremdsprache

Im Auftrag des Verlages erarbeitet von:
Joachim Balser, Isabel Calderón Villarino, Amparo Elices Macías, Heike Kolacki, Lito Vila Baleato

und der Redaktion Fremdsprachen in der Schule:
Úrsula Ávalos León (Projektkoordination), Heike Malinowski (Projektleitung),
Soledad Rodríguez, Nadine Stephan, Steffi Weinert

Assistenz:
Nadja Hantschel, Ulrike Schick

Beratende Mitwirkung:
Alexander Grimm, María José Gonzalo Tasis, Dr. Barbara Köberle, Werner Kraft, Ulrike Lützen,
Frauke Wegener-Höllings, Miriam Wimmer

Gesamtgestaltung und technische Umsetzung: werkstatt für gebrauchsgrafik, Berlin
Karten: Dr. Volkhart Binder, Berlin
Illustrationen: Rafael Broseta
Umschlagfoto: © Oliver Rossi / Corbis

Begleitmaterial zu ¡Apúntate! Paso al bachillerato

Vokabeltaschenbuch	ISBN 978-3-06-020216-4
Cuaderno de ejercicios	ISBN 978-3-06-020214-0
Grammatikheft	ISBN 978-3-06-020215-7
CD	ISBN 978-3-06-020220-1
Handreichungen für den Unterricht	ISBN 978-3-06-020218-8
Folien	ISBN 978-3-06-020219-5

www.cornelsen.de

1. Auflage, 1. Druck 2012
Alle Drucke dieser Auflage sind inhaltlich unverändert
und können im Unterricht nebeneinander verwendet werden.

Druck: Stürtz GmbH, Würzburg

ISBN 978-3-06-020212-6

Inhalt gedruckt auf säurefreiem Papier aus nachhaltiger Forstwirtschaft.

3 ¿CÓMO ES LA ESPAÑA DE HOY?

Bei den mit Zusatz *facultativo* versehenen Teilen des Buches handelt es sich um ergänzende Angebote, die im Unterricht bei Bedarf ausgelassen werden können.

Symbole und Verweise:

1|3 Hörverstehen

Sprachmittlung

▶▶ Hinweis auf *Resumen*

▶▶ Hinweis auf *Vocabulario temático*

Hinweis auf Destrezas *(Methodenanhang)*

facultativo fakultative Übung

PRIMER PASO

Reglas del juego:

Jugad en grupos de tres. **A** y **B** responden las preguntas y avanzan, si han respondido correctamente. **C** comprueba si las respuestas son correctas (Soluciones, p. 222).

1. Comienza el/la más joven de vosotros/-as.
2. Empieza abajo, en el 1, y responde la pregunta correspondiente.
3. Puede continuar subiendo y respondiendo preguntas, si responde correctamente.
4. Gana el/la que llegue primero a lo más alto de Machu Picchu.

Preguntas para A

1. Di el nombre de tres culturas precolombinas y en qué parte de América vivían.
2. Conjuga en futuro: querer
3. Pide la cuenta en una cafetería.
4. Dos idiomas de España además del español.
5. ¿Indicativo o subjuntivo?: – ¿Piensas que Antonio [...] (*estar*) en el instituto? – No, no pienso que [...] (*estar*/él) allí. Ya es muy tarde.
6. ¡Dilo en español!: Es ist warm/kalt. Das Wetter ist gut/schlecht.
7. Explica un problema ecológico de las costas españolas.
8. Completa con subjuntivo: Busco chicos y chicas que [...] (*saber*) tocar la guitarra y [...] (*cantar*) bien.
9. Di dos palabras de la misma familia: estudiar
10. Di cuáles son las posibilidades que tienen los jóvenes españoles cuando terminan la ESO.
11. Completa con imperfecto de subjuntivo: Mi abuela me llamó para que la [...] (*acompañar*) al centro.
12. ¡Dilo en español!:
    a. Sie ist klug.
    b. Sie ist fertig.
13. Di el nombre de la capital de Perú y la región en la que está.
14. ¿Dónde va el adjetivo?: El [...] niño [...] (*pobre*) se ha caído y se ha hecho daño.
15. Di el contrario: húmedo/-a, subir, la enfermedad

Preguntas para B

1. Di el nombre de los barcos en los que Colón fue a América.
2. Conjuga en futuro: tener.
3. ¡Dilo en español!:
    a. Marco kann Spanisch sprechen.
    b. Luisa kann nicht kommen.
4. Di el nombre de tres atracciones de Barcelona.
5. Completa con condicional: – Me duele la espalda. – Pues yo en tu lugar [...] (*hacer*) deporte y me [...] (*ir*) temprano a dormir.
6. Di el nombre de cuatro medios de transporte.
7. Explica un problema de la juventud peruana.
8. Completa con imperfecto de subjuntivo: Raúl quería que su primo Patricio le [...] (*regalar*) un libro para su cumpleaños.
9. Di dos palabras de la misma familia: cantar
10. Di cuáles son las tres regiones geográficas de Perú.
11. Completa con la voz pasiva: Todos los años, durante la Feria de abril, Sevilla [...] (*visitar*) por muchos turistas.
12. ¡Dilo en español!:
    a. Paco ist mein einziger Onkel.
    b. José ist ein bedeutender Sänger.
13. Di el nombre de dos productos de exportación de Perú.
14. Completa con la forma del pronombre cuyo: El hotel, [...] jardines tienen plantas de todo el mundo, es muy famoso.
15. Di los verbos: el susto, la sorpresa, el gusto, el inmigrante.

Machu Picchu en Perú

TU MUNDO Y TÚ

¡ACÉRCATE!

COMPRENSIÓN AUDITIVA

1 Actividad de preaudición: ¿Qué pasa en las fotos de las páginas 10 y 11? Formula hipótesis.

1|2

2 Escucha: ¿qué crees que significan estas palabras y expresiones?

catear, pringar
flipar
ser chungo/-a
llevar unas pintas
comerse el tarro
la peña

1

2

3

4

5

6

1|3

3 **a** Escucha los diálogos y relaciónalos con las fotos. Después di de qué tratan.

1|3

facultativo

b Escúchalos otra vez y contesta las siguientes preguntas.

1. ¿Qué van a hacer Adrián y David por la tarde?
2. ¿Con quién ha quedado Romina esta tarde?
3. ¿Con qué asignatura tienen problemas los chicos? ¿Por qué?
4. La madre de Mateo no está contenta con su hijo. ¿Por qué?
5. ¿Qué regalos proponen los chicos para Mateo?
6. ¿Quiénes preparan la fiesta el sábado?

EXPRESIÓN ORAL

4 **a** ¿Sobre qué discutís con vuestros padres? Apuntad los temas en la pizarra. Después, comentad con qué frecuencia discutís sobre estos temas. ▶▶ p. 24, Vocabulario temático

nunca, casi nunca,
pocas veces, a veces,
muchas veces,
todas las semanas,
todos los días

b Elegid uno de los temas de a, inventad una discusión típica entre padres e hijos y presentadla en clase.

¡Siempre lo mismo!
¡Basta ya!
¡Déjame en paz!
¡Esto sí que no lo aguanto!
Así no podemos seguir.
¿Por qué tienes esa cara?
Hoy no es mi/tu día.

¡No exageres!
¡No insistas!
¡Hazlo por mí!
¡Lo siento!
Me / Te da igual.
¿Otra vez?
¿Y qué más da?

(no) *estar* de acuerdo
estar harto/-a de
dar la lata
hablar con calma
echarse a llorar
hacer un trato

Me molesta que + *subj.*
No es justo que + *subj.*

A ¿AMIGAS PARA SIEMPRE?

ACTIVIDAD DE PRELECTURA

1 Relaciona el título del texto con la foto y comenta: ¿cómo se sentirán las chicas en ese momento? ¿En qué estarán pensando?

1|4
1|5

¿Amigas para siempre?

Conozco a Romina desde que nos mudamos a vivir aquí. Parece que fue hace un siglo ...

Yo tenía 12 años y recuerdo que lo veía todo supernegro. Tenía un montón de problemas: nueva ciudad, nuevo instituto, dejar a mis antiguos amigos ... Me sentía totalmente perdida y me preguntaba todos los días qué hacía yo aquí ... Es horrible ver cómo todo tu mundo se viene abajo. Estaba triste, sola y completamente fuera de lugar.

Pero entonces conocí a Romina, casi de casualidad: primer día de curso, primera hora de clase, Matemáticas.

La Búho (así llamábamos a nuestra profe de Mates) nos sentó por orden alfabético: Romina Carracedo, Verónica Castillo.

Nos entendimos genial desde el primer día. Además de partirnos de risa en las clases y ayudarnos con los deberes y los exámenes, pronto empezamos a hablar de nuestras cosas.

Después de tantos malos rollos, por fin me sentía realmente feliz. Me encantaba hablar con Romina; pasábamos tardes juntas haciendo los deberes, escuchando música o leyendo revistas de famosos. Nos molaban las mismas series, la misma música, los mismos libros ...

Romina siempre estaba de buen humor y además, me lo transmitía. Cuando llegaba a casa, lo primero que hacía era llamarla por teléfono o chatear con ella.

Pero lamentablemente, todo empezó a cambiar cuando Romina conoció a David en la fiesta de cumpleaños de su hermana.

Hace unos meses empecé a sentir que yo, para ella, ya no era tan amiga como antes. Esta sensación me sacaba de quicio. Para darle celos y hacerme la interesante, me inventé un novio en el pueblo de mi madre, pero ella estaba tan concentrada en David que ni siquiera me escuchó.

Poco a poco dejamos de vernos después de las clases. Yo tenía la sensación de que cada vez ella se alejaba más de mí y se acercaba más a David que, por aquel entonces, ya era su novio «oficial» …

Es verdad que a veces Romina me preguntaba si quería ir con ellos a tomar algo, pero yo me sentía fatal cuando se besaban o se reían de tonterías que yo no comprendía. Por eso dejé de salir con ellos.

Ahora nos vemos casi sólo en el instituto. Ella sigue siendo supersimpática conmigo, pero ya no es lo mismo. Ya no pasamos las tardes juntas ni tenemos la misma confianza que antes. Yo ya me he ido acostumbrando y hago las cosas que antes hacía con Romina con otras chicas de la clase, pero la echo de menos. A fin de cuentas,

era mi mejor amiga.

10 venirse abajo *einstürzen* 11 fuera de lugar *fehl am Platz* 13 de casualidad *zufällig* 15 la búho *der Uhu (Spitzname)* 19 partirse de risa *sich vor Lachen biegen* 31 transmitir a/c *etw. übertragen* 39 sacar de quicio a alg. *jdn. auf die Palme bringen* 39 darle celos a alg. *jdn. eifersüchtig machen* 46 alejarse *sich entfernen* 51 besarse *sich küssen* 59 acostumbrarse (a) *sich gewöhnen (an)* 61 a fin de cuentas *schließlich*

COMPRENSIÓN LECTORA

2 Resume el problema de la narradora.

al principio / primero	además / también
después / luego	al final

facultativo **3** ¿Verónica es una buena amiga? Justifica tu respuesta.

LA LENGUA

Reactivando el pretérito indefinido y el pretérito imperfecto

4 a Ramón habla de su amistad con Enrique. Decide si hay que utilizar el pretérito indefinido o el pretérito imperfecto. ▶▶ p. 17, Resumen 1

«Antes Enrique y yo [...] *(ser)* como hermanos. [...] *(conocerse)* en el colegio hace cuatro años. Antes. [...] *(quedar)* casi todas las tardes. Siempre lo [...] *(pasar)* bomba: después de las clases, [...] *(hacer)* los deberes juntos y luego [...] *(escuchar)* música, [...] *(jugar)* al fútbol o [...] *(ir)* al cine.
Pero el año pasado todo [...] *(cambiar)*: Enrique [...] *(empezar)* a jugar al fútbol en el equipo del instituto. Es que él [...] *(ser)* muy bueno para el fútbol. Siempre [...] *(ir)* al entrenamiento o a alguna reunión con los otros jugadores.
El otro día lo [...] *(ver)* en la plaza. [...] *(estar)* con esos tíos. Yo [...] *(alegrarse)* mucho al verlo y lo [...] *(ir)* a saludar. Enrique me [...] *(decir)* ‹hola› y después [...] *(ponerse)* a contar una historia de algún partido y todos sus amigos [...] *(echarse)* a reír … Es una lástima que las cosas ya no sean como antes».

facultativo **b Tus amigos/-as y tú: cuenta una situación en la que …**

- … te enfadaste.
- … te sentiste realmente feliz.
- … estuviste triste.
- … sentiste celos.
- … algo te dio vergüenza.
- …

Reactivando el uso de algunos verbos

facultativo **5** ¡Dilo en español! Utiliza los siguientes verbos:

poner	perder(se)
pasar	recoger
tocar	

1. Manuel verbringt viel Zeit mit seinen Freunden.
2. Wer wäscht heute ab? – Luis ist dran.
3. Wir haben uns in Barcelona verlaufen.
4. Gestern habe ich meinen Schlüssel verloren.
5. Holst du Ricardo von der Disco ab? – Ja, klar.
6. Hast du den Film «Un cuento chino» gesehen? – Nein, ich habe ihn leider verpasst.
7. Ich würde meine Hand für Raúl nicht ins Feuer legen.
8. Welche Filme werden heute Abend im Kino gezeigt? – «Un cuento chino» und «Hermano».
9. Um zum Stadion zu kommen, musst du an dem Park und an der Kirche vorbeigehen.
10. Du kannst deine Jacke auf den Stuhl legen.
11. Spiel bitte nicht dieses Lied.
12. Samuel, deck bitte den Tisch.
13. In diesem Viertel passiert nicht viel. Es ist ziemlich langweilig, hier zu wohnen.
14. Du musst klingeln, um ins Gebäude zu kommen.
15. Sammelst du das Geld für die Party ein? Nein, das macht diesmal Felipe.
16. Fass diesen Hund nicht an. Er ist gefährlich.

Hablar de las relaciones afectivas

6 ¿Qué describen los siguientes verbos: algo positivo o negativo? Comenta.

Ejemplo: Para mí, «enfadarse con alguien» es algo negativo porque significa que una persona ha hecho algo que te molesta.

enfadarse con despreciar a comprender a aceptar a equivocarse con defender a respetar a llevarse bien/mal con ponerse de acuerdo con acercarse a	alguien

Dar la opinión

7 ¿Cómo debe ser una amistad?
Decide si tienes que utilizar el subjuntivo o el indicativo.

Creo que Pienso que No creo que Estoy seguro/-a de que Me molesta / fastidia que Es importante que Es necesario que Está claro que Es cierto que	entre amigos a veces *(haber)* problemas. *(hablar)* horas con el / la mejor amigo/-a por teléfono. los amigos *(ayudarse)* con los deberes. los amigos *(escuchar)* la misma música. a veces *(sentirse)* celos en una amistad. el / la mejor amigo/-a *(salir)* con otros amigos sin avisar. los amigos *(estudiar)* juntos para un examen. los amigos *(entenderse)* después de una pelea. una amistad *(acabar)* por un/a novio/-a. los amigos *(respetarse)*. una verdadera amistad *(ser)* algo muy bonito. un/a amigo/-a *(poder)* ser más importante que un/a novio/-a. …

EXPRESIÓN ORAL

8 Verónica (p. 12 / 13) te ha contado su problema. Dale consejos. Utiliza las expresiones del ejercicio 7 y las del siguiente cuadro:

Opino que …	Me da miedo que …	Puede que …
Diría que …	Es una lástima que …	Me parece que deberías …
Espero que …	No es justo que …	Te propongo lo siguiente: …
Dudo que …	Es imposible que …	Tengo una solución: …

p. 111
eine Statistik schreiben

9 **a** ¿Cuándo empieza una amistad? Mira el resultado de una encuesta a jóvenes españoles y coméntalo.

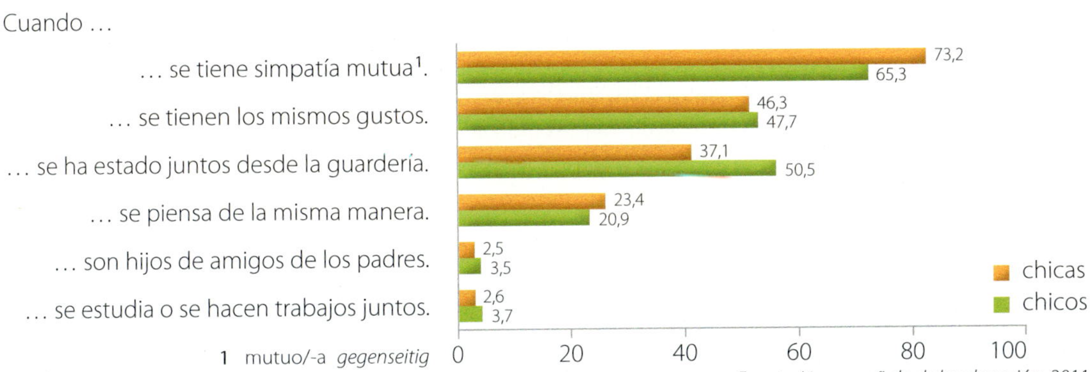

1 mutuo/-a *gegenseitig*

Fuente: Liga española de la educación, 2011

b ¿Cuándo han empezado vuestras amistades? Haced una encuesta en clase.

c ¿Cuáles son las diferencias? Comparad vuestros resultados con los de la encuesta.

MEDIACIÓN

10 **a** Estás de intercambio en España. Una de tus compañeras alemanas de instituto tiene problemas y se los cuenta a ti y a tu ‹hermana española›. Tu ‹hermana española› no habla alemán y tu compañera de instituto no habla tan bien español como tú. Ayúdalas para que se entiendan.

Hermana española: ¿Qué te pasa? ¿Estás triste?
Tú: […]
Compañera alemana: Ach, am liebsten möchte ich wieder nach Hause fahren. Mich nervt meine Gastfamilie.
Tú: […]
Hermana española: ¿Pero, por qué? ¿Ha pasado algo?
Tú: […]
Compañera alemana: Nein, die Eltern sind eigentlich ganz nett und kümmern sich auch um mich, aber Celia ist es egal, ob ich da bin oder nicht. Sie denkt im Moment immer nur an ihren neuen Freund.
Tú: […]
Hermana española: Ah, ya entiendo. Y tú te sientes sola, ¿no?
Tú: […]
Compañera alemana: Ja. Gestern waren wir im Zentrum verabredet, um einkaufen zu gehen. Aber sie kam erst eine Stunde später. Ich habe die ganze Zeit auf sie auf der *plaza* gewartet.
Tú: […]
Compañera alemana: Und dann spricht sie den ganzen Tag nur von diesem Juan: Juan sagt, Juan macht, Juan, Juan, Juan … Ich habe den Eindruck, dass sie mir nicht richtig zuhört, wenn ich mit ihr spreche.
Tú: […]

b ¿Cómo se puede resolver el problema? Formad grupos de tres y continuad el diálogo.

COMPRENSIÓN AUDITIVA

1|6

11 a Escucha el diálogo y presta atención al tono de voz de los personajes y a los ruidos. ¿Qué te dicen sobre el contenido?

1|6

b Escucha el diálogo otra vez y concéntrate en lo que dicen. Resúmelo en unas pocas frases.

1|6

c Apunta qué critica la madre exactamente.

EXPRESIÓN ESCRITA

p. 113 einen Brief schreiben

12 a Carla (ej. 11) escribe una carta a la redacción de una revista juvenil. Escribe la carta de Carla explicando su problema y cómo se siente.

p. 116 Fehler selbst korrigieren

b Intercambia la carta con tu compañero/-a y escribe la respuesta del editor. Puedes utilizar:

1. Escribe la carta directamente al editor.
2. Resume el problema / la situación en unas pocas líneas.
3. Expresa tu punto de vista de forma clara y precisa. Concéntrate en los puntos principales.
4. Termina la carta al editor con un saludo final.

Es una situación difícil, pero …
Lo más importante ahora es …
Habla con (tus padres).
No te pongas triste.
Trata de[1] entender a (tus padres).
Haz un trato con (tus padres).
Es una lástima que…
Es importante que …
Puede que …
Ojalá que …

No creo que …
No es justo que …
Dudo que …
Propongo que …
¿Por qué no …?

1 tratar de hacer a/c *versuchen, etw. zu tun*

BÚSQUEDA DE INFORMACIÓN

facultativo

13 a ¿Has hecho alguna vez un viaje con mochila? Cuenta tu experiencia. Si no has viajado nunca con mochila, ¿cómo te lo imaginas?

b En las vacaciones de verano, tú y tus amigos vais a hacer un viaje con mochila por España, pero no tenéis mucho dinero. Leed los consejos y luego añadid otros a la lista.

c Para viajar más barato, os conseguís el «carnet de alberguista». Averigua:

- ¿Dónde podéis conseguirlo?
- ¿Qué documento necesitáis?
- ¿Cuánto cuesta?
- ¿Qué tipo de carnet es el apropiado para vosotros/-as?
- ¿Dónde es válido?

Consejos para viajar como mochilero sin gastar mucho dinero

1. Preferir sitios no tan caros
   Si uno no tiene mucho dinero, es preferible visitar las ciudades más caras por tres o cuatro días como máximo y luego ir a otros sitios menos conocidos.
2. Establecer contacto con personas del país
   Siempre habrá un amigo de una tía que tiene un conocido en el lugar adonde quieres viajar.
3. Alojarse en hostales
   Para poder quedarte en hostales, debes comprar una tarjeta (p. ej. el «carnet de alberguista»). Esta tarjeta no es cara e incluye un libro con todos los hostales que hay en España.

Fuente: viatgeaddictes, 2011

http://www.reaj.com/carnet-alberguista.asp

RESUMEN DE GRAMÁTICA

1 El uso del pretérito indefinido y del pretérito imperfecto (resumen) | Der Gebrauch des pretérito indefinido und des pretérito imperfecto (Zusammenfassung)

1.1 El uso del pretérito indefinido | Der Gebrauch des pretérito indefinido

Ayer **hablé** con tu hermano. La semana pasada **empezaron** las vacaciones. En 1492 Cristóbal Colón **llegó** a América.	– einmalige Handlungen und Ereignisse in der Vergangenheit – häufig verwendete Zeitangaben: **ayer, hace … días / semanas / meses / años, el / la … pasado/-a, en 1986,** etc.
Alejandro **entró** en la heladería, **se sentó** y **pidió** un café con leche. Sara **llegó** a casa, **abrió** su cuaderno y **empezó** a hacer los deberes. En Barcelona, primero **fuimos** a la Plaza de Catalunya, después **pasamos** por las Ramblas y al final **llegamos** al puerto.	– aufeinanderfolgende Handlungen und Ereignisse in der Vergangenheit – häufig verwendete Zeitangaben: **primero, después, luego, entonces, al final,** etc.

1.2 El uso del pretérito imperfecto | Der Gebrauch des pretérito imperfecto

Antes Madrid **se llamaba** Magrit. En aquel tiempo no **había** luz eléctrica. Mi abuela **era** una mujer muy moderna.	– Zustände in der Vergangenheit – Eigenschaften von Personen und Dingen in der Vergangenheit – häufig verwendete Zeitangaben: **antes, en aquel tiempo, entonces,** etc.
Normalmente **iba** los sábados al cine. Siempre **jugaba** con mis amigos en la calle. En las vacaciones **iba** todos los días a la playa.	– Handlungen in der Vergangenheit, die sich regelmäßig wiederholten – häufig verwendete Zeitangaben: **normalmente, siempre, todos los días,** etc.

Welche Verben haben eine unregelmäßige Form des pretérito perfecto?

1.3 El pretérito indefinido y el pretérito imperfecto en la misma frase | Das pretérito indefinido und das pretérito imperfecto im selben Satz

Era un día bonito, cuando de repente **empezó** a llover. Yolanda **estaba tomando** un café en la calle cuando de repente **sonó** su móvil. Mientras Elena **hacía** sus deberes, **tuvo** una idea.	andauernde (Hintergrund-)Handlung: **pretérito imperfecto** ↕ währenddessen neu einsetzende Handlung bzw. neues Ereignis: **pretérito indefinido**
Como el libro **era** muy caro, Pablo no lo **compró**. Te **llamé** porque **tenía que** hablar contigo.	Handlungen und Ereignisse: **pretérito indefinido** ↕ Gründe: **pretérito imperfecto**

Formuliere zwei Beispielsätze, in denen jeweils das préterito imperfecto und das pretérito indefinido verwendet werden.

B NO LO ENTIENDO

ACTIVIDAD DE PRELECTURA

1 a Describe el cartel y di de qué trata.

b Haz un mapa mental sobre el tema.

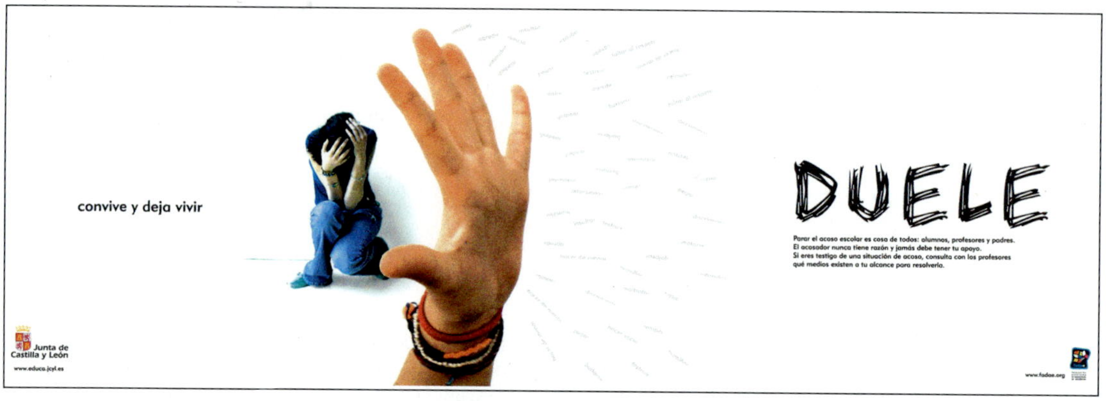

1|7
1|8

No lo entiendo. El día resultó de lo más normal. Ella llegó tarde al instituto, pero los lunes siempre llegaba tarde. Ponía la excusa de que los lunes iba a visitar a una abuela enferma, pero quizá le pasara lo que a todos: que el cuerpo se resiste más de la cuenta a levantarse de la cama. Bueno, qué más da. [...]

Durante el cambio de clase, ella no habló con nadie. Aprovechando la pausa, colgó en la percha la cazadora que había dejado en el suelo y sacó libros y cuadernos de su mochila y se sentó. Algunos nos fijamos en cómo tomaba del bolso una pequeña libreta y se ponía a escribir. Ella siempre escribía. Quienes la conocían un poco más, suponían que era algo así como un diario, en cuadernos pequeños, casi siempre de tapas rojas, atados con una goma de pelo. Muchas veces nos hemos preguntado qué escribiría, y suponíamos que hablaba de nosotros. Pero lo más probable es que anotara cosas del tipo hoy lunes, a las nueve, examen de Matemáticas, y chorradas así. Ya sabíamos cómo era. [...]

Por fin llegó el recreo y todos salimos de clase. A primera hora había llovido, pero entonces lucía el sol y apetecía ir un rato al patio o a la cafetería. Salimos todos menos ella, que se quedó con su libreta roja, anotando a saber qué. Ya nadie la molestaba cuando le daba por esas cosas raras. Primero sí, había gente que se burlaba de ella, pero ya no. Ahora todo el mundo la dejaba en paz entretenida con sus asuntos. Era una chica extraña, todos lo sabíamos. Llegó aquí en primero, como los demás, y todos nos hemos hecho más o menos amigos de alguien, pero ella no consiguió tener relación con nadie. [...]

Cuando acabó la clase [de Inglés], volvimos a poner las mesas y las sillas en su sitio. Estábamos unos de pie y otros sentados, charlando, esperando a la siguiente profesora, cuando ella gritó preguntando que quién había cogido su cuaderno. [...]

Qué pasa, preguntó la profesora. Ese fue el inicio de un agitado fin de jornada que cualquiera puede imaginar, a poco que haya estado un día en un instituto. Ella explicó, nerviosa pero firme, que alguien había abierto la cremallera de su bolso y le había cogido un cuaderno de tapas rojas, atado con una goma negra. Que estaba segura de que el bolso, cerrado y con el cuaderno, colgaba de su silla al inicio de la clase anterior, y que al acabar esa clase había desaparecido. Que seguro que la persona que lo había robado estaba allí y que no había tenido tiempo de sacarlo del aula. Que, por favor, se lo devolvieran, porque contenía anotaciones privadas. Que no se enfadaría con nadie si se trataba de una broma, pero que era una broma pesada ... [...]

Hasta llegó a proponer que la profesora y ella misma salieran de clase para dejar que los responsables lo pusieran sobre su mesa. Y así se hizo. Tres minutos después, cuando volvieron, el cuaderno no había aparecido. [...]

Hombre, es cierto que algunos se cebaron en ella desde el inicio, pero luego han cambiado de actitud y dejaron de acosarla. Cada uno es como es, y ella no ha aprovechado la oportunidad para entablar amistades. Prefirió el silencio y, claro, así uno termina solo.

Así que no lo entiendo. No sé que contendrá el cuaderno ese, pero digo yo que tampoco es para tanto. Desde que salió de clase ese lunes, no la volvimos a ver, y al inicio pensamos que estaba enfadada, con razón, aunque tampoco se descartaba que estuviera con gripe o algo así. Quizá por eso nadie de clase la haya llamado por teléfono.

No entiendo bien qué tiene que ver el robo de ese cuaderno con la barbaridad que dicen que ha intentado hacer.

Fuente: © Ricardo Gómez, No lo entiendo Ediciones SM, 2008, (texto abreviado)

6 el cuerpo *der Körper* **11** la percha *die Kleiderstange* **11** la cazadora = la chaqueta **13** fijarse en a/c = prestar atención a a/c **14** la libreta *das Notizbuch* **18** la tapa *der Buchdeckel* **18** atado/-a *zusammengebunden* **22** anotar = apuntar **24** la chorrada *fam.* = la tontería **28** apetecer a/c = tener ganas de hacer a/c **31** a saber qué = no sé qué **32** le daba por esas cosas raras *aus einer Laune heraus seltsame Dinge tun* **33** burlarse de alg. *jdn. auslachen* **36** extraño/-a *merkwürdig* **48** el inicio de un agitado fin de jornada *der Anfang eines hektischen Tagesendes* **49** cualquiera *jede/r* **49** a poco que *sobald, wenn* **51** firme *fest, standhaft* **52** la cremallera *der Reißverschluss* **56** anterior *vorhergehend* **57** desaparecer *verschwinden* **61** contener *enthalten* **61** la anotación *die Notiz* **63** tratarse de una broma *sich um einen Scherz handeln* **69** aparecer *auftauchen* **71** cebarse en alg. *Wut an jdn. auslassen* **73** la actitud *die Einstellung* **73** acosar *belästigen* **74** cada uno/-a *jede/r* **75** entablar amistad *Freundschaft schließen* **82** con razón *zu Recht* **83** descartar *ausschließen* **86** tener que ver con *zu tun haben mit* **86** el robo *der Diebstahl* **87** la barbaridad *die Grausamkeit*

HABLAR SOBRE EL TEXTO

p. 108
ne Person
eschreiben

2 Caracteriza a la protagonista.

1. Busca en el texto las frases que contengan información sobre la protagonista (p. ej. sobre su comportamiento).
2. Describe y analiza a la protagonista con la ayuda de tus apuntes. Cita también ejemplos del texto. Ten cuidado con caracterizaciones hechas por otros personajes, hay que valorizarlas como tal.
3. Saca una conclusión, es decir, resume los resultados más importantes.

Descripción

Primero / Después / Luego / Al final — uno se entera de que … / la protagonista …

A la protagonista le — gusta / molesta / interesa …

Para ella, …

Análisis

Eso significa / muestra que …

Por eso — hay que decir que … / se puede suponer que …

Así que está claro que …

p. 112
eatives
chreiben

3 Inventa qué apuntó la protagonista aquel día en su libreta. Escribe el texto.

4 Representad a los personajes como estatuas. Los demás adivinan quién es quién y explican por qué.

C ASPECTOS DE LA CULTURA JUVENIL

2.

Los aspectos más interesantes de la música

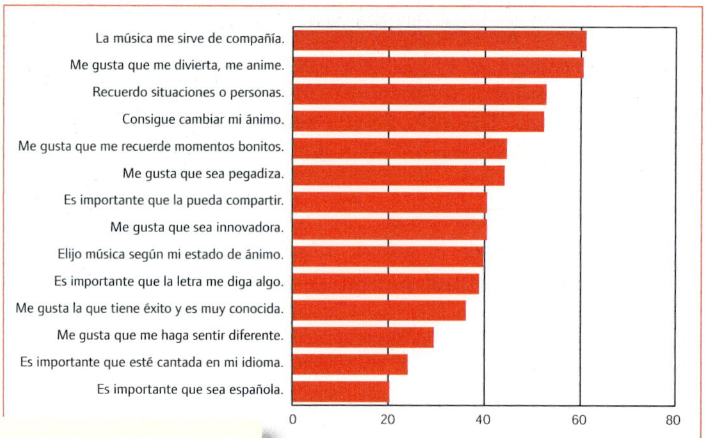

4 el ánimo *die Stimmung*
6 pegadizo/-a *ansteckend*
10 la letra *der Text*

Fuente: Injuve, 2011

1.

Amigos para siempre

Yo, no necesito conversar
porque adivino que ya sabes cómo soy
tú me has conocido siempre.

Tú, cuando me miras aquí puedes ver
dentro de mí lo que ni yo puedo entender
yo te he conocido siempre.

Amigos para siempre
means you´ll always be my friend.
Amis per sempre
means a love that cannot end.
Friends for life
not just a summer or a spring,
amigos para siempre.

I feel you near me
even when we are apart.
Just knowing you are in this world
can warm my heart.
Friends for life
not just a summer or a spring,
amigos para siempre.

Ven, nos queda tanto por vivir,
buenos momentos que podemos compartir
ya sólo sé vivir contigo.

Sé que tú algún día partirás
pero también sé que jamás olvidarás
la amistad que nos ha unido.

© Manolos

2 adivinar *(er)raten* 24 partir *weggehen* 25 jamás *nie(mals)*

3.

Déficit describe la vida superficial de un grupo de jóvenes de clase acomodada reunido en la lujosa casa de vacaciones de la familia de uno de ellos.
La película se desarrolla en Tepoztlán, un pueblo pintoresco donde los mexicanos ricos tienen casas de descanso.
Narra un día en la vida de Cristóbal (Gael García Bernal), un joven prepotente y fanático del hip-hop que es hijo de un corrupto político mexicano. En una fiesta de fin de semana, se siente atraído por Mariana (Pamela Reiter), una argentina, también hija de un político que la mandó a México antes de estallar en su país la crisis económica a finales de 2001. La trama presenta la relación entre estos jóvenes burgueses y las personas que trabajan en la casa, especialmente con Adán, un jardinero al cual Cristóbal conoce desde niño.

2 acomodado/-a *wohlhabend*
14 estallar *ausbrechen*
15 la trama *die Handlung*
17 burgués/-esa *bürgerlich, bourgeois*

4.

Fuente: Okapi, 2010

5.

2 emborracharse *sich betrinken*

Aprender en estaciones
Reglas:
- ¡Ojo! Una vez que hayas completado los ejercicios de una estación, puedes pasar a la siguiente.
- Decide tú mismo/-a en qué orden resuelves las estaciones.
- Tienes que resolver todos los ejercicios obligatorios de todas las estaciones (ej. 1 y ej. 2).
- Cuando hayas terminado con los ejercicios obligatorios, elige un ejercicio facultativo de alguna estación y resuélvelo (ej. 3).
- Al final, presentad vuestros resultados en clase.

¡Que lo paséis bien!

Estación 1: escuchar una canción

1 ¿Qué es lo más importante en una amistad? Discute con tu compañero/-a.

1|9

p. 125 para hablar de un texto

2 Escucha la canción y lee la letra. Después di si las siguientes frases son verdaderas o falsas.

1. El yo lírico ya no habla con su amigo/-a.
2. El yo lírico y su amigo/-a se conocen desde hace poco tiempo.
3. El yo lírico quiere hacer muchas cosas más con su amigo/-a.
4. El yo lírico piensa que él y su amigo/-a siempre estarán juntos.

facultativo **3** Inventa cuatro estrofas de la canción. Empiézalas así:

Amigos para siempre
(1) *Yo …*
(2) *Tú …*
(3) *Ven, …*
(4) *Sé …*

Estación 2: interpretar una estadística

1 a Mira las fotos. ¿Dónde / En qué situaciones escuchan música los chicos? ¿Qué música estarán eschuchando? ¿Por qué?

b ¿Cuál es tu música favorita? ¿Dónde / En qué situaciones la escuchas y por qué?

p. 24, Vocabulario temático

2 Elige en la estadística (p. 20) cinco aspectos que sean importantes para ti y justifica tu decisión.

facultativo **3** Escribe un artículo sobre los aspectos presentados en la estadística para el periódico de vuestro instituto hermanado en España.

Estación 3: leer la sinópsis de una película

1 Lee la sinopsis y mira el cartel de la película «Déficit». Después lee las definiciones del diccionario: ¿de qué «déficit» crees que trata la película?

2 Lee otra vez la sinopsis de la película y apunta la siguiente información:

- lugar de la acción: …
- tiempo de la acción: …
- personajes y relación entre ellos: …
- …

déficit
(Del lat. *deficĕre*, faltar).
1. *m.* En el comercio, descubierto que resulta comparando el haber o caudal existente con el fondo o capital puesto en la empresa.
2. *m.* En la Administración Pública, parte que falta para levantar las cargas del Estado, reunidas todas las cantidades destinadas a cubrirlas.
3. *m.* Falta o escasez de algo que se juzga necesario. El enfermo tiene déficit de glóbulos rojos. La ciudad tiene déficit de viviendas.

Fuente: RAE, 2011

facultativo **3** Escribe el guión de una escena de la película. Inventa más información sobre los personajes y las relaciones entre ellos. No olvides las acotaciones[1]. Después presentad la escena en clase.

1 las acotaciones *die Regieanweisungen*

Estación 4: hablar sobre un cómic

1 **a** ¿Cuáles son las actividades favoritas de los jóvenes en su tiempo libre? Haz una lista. Después compara tu lista con las de tus compañeros y complétala. ▶▶ p. 24, Vocabulario temático

b Haz una lista con tus cinco actividades favoritas. Después conversad en grupos: ¿cuáles son las actividades? ¿Dónde las hacéis? ¿Cuándo las hacéis? ¿Con qué frecuencia?

2 Lee el cómic y di cuál es el conflicto.

facultativo **3** Escribe la historia desde la perspectiva del padre. No olvides ponerle un título.

al principio / primero	además / también
después / luego	al final

Estación 5: describir un cartel

1 Describe el cartel. Toma en cuenta la imagen y el texto.

2 **a** ¿Cuál es el problema presentado? ¿A quién se dirige el cartel? Explica por qué.

b ¿Dónde crees que se puede encontrar este cartel? Explica por qué se podría encontrar allí.

facultativo **3** **a** Haz un cartel que advierta sobre el consumo de alcohol. Tu cartel debe contener los siguientes elementos: una imagen, un texto / un eslogan, un texto informativo y el logo de la organización.

b Intercambiad los carteles. Cada alumno/-a elige un cartel, lo describe y explica si es convincente.

VOCABULARIO TEMÁTICO

RELACIONES Y SENTIMIENTOS

llevarse bien / mal con alg.
querer a alg.
caerle bien / mal a alg. *jdn. sympathisch / unsympathisch finden*

discutir con alg.
pelearse con alg.
odiar a alg.

molar *fam.*

ser amigo/-a de alg.

ligar con alg. *mit jdm. flirten*
enamorarse de alg. *sich in jdn. verlieben*

amar a alg.
tener novio/-a

ACTIVIDADES

salir / quedar con amigos
ir de marcha *fam.* *ausgehen*
pasarlo bien / divertirse

ir | al cine / a una fiesta / a la discoteca / a un concierto

ir | a un bar / a la piscina / a la playa / al entrenamiento / al curso de baile / a casa de (Rodrigo)

hacer los deberes
estudiar para un examen
sacar buenas / malas notas

ser un/a empollón/-ona / pringar *fam.*
catear *fam.*

leer un libro / un cómic / una revista
dibujar
ver una película / un DVD
escribir un mensaje
escribir un e-mail
jugar al ordenador

navegar en Internet
chatear
jugar a la videoconsola
actuar en un grupo de teatro
coleccionar algo *etw. sammeln*
ordenar la habitación

hacer deporte
ir en bici
salir a correr *joggen gehen*
nadar

jugar al | fútbol / voleibol / baloncesto / balonmano

montar a caballo
bailar
esquiar
ir en moto *Motorrad fahren*

cantar en un coro *in einem Chor singen*

escuchar música | pop / rock / rap / hip-hop / tecno

tocar en un grupo

tocar | la flauta *Flöte* / la guitarra / el piano / la batería

PUNTO FINAL: REDACTAR LA EDICIÓN DE UNA REVISTA

**Vais a hacer un intercambio con vuestro instituto hermanado en España.
Para presentaros, preparáis una revista para vuestros «compañeros españoles».**

TEST
¿Ligarás este verano?

Penélope Cruz asegura que **Javier Bardem** no tiene celos de **Johnny Depp**

«Un cuento chino»: ***¡No te pierdas esta película! ¡Te va a encantar!***

La selección española triunfa en Francia.

¿Tienes un SOS?
Tania, nuestra psicóloga te ayuda.

Arrasa en la playa –
Los complementos son super-importantes para tu look playero.

Música

Tras la pista de Zenttric

Los bilbaínos Gutxi (voz), Mikel (guitarra), Javi (batería) e Iñigo (bajo) son los componentes de uno de los grupos españoles más de moda.

Empezaron en 2005, pero es ahora cuando han alcanzado el éxito con canciones tan frescas y melódicas como "Solo quiero bailar" y "Olvídate de mí", incluidas en su primer álbum.

Con su *rock* alternativo muy influenciado por el *britpop* y el indie *rock* británicos, Zenttric se ha convertido en el grupo revelación del año.

EMI MUSIC SPAIN

pop

El regreso de Christina Aguilera

Un año entero le ha costado a Christina Aguilera preparar su cuarto álbum de estudio: Bionic. Claro que, después de vender más de 30 millones de discos y de ganar cinco premios Grammy, entre otros muchos éxitos, la superpestrella del pop no podía defraudar a sus miles de seguidores, que seguro que ya se saben de memoria el primer single, "Not Myself Tonight", un tema muy rítmico y potente.

BIONIC (SONY MUSIC).

SONY MUSIC

pop - R&B

Justin Bieber Un ídolo adolescente

Con 16 años recién cumplidos, el canadiense Justin Bieber ya es un ídolo en medio mundo. Solo en EE UU, por ejemplo, vendió más de un millón de copias de su primer álbum, *My Worlds*, en su primera semana a la venta. Y ahora que el disco acaba de aterrizar en nuestro país, ya podemos disfrutar de su mezcla de pop y *R&B*, de la que son buena muestra canciones como "Baby", "One Time" y "One Less Lonely Girl".

UNIVERSAL

Al loro con...

David Bisbal, que ha grabado con Miley Cyrus "Te miro a ti" ("When I Look at You"), una balada romántica que suena en los créditos finales de *La última canción* *, la nueva película de la protagonista de *Hanna Montana*. Eso sí, David y Miley han grabado por separado tanto el tema, que combina español e inglés, como el videoclip, aunque el resultado ha sido estupendo.

* Puedes leer una reseña del filme en la sección de Cine/TV, p. 21.

David Bisbal durante el rodaje del videoclip en Miami Beach.

© WALT DISNEY STUDIOS MOTION PICTURES SPAIN

Okapi n.º 95 Junio 2010
16

Fuente: Okapi, 2010

1 Preparad el proyecto.

Toda la clase:
1. Mirad la página de la revista «Okapi» y los titulares. ¿De qué temas tratan?
2. ¿Conocéis otros temas típicos? También podéis hojear una revista juvenil.
3. Haced una lista con los temas.
4. Decidid qué temas de vuestra lista vais a tratar en la revista.

2 Realizad el proyecto.

En grupos de tres o cuatro:
1. Repartid los temas que habéis elegido. Cada grupo prepara un tema.
2. Definid de qué va a tratar vuestro artículo.
3. Cada miembro del grupo reúne la información necesaria (podéis buscarla en una revista juvenil, en Internet, etc.). No olvidéis buscar también fotos o dibujos para el artículo.
4. Cada miembro redacta un texto con la información encontrada.
5. Intercambiad vuestros textos y corregidlos.
6. Decidid cuál es el mejor texto y preparad la página de la revista. Pensad también en el diseño de la página: ¿dónde va el texto? ¿Dónde van las imágenes?
7. Al final, presentad vuestra página en clase.

p. 120
Arbeiten mit dem Wörterbuch

¡es una pasada!	ser muy chungo/-a
¡mola mucho!	comerse el tarro
estar flipando	llevar unas pintas

3 Evaluad el proyecto.

Toda la clase:
Colgad las páginas en la clase y decidid: ¿cuál es la página más lograda?

REPASAR LA LENGUA 1

GRAMÁTICA

Reactivando el pretérito indefinido y el pretérito imperfecto

1 **a** Cuenta: ¿qué hicieron Luis y Simón la semana pasada? Hay varias posibilidades.

1 *(estar)* en el instituto 2 *(llover)* 3 *(estar)* en casa de Simón 4 *(estar)* en el entrenamiento de fútbol 5 *(caminar)* por la calle 6 *(hacer)* mucho calor 7 *(pasar)* por el parque	cuando y de repente	Roberto los *(llamar)* por teléfono *(encontrarse)* con el primo de Luis *(empezar)* a llover *(caminar)* a casa de Laura *(tomar)* un helado *(salir)* el sol *(ir)* a la playa

b ¿Qué más hicieron? Da cinco ejemplos más utilizando los conectores «cuando» y «y de repente».

2 Ayer Adrián tuvo un día horrible. Elige la forma correcta del verbo y cuenta cómo le fue.

1. Por la mañana, Adrián no (encontró / encontraba) la llave de su bicicleta porque ya no (estuvo / estaba) donde siempre. ¿Dónde la había dejado?
2. Como no (tuvo / tenía) otra bici, (fue / iba) a pie al instituto y (llegó / llegaba) tarde al examen de Matemáticas.
3. Mientras (contestó / contestaba) las preguntas del examen, (empezó / empezaba) a llover.
4. Por la tarde, cuando (estuvo / estaba) en casa, (llegó / llegaba) su amiga Laura para hacer los deberes de Inglés.
5. Poco después (llamaron / llamaban) a otro compañero porque no (entendieron / entendían) los deberes.
6. Después de terminar los deberes, Adrián no (fue / iba) al entrenamiento de fútbol porque (estuvo / estaba) de mal humor.
7. Por la noche, (se fue / se iba) a la cama temprano porque (estuvo / estaba) un poco triste y agotado.

Reactivando el pretérito pluscuamperfecto

3 **a** ¿Qué había sucedido antes? Utiliza el pretérito pluscuamperfecto.

Roberto estaba muy feliz	porque	Laura lo *(invitar)* a su fiesta de cumpleaños. *(comprar)* un regalo muy bonito para ella.
Cuando llegó a la fiesta, se puso un rojo		Sofía ya *(preguntar)* por él y lo *(buscar)* por todo lado.
Esa noche durmió muy bien		*(pasarlo)* bomba en la fiesta. *(hablar)* con Sofía.

b Continúa la historia con tres o cuatro frases más.

VOCABULARIO

Describir a una persona

p. 108
ne Person
eschreiben

4 a Describe a las personas en la foto: ¿cómo son? ¿Qué están haciendo? ¿Cómo crees que se sienten?

p. 112
reatives Schreiben

b Elige una escena de la foto y escribe un diálogo.

Hablar de las relaciones afectivas

p. 104
espräche

5 Después de romper con David, Romina se encuentra con Verónica para hablar (ver p. 12/13).
En parejas: elegid una de las situaciones de abajo. Luego apuntad las opiniones, los deseos y los sentimientos de las dos, escribid un diálogo y presentadlo en clase.

1. Verónica y Romina se reconcilian[1].
2. Las dos chicas no consiguen reconciliarse.
3. Las dos se ponen en contra de David.
4. Verónica le dice a Romina que está enamorada de[2] David.

opinar:
Pienso / Creo / Opino / Diría que …
Me parece que …
Para mí, …
(No) estoy de acuerdo contigo.

expresar un deseo:
Quiero que + *subj.* …
Espero que + *subj.* …
Ojalá que + *subj.* …
Para mí es importante que + *subj.* …

expresar sentimientos:
Me molesta / fastidia que + *subj.* …
Estoy triste porque …
Estoy contento/-a / feliz porque …
Estoy enfadado/-a contigo porque …

1 reconciliarse *sich versöhnen*
2 estar enamorado/-a de *verliebt sein in*

¿A QUÉ TE QUIERES DEDICAR?

¡ACÉRCATE!

1|10
1|11

Estoy por terminar el instituto. Después de que haga la ESO, mis padres me dicen que me dé tiempo para pensar, pero lo único que les importa es que me dedique a algo de provecho. Yo aún no he decidido nada. Lo único que sé, es que no quiero volverme un tío aburrido.

Nicolás, 16 años, Málaga (ESPAÑA)

Mis padres quieren que trabaje en la empresa de la familia, pero yo … estoy pensando en emigrar a Argentina, como mi hermano. Ya tenemos todo planeado y, antes de que él vuelva a Buenos Aires, vamos a hablarlo con papá y mamá. Sé que se pondrán muy tristes, pero yo estoy decidida a luchar por lo que quiero.

María José, 17 años, Montevideo (URUGUAY)

A mí el futuro no me preocupa: tengo muy claro que quiero ser médico como mi padre y mi abuelo. Si todo va bien, cuando cumpla 26 años, terminaré mis estudios y después, abriré mi propia consulta en Lima.

Javier, 16 años, Trujillo (PERÚ)

COMPRENSIÓN LECTORA

1 Cuenta qué planes tienen los chicos utilizando las siguientes expresiones para hablar sobre el futuro: ▶▶ p. 35, Resumen 2, 3

Lo único que quiere es …	No quisiera dejar de …	Se conforma con …
Se va a dar tiempo para …	Está por …	Quiere continuar …
Su verdadero sueño es …	No quiere volverse …	Ni siquiera sabe …
Si todo va bien …	Está decidido/-a a …	Hasta que / Antes de que /
Tiene muy claro que …	Cuando + *subj.* …	Después de que + *subj.* …

Mis padres quieren lo mejor para mí, por eso me van a enviar a una universidad en los Estados Unidos. Me fascina la idea, aunque también sé que voy a echar de menos a todos aquí. Para que no me sienta sola, mi madre me acompañará unos meses hasta que me acostumbre.

Ailín, 16 años,
San Juan (PUERTO RICO)

La situación aquí es bastante dura para los jóvenes, por eso yo me conformo con un puesto para ir tirando. En mi tiempo libre continuaré haciendo música. Mi verdadero sueño es grabar un cedé. Mi novio me dice que no deje de luchar hasta conseguirlo, pero hay que ser realistas …

Paula, 17 años,
Sevilla (ESPAÑA)

Ni siquiera sé qué voy a hacer mañana, ¿cómo voy a saber qué haré en el futuro? Creo que deberíamos vivir cada día al máximo. No se trata de estudiar sin parar o de trabajar sin pausa, sino de disfrutar más nuestro tiempo libre y de ser felices.

Marcos, 17 años,
Mérida (VENEZUELA)

dedicarse a a/c *sich etw. widmen, hier: beruflich machen* **1** estar por + inf. *gleich etw. tun* **6** algo de provecho *etwas Nützliches* **8** volverse (un tío) aburrido *langweilig (langweiliger Typ) werden* **13** la empresa *die Firma* **21** luchar por alg., a/c *um jdn. / etw. kämpfen* **30** la consulta *hier: die Arztpraxis* **34** enviar a alg., a/c = mandar a alg., a/c **46** conformarse con *sich zufrieden geben mit* **46** el puesto (de trabajo) *die (Arbeits-)Stelle* **47** ir tirando *fam. etwa: über die Runden kommen* **49** grabar a/c *etw. aufnehmen* **59** tratarse de a/c *sich um etw. handeln*

COMPRENSIÓN AUDITIVA

2 a Mira las fotos y formula hipótesis: ¿a qué crees que se dedicarán Nicolás, María José, Ailín y Marcos?

1|12

b Escucha el programa de radio y toma apuntes sobre los planes que los chicos tienen para el futuro. Después relaciona las fotos con los chicos y cuenta sus planes. Utiliza las expresiones del ejercicio 1.

EXPRESIÓN ORAL

p. 107 harla de un ninuto

facultativo

3 a ¿Cómo ves tu futuro? Prepara una charla de un minuto utilizando las expresiones del ejercicio 1.

▶▶ p. 42, Vocabulario temático

b Trabajad en parejas. Entrevista a tu compañero/-a: ¿cómo se imagina su vida en el futuro?

A LA HORA DE LA VERDAD

ACTIVIDAD DE PRELECTURA

p. 108 ein Bild / Foto beschreiben

1|13
1|14

1 Describe la foto, relaciónala con el título y formula hipótesis: ¿de qué podría tratar el texto?

Nico odiaba levantarse temprano para ir al instituto, pero aquella mañana fue todavía peor. No lo esperaban, como de costumbre, las aburridas clases de Física ni el mal humor del profesor de Matemáticas, sino algo mucho más desagradable ...

Salió de casa a las ocho menos diez sin desayunar, dejando a su madre con la palabra en la boca:

– Nico, acuérdate de que esta tarde tienes una cita con ...

¡Plaf! El sonido de la puerta le impidió oír a su madre diciendo lo que él ya sabía: «el orientador escolar». Su madre se lo había repetido mil veces y si pudiera, se lo repetiría mil veces más. Bajó las escaleras a gran velocidad y encendió su MP3 que empezó a sonar a todo volumen.

¿Qué le iba a decir al orientador? Si Nico la dejara, su madre iría con él. Sus padres, sus tíos, los profesores del instituto ... Debido a que todavía era menor de edad, todos se creían con el derecho de decirle lo que debía hacer. Nico acababa de cumplir 16 años y ahora le tocaba decidir a él sobre su futuro.

De camino al instituto vio a un grupo de chicos jugando en el parque.

¡Qué suerte tenían aquellos niños que vivían ignorando los problemas de la vida real! – pensó.

A las ocho pasó por delante de un edificio en obras. Aquellos hombres trabajando y sudando a esa hora de la mañana, le recordaron las palabras de su padre:

«Si fuera necesario, ¿podrías trabajar de 8 a 10 horas por día con este calor insoporta-

ble o con el frío del invierno? Tú no sabes la suerte que tienes, hijo.»

A pesar de que se esforzaba, no podía dejar de pensar en el orientador e imaginó sus palabras:

«Seamos realistas, Nicolás, si abandonaras ahora los estudios, ¿qué posibilidades tendrías en el futuro?»

Caminaba pensando por qué motivos no seguiría estudiando ...

- La mayoría de las asignaturas del instituto no me interesan.
- Muchas clases son aburridas.
- Algunas notas son injustas ...
- ¿Para qué me servirá memorizar tantas cosas inútiles en el futuro?

Además, lo que a él se le daba realmente bien no le interesaba a casi nadie. Según su profesora de Arte, sus cómics eran muy buenos, pero para otros – entre ellos sus padres – eran una gran pérdida de tiempo. Su caso no era como el de Roberto Pazos, aquel chico que dejó el instituto dando patadas a una pelota, aunque ni siquiera había terminado la ESO.

«¡Eso es diferente! Ese chico ganará más dinero jugando al fútbol en un año que tú trabajando toda tu vida.» – Y probablemente su padre tenía razón. Dibujando y escribiendo historias se ganaba mucho menos que dando patadas a una pelota ... ¿Pero no se trata de hacer lo que a mí me apasiona sin pensar en el dinero? – se preguntó.

Poco antes de subir al metro, vio un cartel anunciando el próximo concierto de su grupo favorito. «Precio de las entradas: 65 euros». ¿65 pavos? Pero si no tenía dinero ni para salir con sus amigos, ¿de dónde pensaba sacar 65 euros? Si tuviera un trabajo los fines de semana, no tendría que pedirle dinero a nadie ... Pero ... ¿trabajo de qué? Un trabajo sin dibujos ni textos sería igual de aburrido que las clases de Física – siguió pensando.

Llegó a su parada. Se bajó del metro, salió de la estación y entró en el instituto. «Pensar aclara las ideas» – se dijo para sí. Nico iba a dar aquel paso, había llegado la hora de la verdad.

11 la cita *hier: der Termin* 12 impedir a alg. a/c *jdn. daran hindern, etw. zu tun* 14 el/la orientador/a escolar *der/die Berufsberater/in* 21 debido a que *aufgrund von* 22 menor de edad *minderjährig* 23 creerse con el derecho de + inf. *glauben, das Recht zu haben + Inf.* 33 sudar *schwitzen* 36 insoportable *unerträglich* 39 esforzarse *sich bemühen* 53 darse bien a alg. a/c *etw. gut können* 57 la pérdida de tiempo *die Zeitverschwendung* 58 el caso *der Fall* 59 dar patadas a a/c *etw. treten* 73 los pavos *umg. für Euro* 83 aclarar a/c *hier: klarer werden* 83 decirse para sí *zu sich selbst sagen* 84 dar un paso *einen Schritt machen*

COMPRENSIÓN LECTORA

2 a Ordena cronológicamente lo que hizo Nicolás aquella mañana y cuéntalo.

Primero ...	*(subirse)* al metro
Luego / Después ...	*(ver)* a un grupo de chicos
A las ...	*(ver)* un cartel
Poco antes de ...	*(pasar)* por delante de un edificio
Antes de ...	*(entrar)* en el instituto
Después de ...	*(salir)* de casa
Cuando ...	*(salir)* de la estación
Finalmente ...	*(levantarse)* temprano
	(bajar) las escaleras
	(llegar) a la parada

facultativo

b Describe cómo (no) se siente Nicolás durante el viaje al instituto. Justifica tu respuesta utilizando como, porque, debido a (que).

Ejemplo: Como esta tarde tiene una cita con el orientador, Nico se siente / está un poco nervioso.

nervioso raro pensativo perdido perplejo desesperado furioso solo triste

3 a Actividad de preaudición:
A Nicolás le interesan las Artes. ¿Qué puede hacer después de la ESO? Expón las opciones utilizando el gráfico y las expresiones de abajo.

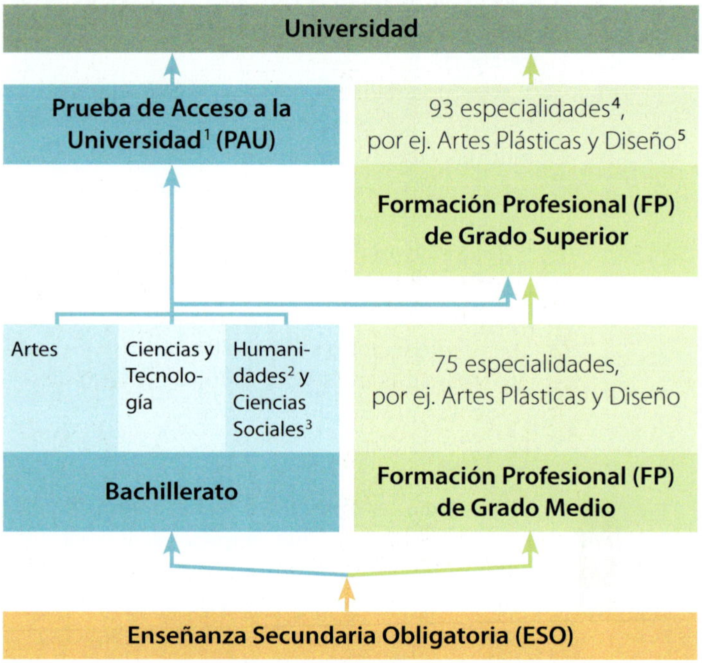

1 la Prueba de Acceso a la Universidad (PAU) *die Zulassungsprüfung*
2 las Humanidades *die Geisteswissenschaften*
3 las Ciencias Sociales *die Sozialwissenschaften*
4 la especialidad *die Fachrichtung*
5 las Artes Plásticas y Diseño *die bildenden Künste und Design*

Cuando termine la ESO …
Depués de la ESO…

Nico tiene	dos	caminos opciones	para elegir: …

Una opción podría ser … Además, podría elegir la especialidad …
La otra posibilidad sería … También aquí sería posible elegir la especialidad …

Después	podría tendría la opción de	hacer … estudiar … continuar con … seguir con …

1|15

b Nicolás se reúne con el orientador. Escucha la charla y ordena cronológicamente los temas.

- cómo se imagina su futuro
- cuándo se aburre
- las notas
- su verdadero sueño
- las opciones
- lo que le apasiona
- por qué está allí
- lo que está dudando

1|15

c Escucha otra vez la charla entre Nicolás y el orientador y apunta la información más importante para cada tema de b.

d ¿Sobre qué opciones concretas hablan Nicolás y el orientador? Descríbelas con ayuda del gráfico de a.

LA LENGUA

Reactivando el condicional

4 ¿Qué hacer después de la ESO? Dales consejos[1] a los amigos de Nicolás utilizando yo en tu lugar / yo que tú + condicional.

Ejemplo: Yo en tu lugar, buscaría información en internet.

Me gustaría hacer un voluntariado después de la ESO.

No quiero seguir estudiando, pero tampoco sé qué me gustaría hacer.

Quiero hacer FP, pero mis padres quieren que siga en el instituto.

buscar información en internet.
ir con una ONG a América Latina.
pensármelo muy bien.
hacer prácticas[2] en diferentes empresas.
decirles a tus padres lo que quieres.
mostrarles lo que quieres hacer de verdad.
ponerse las pilas.

1 el consejo *der Ratschlag* 2 las prácticas *das Praktikum*

Reactivando el imperfecto de subjuntivo

5 José, el primo mayor de Nicolás, le cuenta lo que le pasó en el último año de la ESO. Completa lo que dice utilizando el imperfecto del subjuntivo.

Todos me decían que [...] *(quedarme)* en el instituto y que [...] (*hacer*/yo) el bachillerato para que después [...] (*poder*/yo) estudiar en la universidad. Yo no tenía ganas de que me [...] (*decir*/ellos) lo que debía hacer. Guillermo, un amigo, me propuso que [...] (*ir*/yo) al orientador escolar. Él me recomendó[1] que [...] (*buscar*/yo) una empresa para hacer unas prácticas durante el verano. Así lo hice y no me puedo quejar. Me fue muy bien

1 recomendar a alg. a/c *jdm. etw. empfehlen*

Descubriendo frases condicionales irreales en presente

6 **a** ¿Qué forma verbal se utiliza en la frase condicional con si? ¿Y en la frase principal[1]? ▶▶ p. 35, Resumen 1

Si **tuviera** un trabajo, no **tendría** que pedirle dinero a nadie.

1 la frase principal *der Hauptsatz*

b ¿Qué pasaría si (a) Nicolás ...? Completa las frases con las formas verbales correctas.

Si (a) Nico ...
- le [...] *(interesar)* más algunas asignaturas, [...] *(disfrutar)* más de las clases.
- no [...] *(encender)* su MP3, [...] *(oír)* a su madre.
- no [...] *(tener)* una cita con el orientador, no [...] *(estar)* tan nervioso.
- [...] *(tener)* un trabajo los fines de semana, no [...] *(tener)* que pedirle dinero a nadie.
- [...] *(ganar)* su propio dinero, [...] *(poder)* ir al concierto de su grupo favorito.
- [...] *(saber)* a qué quiere dedicarse, no [...] *(visitar)* al orientador.

7 Imagínate que eres otra persona. Cuenta qué (no) harías en las siguientes situaciones: ▶▶ p. 35, Resumen 1

Ejemplo: Si fuera un actor famoso, no tendría que hacer mis deberes por la tarde.

un/a actor / actriz famoso/-a el / la director/a de tu instituto un/a guía de turismo Nico …	*tener* que *preferir* *hacer* *ir(se)* *saber* *entretener(se)* *sonreír* *poder* *sentir(se)*

Explicar expresiones

facultativo **8** Explica con tus palabras las expresiones subrayadas.

1. «Salió de casa a las ocho menos diez sin desayunar, dejando a su madre con la palabra en la boca …» (l. 7)
2. «Su madre se lo había repetido mil veces …» (l. 14)
3. «¿Para qué me servirá memorizar tantas cosas inútiles en el futuro?» (l. 51)
4. «Nico iba a dar aquel paso, había llegado la hora de la verdad.» (l. 84)

EXPRESIÓN ESCRITA

9 **a** Busca en el texto A todos los argumentos a favor[1] y en contra[2] de hacer el bachillerato y escríbelos en una lista. Después, completa la lista con otros argumentos que te parezcan importantes.

a favor +	en contra –
+ tener más posibilidades en el futuro	– algunas asignaturas no son muy interesantes
+ (…)	– (…)

1 a favor *dafür* 2 en contra *dagegen*

b Redacta un comentario crítico utilizando los argumentos de **a** y las expresiones de abajo.
▶▶ p. 42, Vocabulario temático

Puedes empezar así: Nicolás todavía no sabe qué quiere hacer después de la ESO. Por un lado, si …

Por un lado … / Por otro lado …

Es verdad / cierto que …, sin embargo … / no obstante …

Un / Otro argumento a favor / en contra es que …

He llegado a la conclusión de que …[1]

1 llegar a la conclusión de que *zu dem Schluss kommen, dass …*

EXPRESIÓN ORAL

10 Nicolás (**B**, p. 130) se vuelve a reunir con el / la orientador/a escolar (**A**). **A** empieza la charla.
▶▶ p. 42, Vocabulario temático

A: Du bist der/die *orientador/a escolar.*

1. Begrüße Nicolás und frage ihn, was er sich in der vergangenen Woche überlegt hat.
2. Sage Nicolás, dass er auch ein *voluntariado* machen könnte.
3. Antworte ihm, dass du Informationen über ein *voluntariado ambiental* in dieser Stadt hast.
4. Antworte ihm, dass er sich um eine Volontariatsstelle bewerben muss.
5. Sage ihm, dass er seinen Lebenslauf und sein Bewerbungsschreiben mitbringen sollte.
6. Sage ihm, dass das perfekt ist und verabschiede dich.

RESUMEN DE GRAMÁTICA

1 La frase condicional irreal en presente | Der irreale Bedingungssatz im Präsens

Bedingungssatz (= „si-Satz")	**Hauptsatz** (frase principal)
Si Carlos no **estuviera** enfermo,	**iría** de excursión.
Si mis amigos **tuvieran** tiempo hoy,	**vendrían** a visitarme.
Si **hiciera** buen tiempo,	**podríamos** ir a la piscina.

a Welche Zeitform steht im Bedingungssatz, welche im Hauptsatz?
b Wie kann man diese Sätze auf Deutsch wiedergeben?

2 Subjuntivo con conjunciones temporales | Subjuntivo nach temporalen Konjunktionen

Cuando todos **estén** aquí, empezamos.
Esperaré aquí hasta que **vengan** mis amigos.
Esta vez voy a estudiar antes de que **sea** demasiado tarde.
Después de que **termine** la película, podemos tomar algo.

Siempre empezamos cuando **vienes**.
Empezamos cuando **vengas**.

In welchem dieser beiden Sätze hat cuando die Bedeutung „immer wenn", in welchem Satz „sobald"?

3 Perífrasis verbales | Satzverkürzungen

3.1 Perífrasis verbales con infinitivo | Satzverkürzungen mit dem Infinitiv

Un momento, por favor, **estoy por terminar** mi trabajo.
Pablo, por favor, **deja de hacer** tanto ruido.

Wie würdest du diese Sätze auf Deutsch wiedergeben?

3.2 Perífrasis verbales con gerundio | Satzverkürzungen mit dem gerundio

Bueno, chicos, ha terminado el recreo: ¡**continuamos** trabajando!
Tus historias son muy interesantes. Por favor, **¡sigue** hablando!

Wie würdest du diese Sätze auf Deutsch wiedergeben?

B CAMINO A LA UNIVERSIDAD

ACTIVIDAD DE PRELECTURA

p. 125 para hablar de un texto

1 **a** Observa el siguiente artículo de un periódico: ¿qué partes tiene?

b Describe la foto, relaciónala con el título y formula hipótesis: ¿de qué podría tratar el artículo?

Naiara Recatalá ha sido la estudiante con mejor nota de Selectividad este año: 9,8.

ENTREVISTA A NAIARA RECATALÁ MONTOLIÚ

«El truco para sacar estas notas es que soy muy constante»

La estudiante con mejor nota en la Selectividad de Málaga llegaba del bachillerato con un promedio de 10 y, tras hacer la prueba de acceso a la Universidad, se ha quedado con una media brillante de 9,81.

IGNACIO A. CASTILLO

MÁLAGA La estudiante más brillante de los que este año han hecho la Selectividad en Málaga es Naiara Recatalá Montoliú, alumna del colegio de Las Esclavas. Su media roza el 10. Se ha quedado en un 9,8, gracias al 9,6 obtenido en la fase general y el 10 de la fase específica, en la que sólo se examinó de Matemáticas. Quiere estudiar Derecho y ya ha sido admitida en la Universidad Pontificia de Comillas, en la Facultad de Ciencias Económicas y Empresariales y de Derecho (ICADE), por lo que la nota, al ser un centro privado, es lo de menos.

¿Cómo se siente ahora que ya ha pasado todo y que conoce su nota de Selectividad?
La verdad, que mucho más tranquila y relajada. Tengo los resultados y todo ha salido bien. Ahora espero poder disfrutar del verano y, ya el curso que viene, será otra cosa. Habrá que seguir trabajando como hasta ahora.

¿Sabe ya qué carrera quiere estudiar?
Derecho. En los primeros días de mayo hice las pruebas de acceso a la Universidad Pontificia de Comillas, en Madrid, y a los quince días me comunicaron que me habían admitido.

¿De qué se examinó en estas pruebas?
Tuve que hacer exámenes de Lengua, Matemáticas, Historia, Inglés …

Entonces, sus brillantes notas no han influido a la hora de elegir una carrera porque ya sabía qué quería hacer antes de la Selectividad.
No me esperaba sacar estas notas en Selectividad. Me bastaba con aprobar, aunque, a decir verdad, no me hubiera gustado bajar mucho la media que traía del bachillerato.

¿Siempre ha sido una buena estudiante?
La verdad es que sí. Pero no soy la típica empollona, ya que salgo con mis amigos y me divierto.

¿Cuál es el truco?
Si existe algún truco para haber sacado estas notas, es el estudio diario, no dejarlo todo para última hora o el día antes del examen. Hacer los deberes, resolver las dudas y ser muy constante.

¿Qué le han dicho sus padres cuando se han enterado de sus notas?
Me han felicitado. Me han dicho que están muy orgullosos de mí y que me lo merezco porque me he esforzado mucho. Lo mismo me han dicho mis amigos y mis compañeros.

¿Qué espera encontrarse en la universidad? No sólo va a cambiar de centro, sino también de ciudad y dejará de vivir en casa con sus padres.
Viviré en un Colegio Mayor, y es cierto que el cambio va a ser importante. Sobre todo por la ciudad. Madrid es muy grande y creo que voy a echar mucho de menos la playa. También hará más frío en invierno. Espero acostumbrarme rápido y mantener el contacto con los amigos.

¿Siempre quiso estudiar Derecho?
Desde que era pequeña siempre me ha gustado y atraído.

¿Dónde se ve dentro de cuatro años?
Espero haber terminado la carrera y comenzar a prepararme para las oposiciones. Quiero ser notaria como mi padre.

Fuente: La Opinión de Málaga, 2010

1 la Selectividad *früher: Auswahlprüfung für die Zulassung zur Universität in Spanien* **3** el truco *der Trick* **8** tras *nachdem* **10** la (nota) media *die Durchschnittsnote* **15** rozar *hier: fast erreichen* **17** la fase general *allgemeiner Teil der Selectividad* **17** la fase específica *fachspezifischer Teil der Selectividad* **19** Derecho *Rechtswissenschaften (Studiengang)* **19** admitir a alg. *jdn. zulassen (Studium)* **40** influir en a/c *etw. beeinflussen* **44** basta con + inf. *es genügt zu + Inf.* **53** diario/-a *täglich* **55** resolver a/c *etw. lösen* **55** la duda *der Zweifel* **59** felicitar a alg. por a/c *jdm. zu etw. beglückwünschen* **59** estar orgulloso/-a de alg. *auf jdn. stolz sein* **60** merecerse a/c *etw. verdienen Lob, Tadel* **67** el Colegio Mayor *Art Studentenwohnheim* **79** las oposiciones *pl. Auswahlprüfung für den öffentlichen Dienst in Spanien*

HABLAR SOBRE EL TEXTO

p. 110
ine Zusammen-
assung schreiben

2 **a** Lee el texto y apunta en tu cuaderno la información principal de cada párrafo y el tema del artículo.

b Escribe un resumen de la entrevista con ayuda de **a**. p. 42, Vocabulario temático

Puedes empezar así: La entrevista (…) publicada[1] en el periódico (…) trata de (…)

1 publicado/-a *veröffentlicht*

MEDIACIÓN

3 Tu primo es un excelente alumno y a veces se siente raro. Escríbele un e-mail en alemán y cuéntale sobre Naiara. El ejercicio **2** puede ayudarte.

C ENTRANDO EN EL MERCADO LABORAL

A

objetivo

Acceso al empleo

Para encontrar un trabajo, debes saber que …

El desempleo es uno de los problemas más difíciles que tenemos los jóvenes, tal y como lo confirman el 73 % de los encuestados menores de 35 años. Especialmente cuando no se tiene experiencia profesional o cuando se trata del primer trabajo: en estos momentos es más necesario que nunca realizar una búsqueda mucho más eficaz.

Es por eso que, para realizar una búsqueda de empleo exitosa, además de ser positivo, es importante una buena planificación: ¿sabes hacer un currículum? ¿Sabes hacer una carta de presentación? ¿Sabrías responder sin dudar en una entrevista de trabajo?

Fuente: Ministerio de Igualdad, texto adaptado, Gobierno de España , 2009

2 el empleo = el trabajo 5 el desempleo *die Arbeitslosigkeit* 8 el / la encuestado/-a *der / die Befragte* 12 realizar = hacer 17 el currículum vitae *der Lebenslauf* 18 la carta de presentación *das Bewerbungsschreiben* 19 la entrevista (de trabajo) *das Vorstellungsgespräch*

El desempleo en España %

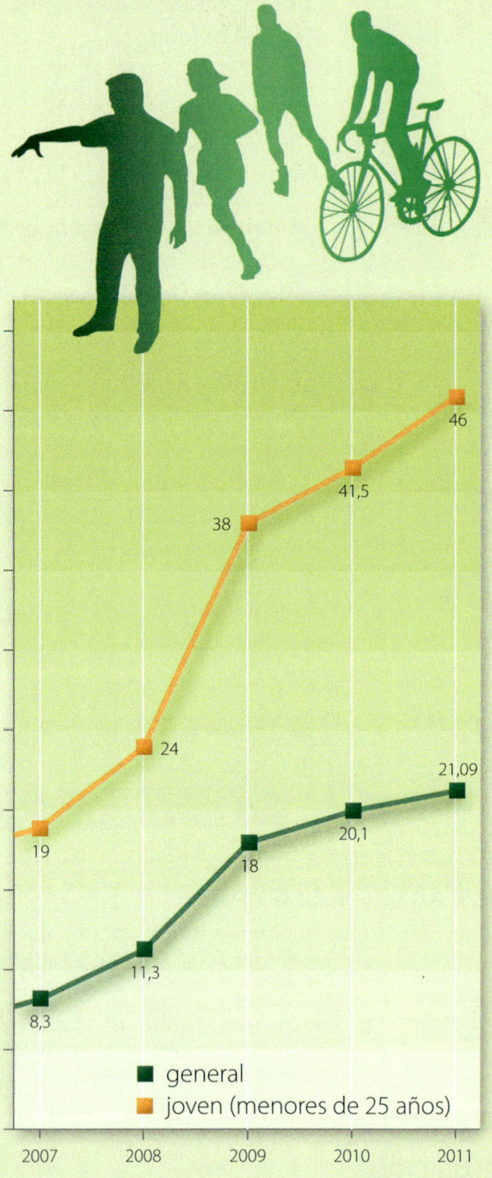

Fuente: Instituto Nacional de Estadística de España, 201

Cómo tener un currículum 10

El currículum vitae es el documento donde se refleja quiénes somos, lo que sabemos hacer y puede ser la llave para conseguir un empleo.

Por Mayte Guillén

No cometas el error de …

Mentir: Es el mayor pecado. Si te pillan, perderás toda opción de trabajo en esa empresa.

Escribir la biblia: Si tu currículum es demasiado largo, la persona que lo lea terminará por perder el interés: ¡sólo dos páginas!

Perderte en florituras: Un currículum claro y sencillo es mucho mejor que otro lleno de adornos.

Descuidar la presentación: Utiliza papel de buena calidad, agrega una foto nueva y cuida que el texto no tenga errores.

Incluir un solo contacto: Si hablar contigo resulta más difícil que tener una entrevista con el Papa, puede que la empresa pierda interés y no vuelva a llamarte. Para evitarlo pon, por lo menos, dos teléfonos de contacto y un e-mail.

Enviarlo a la persona equivocada: Si no lo recibe la persona correcta, es posible que termine en la basura antes de ser leído.

5 cometer a/c *etw. begehen / machen* 6 mentir *lügen* 6 el pecado *die Sünde* 7 pillar a alg. *jdn. erwischen* 13 perderse en florituras *sich in blumiger Sprache verlieren* 16 el adorno *hier: ausgeschmückter Text* 17 descuidar a alg., a/c *etw. / jdn. vernachlässigen* 23 el Papa *der Papst*

Fuente: Toma Nota, Informe Infoempleo, 2010

Locanto Blog de Clasificados Locanto

Novedades y actualizaciones sobre los anuncios clasificados gratis de Locanto.

Inicio | Blog | Sala de Prensa | Acerca de Locanto

Carta de presentación

Por Martha Bernal

La carta de presentación deberá ser breve (no más de una página) y clara. En general, el cuerpo de la carta de presentación deberá incluir estas tres partes:

La empresa: Primero deberás contar a qué puesto te estás presentando. No olvides poner la fuente y la fecha de publicación de la oferta de trabajo. Continúa explicando por qué este puesto te ha interesado.

Tú, el candidato: En esta segunda parte es importante leer muy bien el anuncio. ¿Qué busca la empresa? Habla de ti, de tus experiencias y de lo que sabes hacer. Da ejemplos claros y concretos, pero ten en cuenta que aquí no deberías repetir tu currículum.

Tú y la empresa: Termina explicando por qué deseas trabajar en ese puesto y por qué eres la persona que están buscando. ¿Cuál es tu compromiso con la empresa?

3 breve *kurz* 4 el cuerpo *hier: der Hauptteil* 11 tener en cuenta a/c *etw. beachten* 13 el compromiso *hier: die Verbindlichkeit*

Fuente: Blog de clasificados Locanto, texto adaptado, 2011

D

La entrevista de trabajo

Para realizar la entrevista, ten en cuenta que:

- Debemos prepararla, para evitar así el estrés y poder transmitir seguridad, además de la mejor impresión de nosotros mismos.
- Es importante que ensayes tus respuestas y que prepares tu planificación cuidadosamente.
- Los candidatos deben prestar atención a las preguntas: «pregunta > pausa > piensa > responde».
- En la entrevista todo es importante, desde los gestos que realices, hasta cómo estés sentado.

4 evitar a alg. *etw. vermeiden* 4 la seguridad *die Sicherheit*
6 ensayar *üben*

Fuente: Ministerio de Igualdad, Gobierno de España, 2009

Posibles preguntas

Personales

1. ¿Te gusta trabajar con gente o prefieres trabajar solo?
2. ¿Qué haces en tu tiempo libre?

Formación

3. ¿Qué asignaturas te gustan más / menos y en cuáles sacas las mejores / peores notas?
4. ¿Cuál fue la experiencia más importante durante tu vida como alumno?

Trabajos anteriores

5. ¿Realizaste algún trabajo de «estudiante»? (trabajos de verano, prácticas …)
6. ¿Cómo te llevabas con tus compañeros y con tus jefes?

Empresa / Empleo

7. ¿Qué sabes acerca de nuestra empresa / organización?
8. ¿Cuáles son tus puntos fuertes y los no tan fuertes para este puesto?

20 acerca de = sobre

Fuente: Universidad de Alicante, Gabinete de Iniciativas para el Empleo, 2011

UN PUZLE DE EXPERTOS

p.122 Expertenpuzzle

1 Formad grupos de cuatro expertos. Cada experto elige un texto (A–D) y resuelve las actividades correspondientes.

A

p.111 eine Statistik beschreiben

a Mira el gráfico de curvas[1] (p. 38). Compara el desempleo general y joven en España entre 2007 y 2011. ¿Cuál es la tendencia?

1 el gráfico de curvas *das Liniendiagramm*

b Lee el texto «Acceso al empleo» (p. 38). ¿Cuál es el problema que más les preocupa a los jóvenes españoles? ¿Qué hay que tener en cuenta para realizar una búsqueda de trabajo exitosa?

B

Lee el texto «Cómo tener un currículum 10» (p. 39), formula las seis reglas de oro[1] para escribir un buen currículum y justifícalas.

1 la regla de oro *die goldene Regel*

Reglas de oro	¿Por qué?
[...]	[...]

C

Lee el texto «Carta de presentación» (p. 39), formula las reglas de oro para escribir una buena carta de presentación y justifícalas.

Reglas de oro	¿Por qué?
[...]	[...]

D

Lee el texto «La entrevista de trabajo» (p. 40) y las posibles preguntas. Formula las reglas de oro para hacer una buena entrevista y justifícalas. Escribe también algunas preguntas típicas de una entrevista.

Reglas de oro	¿Por qué?
[...]	[...]

Preguntas típicas	
[...]	[...]

2 Formad nuevos grupos con expertos de un solo texto e intercambiad vuestros resultados.

3 Volved a formar los grupos del ejercicio 1. Cada experto presenta su texto. ▶▶ p. 42, Vocabulario temático

facultativo **4** Discutid en la clase: ¿qué dicen los textos sobre el mercado laboral en España y sobre lo que hay que tener en cuenta a la hora de buscar empleo?

VOCABULARIO TEMÁTICO

EL INSTITUTO

estar por querer estar decidido a	empezar continuar acabar	el Bachillerato / la FP (Formación Profesional) la Educación Secundaria / la ESO (Educación Secundaria Obligatoria) la Educación Primaria la Educación Infantil la guardería

sacar un	sobresaliente (10–9) notable (8–7) bien (6) aprobado (5) suspenso (5–1)

tener quedarse con	una (nota) media un promedio	de …

LA UNIVERSIDAD

tener que hacer aprobar	un examen la Prueba de Acceso a la Universidad (PAU)

estar matriculado/-a en la facultad de …

elegir empezar terminar	la carrera de	Derecho Ciencias Económicas y Empresariales Medicina …

EL MUNDO DEL TRABAJO

el desempleo	crece sube baja

buscar conseguir	trabajo empleo un puesto (de trabajo)

realizar una búsqueda	de trabajo de empleo	eficaz exitosa

presentarse	para un puesto de … para unas prácticas para un voluntariado en una	 empresa organización

escribir enviar	el currículum vitae la carta de presentación

invitar a alg. a tener prepararse para ir a	una entrevista de trabajo

PUNTO FINAL: PRESENTARSE PARA UN PUESTO DE VOLUNTARIADO

Habéis decidido hacer un voluntariado ambiental[1] después del instituto. Preparáos para presentaros en la fundación.

1 ambiental *Umwelt*

1 Preparad el proyecto

Toda la clase:
Leed otra vez las reglas de oro para escribir un currículum, una carta de presentación y para hacer una buena entrevista (p. 41).

2 Realizad el proyecto

Formad nueve grupos:

1. Tres grupos escriben un currículum vitae (CV) para presentarse al puesto.
2. Tres grupos redactan una carta de presentación (CP).
3. Tres grupos ensayan una entrevista de trabajo (ET) con la fundación. **A** es el / la entrevistador/a[1] y **B** (p. 130), el / la candidato/-a. **A** empieza.

p. 115 einen Lebenslauf verfassen
p. 114 eine Bewerbung schreiben
p. 104 Gespräche

A: Tú eres el / la entrevistador/a.
1. Piensa cómo vas a recibir al / a la candidato/-a.
2. Lee otra vez las preguntas del texto D, p. 40 y pregunta, al menos, un tema por categoría.
3. Da información sobre el puesto y la fundación. ¿Qué te podrían preguntar?
4. Piensa cómo vas a despedirte.

1 el / la entrevistador/a *hier: der / die Personalberater/in*

3 Presentad el proyecto

1. Los grupos CV y CP cuelgan sus páginas en la clase.
2. Los grupos ET presentan sus entrevistas.

4 Evaluad el proyecto

Toda la clase:
¿A qué grupo ofreceríais el puesto de voluntariado? Decidid qué currículum, qué carta de presentación y qué entrevista fueron las / los mejores y justifidad vuestra decisión con ayuda de las reglas de oro.

REPASAR LA LENGUA 2

GRAMÁTICA

Practicando las frases condicionales irreales en presente

1 Imagina que eres Nicolás y cuenta qué harías.

Si yo fuera Nico, …

(hacer) prácticas en una empresa	*(saber)* buscar ayuda
(irse) por un tiempo a otro país	*(ponerse)* las pilas
(decirle) la verdad a mis padres	*(tener)* una cita con el orientador
(oír) la opinión de (mi familia/mis amigos…)	*(presentarse)* para un puesto de voluntariado

2 ¿Qué pasaría si las cosas fueran diferentes? Cuéntalo utilizando frases condicionales irreales en presente.

1. Mi hermano no encuentra trabajo, por eso no para de presentarse en empresas. → Si mi hermano encontrara trabajo, …
2. Como no quiere ir a la universidad, está pensando en hacer FP. → Si …
3. No podéis estudiar Medicina porque no tenéis una media brillante. → Si …
4. No te puedes presentar para este puesto ya que es necesario tener experiencia. → Si …
5. Normalmente no sacamos buenas notas, por eso tenemos que prepararnos para las recuperaciones. → Si …

Reactivando la posición de los adjetivos

3 ¡Dilo en español!

1. Der neue Schüler in unserer Klasse heißt Jorge.
2. Marisa hat eine neue Stelle.
3. Penélope Cruz ist eine große Schauspielerin.
4. Mein Onkel arbeitet bei einer großen Firma.
5. Der arme José ist krank und kann nicht zum Vorstellungsgespräch gehen.
6. In vielen armen Ländern ist die Arbeitslosigkeit hoch.
7. Pepe ist ein ehemaliger Lehrer meines Vaters.
8. Die Universität ist in einem alten Gebäude.

Reactivando las abreviaciones con el gerundio

4 ¿Cómo dirías lo subrayado en alemán? Utiliza los conectores de la derecha sólo una vez.

Las construcciones con gerundio mejoran tu estilo.

indem als da
wenn obwohl

1. Pensando y hablando se aclaran las ideas.
2. Sabiendo que tenía una cita con el orientador, a Nico le ha costado mucho levantarse por la mañana.
3. Saliendo de casa, oyó a su madre intentando recordarle la cita de esta tarde.
4. Aun teniendo dudas, Nico quiere dedicarse a lo que le apasiona.
5. Dibujando y escribiendo, Nico es feliz.

VOCABULARIO

Describir una estadística

p. 111
eine Statistik beschreiben

5 Describe el diagrama circular[1] y el gráfico de barras[2]: ¿qué información dan sobre la PAU?

1 el diagrama circular *das Kreisdiagramm* 2 el gráfico de barras *das Säulendiagramm*

Pruebas de Acceso a la Universidad (área)

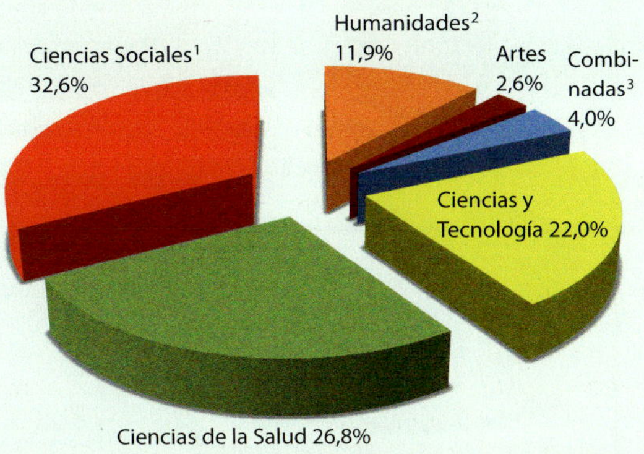

1 las Ciencias Sociales *die Sozialwissenschaften*
2 las Humanidades *die Geisteswissenschaften*
3 las Combinadas *mehrere kombinierte Studienrichtungen*

Fuente: Ministerio de Educación, Gobierno de España, 2010

Pruebas de Acceso a la Universidad (sexo)

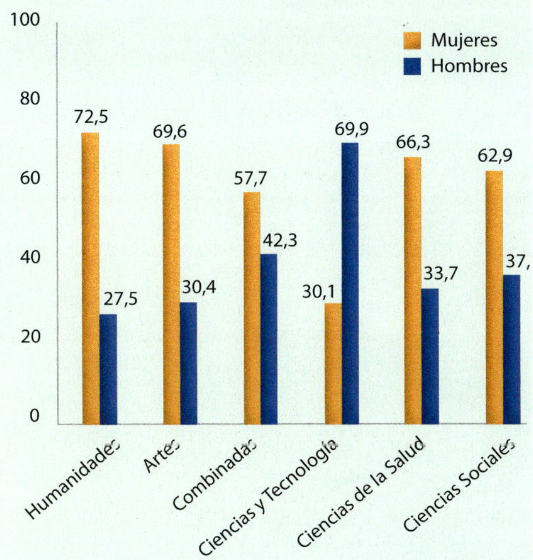

Expresarse con mejor estilo utilizando sinónimos

6 Reemplaza los verbos subrayados por un verbo de la derecha.

hacer

1. He hecho unas prácticas en una empresa que hace ordenadores.
2. La empresa está haciendo un edificio nuevo.
3. Hago errores, pero aprendo de ellos.
4. En la empresa hago controles de calidad, pero en mi tiempo libre hago cómics.

cometer	*realizar*
encargarse de hacer	*producir*
dedicarse a hacer	*construir*

tener

5. Tengo mucho tiempo para este proyecto.
6. Ayer tuve una idea genial y se la conté a mis compañeros de trabajo.
7. Este puesto tiene muchas posibilidades de crecer.

ofrecer	*disponer* de
ocurrir a alg. a/c	

decir

8. En la entrevista me piden que diga cómo soy y que diga por qué.
9. Me ofrecieron el puesto y dije que sí.

explicar	*justificar* a/c
aceptar	

estar

10. Cuando llegué a la entrevista, estaba un poco nervioso.
11. Ayer estuve en la reunión de mi proyecto.
12. Las bebidas están a 2 euros.

costar	*participar* en
sentirse	

¿CÓMO ES LA ESPAÑA DE HOY?

1|16

¡ACÉRCATE!

La energía eólica en el mundo

1. China
2. Estados Unidos
3. Alemania
4. España
5. India
6. Italia
7. Francia
8. Reino Unido
9. Canadá
10. Dinamarca

© World Wind Energy Association, 2010

Energía

España es uno de los países del mundo con más horas de sol al año. Sin embargo, esta energía todavía no se aprovecha suficientemente, a pesar de que en Almería está la plataforma solar más grande de Europa. Por otro lado, España es el cuarto país que utiliza mayor cantidad de energía eólica, por detrás de China, Estados Unidos y Alemania.

9 la energía eólica *Windenergie*

Los productos de exportación más importantes de España

1. coches
2. medicamentos
3. aceites de petróleo
4. revestimiento cerámico
5. calzado
6. cítricos
7. aceite de oliva
8. neumáticos
9. vino y zumo

Fuente: Bases de datos ICEX

«Uno de cada cuatro zapatos fabricados en Europa es español»

Fuente: Técnica del Calzado, 2011

Economía

La gran fuente de ingresos del país sigue siendo el turismo. Las regiones favoritas de los turistas son Andalucía, las Islas Baleares, la Comunidad Valenciana y Cataluña. Además, España también cuenta con uno de los bancos más importantes del mundo y con grandes empresas en el sector de la moda a nivel internacional: la industria textil y la industria de calzado son sectores económicos con mucho éxito.

A pesar de esto, desde la crisis de 2008, España lucha por solucionar grandes problemas económicos: el país tiene menos industria que otros países europeos y el sector inmobiliario está en crisis.

19 el éxito *der Erfolg*

COMPRENSIÓN LECTORA

p. 120 Vokabeln lernen und wiederholen

1 Organiza la información de los textos en un mapa mental.

la energía — la economía

España en el siglo XXI

la política — la cultura

COMPRENSIÓN AUDITIVA

1|17

p. 103 selektives Hörverstehen

2 a Escucha y di cuál es el tema.

b Escucha otra vez y apunta la información más importante de los tres personajes que se presentan. Después, añade el tema «deporte» a tu mapa mental del ejercicio 1 y complétalo.

Política

La Constitución española es de 1978, es decir, todavía es muy joven. España es una monarquía parlamentaria. Esto significa que el rey es jefe de Estado, pero el gobierno está formado por el parlamento.

Cultura

El cine y la música españoles son conocidos en todo el mundo. Se caracterizan por la combinación de elementos tradicionales con otros nuevos. Pero, al mismo tiempo, el país conserva tradiciones muy antiguas como la corrida de toros – una costumbre muy controvertida.

35 la corrida de toros *der Stierkampf*

EXPRESIÓN ORAL

p. 107 charla de un minuto

3 España al comienzo del siglo XXI: utiliza el mapa mental para presentar el tema en una charla de un minuto. p. 58, Vocabulario temático

BÚSQUEDA DE INFORMACIÓN

p. 109 Recherchieren

4 España exporta mucho aceite de oliva. Infórmate sobre estos aspectos y explícaselos a un amigo alemán que no habla español.

- tres datos históricos
- tres regiones donde se produce aceite de oliva
- los diferentes tipos de aceite de oliva
- el mayor productor de aceite de oliva en el mundo
- www.aceite-de-oliva.es

A ESPAÑA: UN PAÍS «REAL»

ACTIVIDAD DE PRELECTURA

facultativo **1** Busca los datos históricos correspondientes a los siguientes puntos en el Pequeño diccionario, p. 132, y ordénalos cronológicamente:

| el Rey Juan Carlos | la Guerra Civil Española | la dictadura de Franco | la Constitución |

1|18
1|19

Las primeras elecciones libres en junio de 1977

¿Cómo sería Alemania si tuviera un rey?
¿Un rey? Si tuvieras que imaginarte hoy un rey en Alemania, seguramente apenas serías capaz, después de tantos años de República … Pero sí, todavía hoy existen países en Europa que tienen como sistema de gobierno la monarquía parlamentaria. En este tipo de sistemas, los ciudadanos votan democráticamente a sus dirigentes y los reyes sólo tienen funciones de representación diplomática. Quizás piensas que la monarquía es algo del pasado y te preguntas: ¿por qué los españoles siguen conservando todavía hoy la figura del rey?

Si conociéramos el contexto histórico del siglo XX en España, entenderíamos mejor la situación actual. A lo mejor ya has visto en tu libro de Historia fotos de Francisco Franco, el dictador español que recibió ayuda de Hitler en la Guerra Civil Española, y que estuvo en el poder hasta su muerte, en 1975. Pues bien, Franco, en los últimos años de su dictadura, decidió que Juan Carlos, el príncipe de España, debía ser su sucesor.

¿Qué habría pasado si Juan Carlos no le hubiera dado el poder al pueblo?
Cuando Juan Carlos asumió el poder en 1975, hubo una gran sorpresa: no siguió con la dictadura, sino que dio los primeros pasos hacia la democracia. En el año 1977 los españoles pudieron elegir, por primera vez desde 1936, a sus representantes en el Parlamento, los cuales aprobaron la actual Constitución un año después.

¿Qué habría pasado si Juan Carlos no hubiera actuado el 23-F como lo hizo?
Cuando tres años más tarde, el 23 de febrero de 1981, unos militares tomaron las Cortes, es decir, el parlamento, muchos españoles

tuvieron miedo de otra Guerra Civil. Por suerte, Juan Carlos evitó el Golpe de Estado, defendiendo la libertad de todos los españoles en un discurso que fue transmitido por televisión.

Aunque no todos piensan así, Juan Carlos y toda la familia real son queridos y respetados por la mayoría de los españoles. Seguramente ya los has visto alguna vez en fotos de revistas o en la televisión. ¿Los conoces? ¿Qué sabes de ellos?

Foro sobre la monarquía en España hoy: ¿necesitamos a los Reyes?

MindaSCQ: En los últimos años hemos visto que los hijos de Juan Carlos y Sofía son, en realidad, personas normales y por eso me caen muy bien: Felipe se casó con Letizia Ortiz, que era una famosa periodista de televisión y ya estaba divorciada; Elena también se divorció de su marido y su hermana Cristina trabaja para un banco como cualquier empleada más.

Josecho97: Pues yo creo que ya es suficiente: la familia real le cuesta a todos los españoles millones de euros cada año. Si no tuviéramos un Rey, se podría usar ese dinero para programas de ayuda social. ¡Basta! ¡Queremos una República!

Juanjo: Yo creo que hoy España es como es gracias a Juan Carlos. Si Franco lo hubiera sabido, no lo habría nombrado su sucesor. Para mí, lo mejor es que desde que tenemos la Constitución, está permitido hablar gallego, vasco y catalán. Estas lenguas estuvieron prohibidas durante la dictadura de Franco.

Laxeiro48: Vosotros todavía no habíais nacido, pero yo viví la época de Franco y os puedo asegurar que si Juan Carlos no hubiera actuado como lo hizo, habríamos sufrido aún más años bajo el franquismo. Y eso no debemos olvidarlo.

3 ser capaz *fähig sein* **8** el/la ciudadano/-a *Bürger/in* **19** el/la dictador/a *Diktator/in* **20** la Guerra Civil Española *Spanischer Bürgerkrieg (1936–1939)* **24** el/la sucesor/a *Nachfolger/in* **27** asumir el poder *die Regierungsverantwortung übernehmen* **33** aprobar la Constitución *die Verfassung verabschieden* **38** las Cortes *Bezeichnung für das spanische Parlament* **41** el Golpe de Estado *der Putsch, Staatsstreich* **43** el discurso *die Rede* **53** casarse con alg. *jdn. heiraten* **54** estar divorciado/-a *geschieden sein*

COMPRENSIÓN LECTORA

p. 124
ziprokes
esen

2 Formad grupos de cuatro. Cada alumno/-a lee un párrafo y lo comenta con el resto de su grupo.

LA LENGUA

Reactivando el imperfecto de subjuntivo

3 El abuelo de un amigo español habla sobre su vida. Elige el verbo correspondiente y utiliza las formas del imperfecto de subjuntivo.

esperar
hablar
poder / nosotros
saber
ser
tener que / nosotros

1. Durante la Guerra Civil, mi padre luchó contra Franco. Por eso mi madre y yo teníamos mucho miedo de que [...] dejar el país.
2. Mis padres querían irse al exilio, pero nosotros sólo hablábamos español y, claro, en Francia era necesario que [...] francés.
3. Así que nos quedamos en España. Los primeros años fueron muy duros ya que era importante que nadie [...] de que habíamos sido republicanos.
4. No pensaba que [...] tan difícil, pero hasta en el colegio me hacían preguntas sobre las ideas políticas de mis padres.
5. Cuando Franco murió en 1975, no había nadie que no [...] el fin del la dictadura.
6. Ya no creíamos que [...] vivir en una democracia.

Practicando frases condicionales irreales en pasado

4 ¿Qué habría pasado si …? Completa las frases utilizando la frase condicional irreal en pasado.
▶▶ p. 52, Resumen 3

1. Si Cristóbal Colón no [...] (*querer*) ir a las Indias, no [...] (*descubrir*) América.
2. Si los europeos no [...] (*llevar*) caballos a América, los indígenas no [...] (*conocer*) este animal.
3. Si los españoles no [...] (*ir*) a América, no [...] (*traer*) patatas y tomates a Europa.
4. Si los árabes no [...] (*vivir*) más de 700 años en España, no [...] (*dejar*) tantas huellas[1] en la cultura del país.
5. Si Juan Carlos no [...] (*dar*le) el poder al pueblo, los españoles no [...] (*votar*) por la Constitución democrática en 1978.
6. Si Pau Gasol no [...] (*irse*) a los Estados Unidos, no [...] (*convertirse*) en uno de los mejores jugadores del mundo.

1 la huella die *Spur*

facultativo **5** Unos chicos españoles acaban de hacer un examen sobre la historia de España. ¿Qué dicen después? Completa la frase condicional irreal en pasado.

2. Si hubiera estudiado más, …
3. Si no me hubieras ayudado, …
4. Si hubiera tenido más tiempo, …
5. Si no hubiera olvidado mis apuntes en casa, …
6. Habría hecho menos errores si …

Explicar palabras

6 a ¿Qué otras palabras de la misma familia conoces?

solucionar	libre	histórico/-a	real	preguntar
sorprender a alg.	democrático/-a	ayudar a alg.	parlamentario/-a	representar

▶▶ p. 119 Wörter umschreiben

b Explica con tus propias palabras el significado de:

el discurso	el ciudadano	votar	el éxito
la tradición	la energía eólica	el banco	la característica

Para hablar de política

7 Busca en el texto las expresiones que puedas utilizar para:
- hablar de temas políticos
- dar tu opinión

EXPRESIÓN ESCRITA

▶▶ p. 116 Fehler selbst korrigieren

8 ¿Te gustaría que hubiera un rey / una reina en Alemania? Justifica tu respuesta. Escribe un texto en tu cuaderno. Puedes utilizar las expresiones del ejercicio 7.

por un lado … por otro lado	no obstante	por ejemplo
por otra parte	además (de)	entonces
a decir verdad	no … ni … ni …	luego
sin embargo	primero / después / al final	de todas formas

COMPRENSIÓN AUDITIVA

1|20

9 a Escucha las noticias de una radio española y ordena la información:

- mal tiempo en el norte de España
- liga de campeones[1] de fútbol
- el aniversario[2] de la Constitución
- inmigrantes en España

1 la liga de campeones *die Champions League*
2 el aniversario *der Jahrestag*

1|20

facultativo

b Escucha otra vez y corrige la información:

1. El Valencia juega hoy en el estadio de Stanford Bridge.
2. Hoy se celebra el aniversario de la Constitución.
3. Parece que en España hay menos inmigrantes.
4. Hace mal tiempo en el norte de España.

MEDIACIÓN

10 Un amigo español te enseña este texto de un periódico alemán y quiere saber lo que dice sobre Cataluña y los toreros. Explícaselo.

p. 118

edergeben / sammenfassen n Textinhalten

Toreros am Ende

In Katalonien findet der letzte Stierkampf statt

Endgültiges Aus für ein blutiges Spektakel: In Katalonien wird der letzte Stierkampf ausgetragen. Auch im übrigen Spanien steckt die Tradition in einer Krise.

Wenn Serafín Marín an diesem Sonntag beim Stierkampf in Barcelona dem letzten von sechs Stieren den Todesstoß versetzt, geht eine Epoche zu Ende. Danach wird es in Katalonien, der wirtschaftsstärksten Region Spaniens, keine Stierkämpfe mehr geben.

Die „Fiesta" in der Arena „La Monumental" ist die letzte der diesjährigen Saison. Danach tritt am 1. Januar 2012 das Stierkampfverbot in Kraft, dass das katalanische Parlament vor gut einem Jahr für die Region in Nordostspanien verabschiedet hatte.

Im Grunde war der Stierkampf in Katalonien bereits tot, bevor er verboten wurde. Die Arena in Barcelona war zuletzt die einzige in der Region, die noch in Betrieb war. Die 18.000 Plätze waren bei Kämpfen zumeist nicht einmal zu einem Drittel gefüllt. Andere Städte wie Gerona, Figueras oder Lloret de Mar ließen ihre Arenen schon vor Jahren abreißen, weil sich kaum jemand für die Kämpfe interessierte.

Idole sind Popstars und nicht mehr die Toreros

Im übrigen Spanien lockt der Stierkampf noch immer Tausende von Fans an, aber er steckt ebenfalls in einer schweren Krise. Von 2007 bis 2010 ging die Zahl der Festivals im ganzen Land um 34 Prozent auf 1700 zurück. Die große Mehrheit der jungen Spanier suchen sich ihre Idole lieber bei den Popstars oder Fußballern als bei den Toreros. Die Besucher der Stierkampfarenen sind überwiegend ältere Leute.

Fuente: Welt online 2011

RESUMEN DE GRAMÁTICA

1 El pluscuamperfecto de subjuntivo | Das pluscuamperfecto de subjuntivo

hubiera hubieras hubiera hubiéramos hubierais hubieran	hablado ayudado … comido perdido … salido vivido …

! abierto, dicho, escrito, hecho, muerto, puesto, visto, vuelto

2 El condicional compuesto | Das condicional compuesto

habría habrías habría habríamos habríais habrían	hablado ayudado … comido perdido … salido vivido …

! abierto, dicho, escrito, hecho, muerto, puesto, visto, vuelto

3 La frase condicional irreal en pasado | Der irreale Bedingungssatz der Vergangenheit

Bedingungssatz (= si-Satz)	**Hauptsatz**
Si no **hubiéramos ido** a Málaga,	Laura no **habría conocido** a Raúl.
Si ayer no me **hubiera sentido** mal,	**habría ido** a la fiesta.
Si me **hubieras dicho** que tenías un problema,	te **habría ayudado**.

Hauptsatz	**Bedingungssatz** (= si-Satz)
Los chicos no **habrían pasado** el día en casa	si no **hubiera llovido** todo el tiempo.

a Welche Verbform steht im Bedingungssatz, welche im Hauptsatz?
b Wie kann man diese Sätze auf Deutsch wiedergeben?

B UNA SOCIEDAD MULTICULTURAL

MACACO En los últimos 20 años España ha recibido muchos inmigrantes de Latinoamérica, del Magreb, de Europa del Este y del África subsahariana. Estos «nuevos españoles» han traído consigo sus lenguas, sus comidas, su arte y su música.
La escena cultural española ha sabido aprovechar esta riqueza, la ha adaptado y ha creado algo nuevo.
En el caso de la música, no sólo los integrantes de los grupos son de distintos lugares, también los ritmos, los instrumentos y las lenguas reflejan la sociedad multicultural española.
Los músicos del grupo Macaco son, por ejemplo, de España, Venezuela, Argentina, Camerún o Colombia. En su música mezclan el reggae, el funk, el hip-hop, la rumba catalana y ritmos latinos. Su canción «Moving» nació en 2009 para celebrar el Día Mundial de la Tierra. Y es que el respeto por la naturaleza, así como la solidaridad global son dos de los principales objetivos del grupo.

Moving, all the people moving, one move for just one dream.
We see moving, all the people moving, one move for just one dream.

Tiempos de pequeños movimientos … movimientos en reacción.
Una gota junto a otra hace oleajes, luego mares … océanos.
Nunca una ley fue tan simple y clara: acción, reacción, repercusión.
Murmullos se unen, forman gritos, juntos somos evolución.

Moving, all the people moving, one move for just one dream
We see moving, all the people moving, one move for just one dream.

Escucha la llamada de «Mama Tierra», cuna de la creación.
Su palabra es nuestra palabra, su «quejío» nuestra voz.
Si en lo pequeño está la fuerza, si hacia lo simple anda la destreza.
Volver al origen no es retroceder, quizás sea andar hacia el saber.

Moving, all the people moving, one move for just one dream.
We see moving, all the people moving, one move for just one dream
…

25 la gota *der Tropfen*
25 el oleaje *die Welle*
27 el murmullo *das Gemurmel*
30 la cuna *die Wiege*
31 el «quejío» (=quejido) *der Seufzer*
33 retroceder *zurück weichen*

HABLAR SOBRE MÚSICA

1 **a** Actividad de preaudición: lee la información sobre Macaco y apunta los estilos musicales que han influenciada al grupo.
b Escucha la canción y lee la letra: ¿cuál es el tema?
c Explica por qué (no) te gusta la canción.

1|21

p. 129
ara hablar
e un texto

Me parece que En mi opinión, Para mí,	los estilos	combinan muy bien no combinan	porque …

un estilo	tradicional ≠ moderno interesante ≠ aburrido	una mezcla	agradable bien lograda[1] perfecta fascinante desagradable pésima[2] fatal

1 bien logrado/-a *gut gelungen*
2 pésimo/-a *sehr schlecht*

C EL VALOR DEL AGUA

Estadísticas e indicadores del agua

El agua es tan esencial para la vida que nuestra existencia depende totalmente de este recurso. Pero el agua no es un bien ilimitado. Por eso es muy importante gestionar bien su uso y controlar su consumo.

¿Cómo se gestiona el agua en España?

Reutilizando las aguas residuales o desalando el agua del mar. Además, en España existen numerosos embalses: pequeños lagos, cuya función es almacenar el agua para los periodos de sequía. Es decir, periodos en los que no llueve.

¿Por qué actualmente el agua es un problema en España?

En la mayor parte de España, el clima es continental y esto, a veces, provoca periodos de mucha sequía. El segundo motivo es el tipo de agricultura de España. En muchas regiones del país, sobre todo en Murcia y en algunas zonas de Andalucía, los agricultores utilizan el cultivo de regadío que gasta mucha agua. Y es que cultivar tomates gasta más agua que producir patatas, por ejemplo. El tercer motivo es el sector turístico. En los últimos años ha habido un aumento de instalaciones turísticas, como por ejemplo hoteles, balnearios o campos de golf, que gastan mucha agua.

¿Es un problema sólo en España?

El problema del agua afecta a muchísimos países del mundo. Cada día hay millones de personas que no tienen agua corriente para vivir. Para concienciar a la gente sobre la importancia del agua, la ONU ha creado el día Mundial del Agua, que se celebra el 22 de marzo de cada año.

UN WATER
Día Mundial del Agua
2012

4 gestionar *verwalten* 7 las aguas residuales *das Abwasser* 7 desalar *entsalzen* 9 el embalse *der Stausee*
10 los periodos de sequía *die regenarmen Zeiten* 19 el cultivo de regadío *der Anbau mit Bewässerungssystemen*
25 el balneario *das Schwimmbad* 30 el agua corriente *das Leitungswasser, fließendes Wasser*

Agua virtual necesaria para producir alimentos y vestidos

70 litros para producir una sola manzana	**900 litros** para producir un kilo de maíz	**10 850 litros** para producir unos vaqueros	**15 500 litros** para producir un kilo de carne

Fuente: World Resources Institute

¿En qué gastamos el agua en casa?

El consumo del agua en nuestras casas

¿Cuántos litros se gastan en …?	**normal**	**eficiente**
un baño	300 litros	150 litros
una ducha de diez minutos	100–200 litros	80 litros
lavarse los dientes	15 litros	1 litro
afeitarse[1] con el grifo abierto	40–70 litros	2 litros
tirar de la cisterna	15 litros	3–6 litros
lavadora	170 litros cada lavado	20 litros
cocinar y beber por persona	4–7 litros	2–4 litros
fregar los platos	200 litros	100 litros
lavavajillas[2]	50 litros cada lavado	20 litros
regar[3] 100 metros cuadrados de césped	400 litros	
lavar el coche con manguera	375 litros	

Fuente: Uso eficiente del agua y energías en la escuela, Madrid

1. El 45 %, en el **váter**.
2. El 30 %, en el **bañera**, la ducha y el lavabo.
3. El 20 %, en la **lavadora** y el desagüe.
4. El 5 % en la **cocina.**

1 afeitarse *sich rasieren* 2 el lavavajillas *die Geschirrspülmaschine* 3 regar *gießen (Pflanzen)*

Agua y agricultura

Fuente: RAE, 2011

De los llamados países del primer mundo, España es posiblemente uno de los que peor ha gestionado el agua.

Durante muchos años, los gobiernos han dedicado las inversiones a construir embalses, ampliar regadíos, promover desarrollos turísticos y degradar, cada vez más, los ecosistemas: ríos, humedales, lagos y marismas, muchos de ellos dependientes de los acuíferos.

España es ahora el país con más embalses del mundo por habitante, sin embargo no hemos sabido gestionar este recurso natural. Así lo demuestran los más de 500 000 pozos ilegales, la pérdida de una quinta parte del agua urbana en redes obsoletas, el hecho de que sólo depuremos la mitad de las aguas residuales urbanas, los 10 000 vertidos industriales al año y la desaparición de más del 60 % de los humedales.

Nuestro consumo de agua es insostenible. En la costa mediterránea no caben otros 150 campos de golf ‹sostenibles› y el regadío ha dejado seco a muchos acuíferos y humedales, como las Tablas de Daimiel. El regadío consume el 80 % del agua en España, muchas veces practicado sólo para cobrar más subvenciones y a costa de producir excedentes.

Fuente: WWW España, 2012

5 la inversión *die Investition* 8 el humedal *das Feuchtgebiet* 8 la marisma *das Marschland* 10 los acuíferos *das Grundwasser* 15 el pozo *der Brunnen* 16 las redes obsoletas *hier: schlecht gewartete Abwassersysteme* 17 depurar *reinigen* 17 las aguas residuales urbanas *die städtischen Abwässer* 18 los vértidos industriales *die Industrieabfälle*

HACER UN DEBATE

p. 123 Hüte-Methode

1 Organizad un debate sobre el tema: Ahorrar agua – ¿es posible o no?
Formad cinco grupos para preparar los argumentos. Cada grupo elige un tema de abajo.
Un/a compañero/-a organiza el debate.

A La información

Resumid la información más importante de los textos. Buscad en internet o en enciclopedias más información sobre el tema, por ejemplo:

- ¿De dónde viene la mayor parte del agua potable[1] en España?
- ¿En qué año fue el último periodo de sequía en España?
- ¿Cuáles fueron las actividades durante el último Día Mundial del Agua de la ONU? Buscad dos o tres actividades, en España o en tu país.

1 el agua potable *das Trinkwasser*

B Las emociones

Apuntad:

- ¿Qué información en los textos os permite ser optimistas?
- ¿Qué información os preocupa?

C Los peligros

Contestad las siguientes preguntas:

- ¿Cuáles son los peligros del consumo actual de agua?
- ¿Cuáles son los desventajas del ahorro masivo del agua?

D Las ventajas

Apuntad argumentos para las siguientes preguntas:

- ¿Por qué se necesita tanta agua?
- Agricultura y vida cotidiana: ¿Por qué sería bueno gastar menos agua? Di algunas consecuencias, por ejemplo, ¿comer tomates en invierno?

E Las soluciones creativas

Imaginad y discutid alternativas para reducir el consumo agua en vuestro instituto.
¿Qué se podría hacer?

F La organización del debate

Uno/-a del grupo …

- controla con un reloj la duración del debate: ¿Quién/es sigue/n con sus argumentos?
- apunta los argumentos de los demás

Después del debate, cada grupo presenta los resultados más importantes, las propuestas o los compromisos a la clase.

VOCABULARIO TEMÁTICO

LA POLÍTICA

el rey / la reina
el / la diputado/-a
el / la representante

la monarquía parlamentaria
la república

aprobar | una ley / la Constitución

vivir en | una democracia / una dictadura

dar un discurso | en el parlamento / en la televisión / en la radio / en público

estar formado por
estar en el poder

votar por un partido (político).
elegir a sus dirigentes (políticos)
nombrar un/a sucesor/a

LA ECONOMÍA

La mayor fuente de ingreso es | el turismo / la industria inmobiliaria

El país cuenta con grandes empresas en el sector | de la moda / de la industria textil

España tiene una población economicamente activa de …
El consumo de … ha aumentado / diminuido los últimos años.

financiar proyectos ecológicos
los servicios
el ingreso medio por mes

fabricar

el período
la agricultura

LA ECOLOGÍA

El suelo es | agotado / cultivado

respetar / salvar / proteger / cuidar / destruir | la naturaleza / las costas / los animales / el medio ambiente / las flores / los ríos / los mares

aprovechar la energía | renovable / eólica / solar

PUNTO FINAL: REDACTAR TEXTOS INFORMATIVOS SOBRE LA ESPAÑA ACTUAL

Vuestra clase va a pasar dos semanas en España. Para poder entender mejor las clases en vuestro instituto de intercambio, preparad los temas que tratan en las asignaturas de Ciencias Sociales, Geografía e Historia y Biología.

1. Las energías alternativas en España: la plataforma solar en Almería u otro ejemplo
2. La política en España: las últimas elecciones, los partidos, el gobierno actual
3. El consumo del agua: los campos de golf (turismo) o el regadío (economía)

1 Preparad el proyecto.

Formad pequeños grupos.
1. Primero poneos de acuerdo y elegid uno de los temas: ¿cómo queréis presentar a los demás en la clase los resultados de vuestro proyecto? ¿Queréis hacer una presentación, un cartel, un folleto, etc.?
2. Formulad dos o tres preguntas concretas para limitar vuestra búsqueda.
3. Definid las palabras clave para vuestra búsqueda.
4. Discutid dónde podéis buscar información sobre el tema (biblioteca, internet, etc.). ¿A quién/es podríais preguntar? ¿Qué organizaciones hay?

2 Realizad el proyecto.

1. Subrayad la información más importante en los materiales y reunidla en un mapa mental, según vuestras palabras clave.
2. ¿Cómo queréis introducir el tema? Formulad un pequeño texto.
3. Según el tipo de presentación que queréis hacer, repartid las tareas: ¿quién escribe los textos? ¿Quién organiza las fotos, los gráficos ...)?
4. Discutid los textos en parejas para corregirlos y mejorarlos.
5. Elaborad vuestra presentación, cartel o folleto.

p. 116 ehler selbst orrigieren

3 Presentad el proyecto.

4 Evaluad el proyecto.

REPASAR LA LENGUA 3

GRAMÁTICA

Reactivando el uso de por y para

1 a ¿Cómo expresas la preposición «für» en español?

1. Danke für die CDs von Macaco.
2. Die Hausaufgaben sind für morgen.
3. Ich werde für meine Schwester eine Eintrittskarte kaufen.
4. Für den 3. Juli habe ich Eintrittskarten für das Konzert von Macaco.
5. Mir gefällt sehr, dass die Gruppe Macaco sich für Ökologie interessiert.
6. Ich habe die Hosen für 30 € gekauft.
7. Für wen ist das Geschenk?

b A un primo tuyo le interesan los deportes, la naturaleza y, además, saca muy buenas notas. Descríbelo a tus amigos usando como mínimo cinco de los siguientes verbos:

pasear *mirar* *interesarse* *preocuparse* *luchar* *felicitar* a alguien *tener* respeto *cambiar* *estar* loco/-a	por

2 Carlos y Andrés hablan sobre Ana, hermana de Carlos y compañera de clase de Andrés. Completa la conversación con las preposiciones a, con, de, en, para y por.

Carlos: Termino [...] hacer esto y nos vamos, ¿vale?
Andrés: ¡Perfecto! Oye, Carlos, tu hermana, ¿qué le pasa? Es que antes siempre se llevaba bien [...] todos, ahora siempre se queja [...] sus notas, se mete [...] todo el mundo ...
Carlos: Oye, no te preocupes [...] mi hermana ...
Andrés: Pero, ¿no te das cuenta [...] que tiene algo? Si tu no le prestas atención [...] ella ... para eso están los amigos, ¿no? Parece que tú no te enteras [...] nada ... Antes se moría [...] hacer deporte, ahora se queda [...] casa, no participa [...] las actividades, se enfada [...] todo el mundo ...
Carlos: Pues, no sé, no la veo así. [...] mí, es siempre la misma: disfruta [...] los fines de semana, está concentrada [...] sus estudios y se burla [...] mí cuando pueda. Ya te digo, esta chica se caracteriza [...] un humor muy raro. Pues, como siempre.

Reactivando los pronombres de complemento

3 Imagina que tienes un robot en casa. El problema es que todavía no funciona muy bien y por eso no entiende del todo tus órdenes. Repítelas usando las siguientes combinaciones de pronombres.

me le (se) les (se)	lo la los las

1. **Tú:** ¡Prepara el desayuno a mis padres!
   Robot: ¿Qué has dicho del desayuno?
   Tú: ¡Que [...] [...] prepares a mis padres!

2. **Tú:** ¡Envía la carta a mi abuela!
   Robot: ¿Que has dicho de la carta?
   Tú: ¡Que [...] [...] mandes a mi abuela!

3. **Tú:** ¡Limpia mi habitación!
   Robor: ¿Qué has dicho de la habitación?
   Tú: ¡Que [...] [...] limpies!

4. **Tú:** ¡Lleva las revistas a mi madre!
   Robot: ¿Qué has dicho de los libros?
   Tú: ¡Que [...] [...] lleves a la biblioteca!

5. **Tú:** ¡Tráeme las galletas!
   Robot: ¿Qué has dicho de las galletas?
   Tú: ¡Que [...] [...] traigas!

6. **Tú:** ¡Cuenta estos cuentos a mi hermana!
   Robot: ¿Qué has dicho de estos cuentos?
   Tú: ¡Que [...] [...] a mi hermana!

Reactivando frases condicionales en el pasado

4 El pasado domingo fue el cumpleaños de Yolanda, una chica de Madrid. Lamentablemente hubo problemas y Yolanda piensa qué habría pasado si todo hubiera sido diferente. Cuenta usando frases condicionales como la del ejemplo.

Ejemplo: 1. Si Yolanda no se hubiera levantado tarde, no habría perdido el bus.

1. Yolanda [...] (*levantarse*) tarde, [...] (*perder*) el bus.
2. [...] (*perder*) el bus, [...] (*llegar*) tarde a la cita con sus amigas.
3. [...] (*llegar*) tarde, sus amigas [...] (*enfadarse*).
4. Su madre no [...] (*comprar*) huevos, no [...] (*poder*) preparar un pastel de cumpleaños.
5. Su novio [...] (*olvidar*) las entradas, ellos no [...] (*poder*) ver el partido del Real Madrid en el estadio.
6. Por la noche Yolanda [...] (*tener*) dolor de cabeza, [...] (*quedarse*) en casa.
7. Yolanda no [...] (*ir*) a cenar a casa de sus primos, sus primos no [...] (*dar*) a Yolanda un regalo.

Reactivando los determinantes indefinidos ningún, mucho, poco

5 **a** Villapequeña y Villagrande son dos pueblos muy diferentes. Descríbelos utilizando los determinantes indefinidos ningún, poco o mucho.

1. Villapequeña tiene [...] habitantes.
2. En Villapequeña no hay [...] cine.
3. En Villapequeña hay [...] polideportivos.
4. En Villapequeña no hay [...] escuela.
5. En Villagrande hay [...] cafeterías.
6. En Villagrande hay muy [...] panaderías.
7. En Villagrande hay [...] parques.

	Villapequeña	Villagrande
Habitantes	234	10673
Cines	0	1
Polideportivos	3	2
Escuelas	0	9
Cafeterías	7	25
Panaderías	2	2
Parques	2	2

BALANCE 1

COMPRENSIÓN AUDITIVA

1|22

1 Escucha el anuncio de radio y elige la frase que lo resuma mejor.

1. El programa «Más y mejor trabajo» ayuda a jóvenes que no han terminado el instituto a que lo terminen y hagan una formación profesional.
2. El programa «Más y mejor trabajo» envía a jóvenes a escuelas y institutos para que trabajen allí y los ayuda con dinero.
3. En el programa «Más y mejor trabajo» un orientador acompaña a jóvenes a empresas mientras hacen prácticas allí.
4. El programa «Más y mejor trabajo» ayuda a todas las personas que quieran empezar con un nuevo trabajo.

1|22

2 Escucha otra vez y apunta la siguiente información en tu cuaderno:

1 las edades de los candidatos

2 la fecha de inscripción[1]

3 el número de teléfono donde dan información

1 la inscripción *die Anmeldung*

COMPRENSIÓN LECTORA

3 a Lee un fragmento de la novela «¡Lo que pasa es que te quiero!». Luego ordena los dibujos de acuerdo con el texto.

Había ido a comprar aceite, mejor dicho, me habían obligado a ir a comprar aceite, era para hacer mayonesa, y como a mí era el que más me gustaba, pues mi madre me había mandado y yo le había dicho que por qué no mandaba a Carlos, mi hermano pequeño, pero claro, era absurdo mandar a un niño de cinco años a comprar teniendo a uno de quince [...] Hacía un calor insoportable, el mes de julio de ese año estaba siendo el más caluroso de los últimos veinte. Buscaba siempre las pocas sombras que había a la una del mediodía, pues el sol está en lo más alto y sus rayos caen casi perpendiculares. Iba andando a paso tranquilo pero parecía que me hubiese dado la carrera del año pues me caía el sudor a chorros. Llegando ya a la tienda compré el aceite y una tarjeta de cinco euros para recargar el móvil. De camino a mi casa me encontré a Miguel [...]

Una mujer pasó por nuestro lado y nos saludó. Le devolvimos el saludo y entonces Miguel se acercó a mí.

– ¿Por qué no hacemos un botellón esta noche?

– ¿Pero hoy qué día es? ¡Ostras! ¡Sábado! Claro que lo hacemos [...]

– De acuerdo, pues venga, hasta la tarde.

– Ale.

Seguí caminando [...]. Por el callejón escuché unas voces procedentes de la carretera.

– ¡Perro estúpido! ¡Desgraciado! ¡Te vas a enterar! Que sea la última vez que atacas a mi Misa.

Salí a ella, un perro pasó a toda velocidad a mi lado y seguidamente una gran naranja impactó en mi cabeza, la cual estaba un poco podrida por lo que se reventó y me puso perdido de zumo.

– ¡Oh! Lo siento –una muchacha con los ojos azules y el cabello rubio se acercó a mí y empezó a limpiarme la cara con un pañuelo mientras yo permanecía quieto, con la boca abierta y los brazos extendidos y separados del cuerpo –. Lo siento mucho, no iba para ti, iba para ese perro malo que siempre está atacando a mi gatita.

Terminó su intento de limpieza, se separó un poco y me miró.

– Bueno, tampoco pasa nada, te he manchado la camiseta, pero es de propaganda de la discoteca, seguro que tienes más en casa – yo la miré un poco incrédulo –. Y el golpe te ha despeinado pero bueno, tampoco es que fueras muy bien peinado que digamos.

Fuente: Franlo López, Lo que pasa es que te quiero © Nuevos Escritores, 2007 (texto abreviado).

b Termina las siguentes frases y cuenta qué pasó en la historia.

1. Hacía mucho calor ya que [...]
2. El chico fue a la carretera porque [...]
3. El chico se sorprendió porque [...]
4. La chica tiró la naranja ya que [...]
5. Cuando la chica vio que la naranja le había pegado al chico, entonces [...]

EXPRESIÓN ESCRITA

4 Lee otra vez el fragmento de «¡Lo que pasa es que te quiero!» e imagina lo que piensa la chica. Después, escribe lo que pasó desde su perspectiva.

MEDIACIÓN

5 Deine Deutschlehrerin möchte wissen, welches Buch du gerade liest. Erzähle ihr, worum es in der Textpassage von «Lo que pasa es que te quiero» geht.

EXPRESIÓN ORAL

6 Estás en España y tus amigos te preguntan qué piensas sobre la tradición de las corridas de toros en España. ¿ Qué les dices? Puedes buscar información sobre el tema en el Pequeño diccionario, p. 132.

LAS CARAS DE LA MIGRACIÓN

¡ACÉRCATE!

COMPRENSIÓN AUDITIVA

p. 108 ein Bild / Foto beschreiben

1 Mira las fotos.
Formula hipótesis sobre las situaciones y las personas: ¿dónde se han tomado las fotos? ¿Qué están pensando / diciendo las personas? ¿Cómo se sentirán?

La migración hispana a los Estados Unidos tiene muchas caras. Aquí os presentamos la primera: seis personas con sus propias historias de migración.

Lila Downs

Música: tradición, costumbres, historias y cultura
Canciones: culturas mexicana y estadounidense; español, inglés y lenguas indígenas
Voz: migrantes hispanos en los EE.UU. y población indígena en México
Padres: madre mexicana, padre estadounidense
Creció en: Oaxaca, México
Idiomas: español (lengua materna), inglés (a partir de los 14 años)
Lugares de residencia: Ciudad de México y Nueva York
Premios: Grammy Latino, Óscar a la mejor canción en la película «Frida»

Pepón Osorio

Lugar de nacimiento: Puerto Rico
Emigración: Nueva York, 20 años
Profesión: artista
Fuente de inspiración: experiencia como trabajador social, migrantes de diferentes países
Temas: comunidad puertorriqueña en Nueva York: costumbres, sueños, valores, alegrías y dolores
Arte: manera de vivir de muchos puertorriqueños y caribeños
Lugar de residencia actual: Filadelfia
Compromiso: realidad social de su gente

Dr. Mario J. Molina

Lugar de nacimiento: Ciudad de México
Formación: Suiza, Alemania, Francia y EE. UU.
Profesión: profesor de Química e investigador, Universidad de California
Premios: Nobel de Química
Compromiso: medio ambiente
Lugar de residencia: San Diego, California
Estudios: capa de ozono, cambio climático

Verónica Boquete

Profesión: futbolista
Lugar de nacimiento: Santiago de Compostela, España
Comienzos: Santiago de Compostela, como única niña en un equipo masculino
Emigración: a los EE. UU. para poder «vivir de la pelota»
Lo difícil: echar de menos la comida española, el inglés
Lugar de residencia: EE. UU., España, Suecia, Rusia ...
Premio: 2011, mejor jugadora del año de la liga estadounidense *(Women's Proffesional Soccer)*

Julia Álvarez

nació en Nueva York, pero sus padres decidieron volver a República Dominicana cuando ella tenía sólo tres meses de edad. Allí creció hasta que su familia volvió a los Estados Unidos por problemas con la dictadura militar. Si bien escribe en inglés, sus textos reflejan la mezcla cultural dominicana y estadounidense. Julia Álvarez reconoce que su origen inmigrante fue la clave para volverse escritora. Cuando llegó a Nueva York, tenía 10 años y varios problemas con el inglés. Aprendiendo el idioma empezó a jugar con las palabras. Así crecieron las ganas de contar historias y el cariño por la pluma y el papel.
Actualmente Julia Álvarez vive en Vermont, se dedica a escribir y a viajar por los EE. UU. leyendo sus libros. En la Universidad de Middlebury ayuda a jóvenes escritores y da clases de escritura creativa.

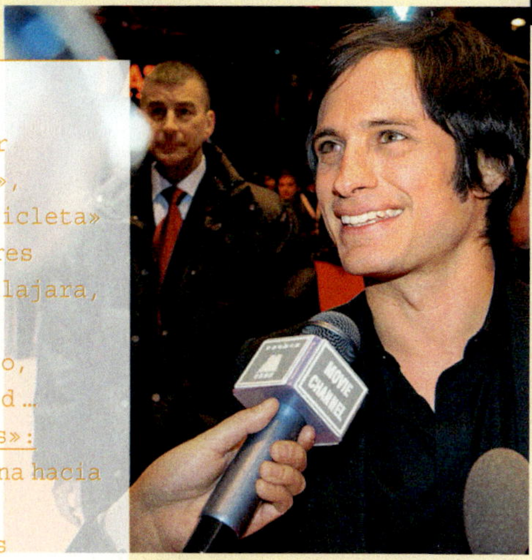

Gael García Bernal

Profesión: actor, director
Películas: «Amores perros», «Babel», «Diarios de motocicleta»
Estudios: actuación, Londres
Lugar de nacimiento: Guadalajara, México
Lugar de residencia: México, Miami, Buenos Aires, Madrid ...
Documental «Los Invisibles»: inmigración centroamericana hacia los EE. UU.
Premio: WOLA a los derechos humanos por «Los Invisibles»

estadounidense *US-amerikanisch* 26 la fuente de inspiración *die Inspirationsquelle* 33 el/la uertorriqueño/-a *der/die Puerto-Ricaner/in* 33 el/la caribeño/-a *der/die Einwohner/in der Karibik* 1 el/la investigador/a *der/die Forscher/in* 46 la capa de ozono *die Ozonschicht* 52 el comienzo *er Anfang* 62 la liga *die Liga* 76 los derechos humanos pl. *die Menschenrechte* 85 si bien *bwohl* 86 reflejar a/c *etw. widerspiegeln* 86 dominicano/-a *dominikanisch* 87 reconocer a/c *tw. zugeben*

2|2
2|3

2 **a** Escucha las seis biografías completas y apunta expresiones para hablar sobre la vida de alguien.

b Compara las fichas de los/-as famosos/-as. Expón los puntos en común y las diferencias entre las biografías. Utiliza las expresiones de a. ▶▶ p. 78, Vocabulario temático

EXPRESIÓN ORAL

3 **a** Elige la ficha de un/a famoso/-a que quieras representar y estudia su biografía. Puedes tomar de modelo la biografía de Julia Álvarez o los textos de la p. 220.

b Charla entre famosos/-as. Imagina que eres el/la famoso/-a que has elegido en a y que estás en una cena benéfica[1]. Allí te encuentras con otros/-as famosos/-as. Contáos vuestras biografías.
▶▶ p. 78, Vocabulario temático

1 la cena benéfica *das Wohltätigkeitsessen*

A UNA FAMILIA GALLEGO-CUBANA EN NUEVA YORK

ACTIVIDAD DE PRELECTURA

facultativo **1** **a** Trabajad en grupos. Elegid un tema, buscad información en el Pequeño diccionario, p. 132 y tomad apuntes.

los chicanos | los hispanos | los latinos | los nuyoricans | el *spanglish*

b Reuníos con otros grupos e intercambiad vuestra información: ¿qué significan estas palabras?

2|4
2|5

La familia Santamaría Menéndez en los años noventa: raíces cubanas y españolas con tradiciones estadounidenses.

Aunque la sociedad estadounidense siempre ha sido multicultural, un grupo ha crecido llamativamente en los últimos años: los hispanos. La familia Santamaría Menéndez es uno de tantos ejemplos que podemos encontrar en barrios de Nueva York, Los Ángeles, Miami o Chicago.

José Ramón Santamaría (59) nació en Galicia, España y vive desde 1984 en los EE. UU.

José Ramón nació en Xuño, un pueblo en la costa de Galicia. Nos explica cómo, con 16 años, empezó a trabajar en un barco lejos de casa. «Mi madre me pidió que no me fuera justo aquella noche, pero yo le dije que quería un futuro mejor». José Ramón describe cómo llegó a Nueva York, donde su hermana, que ya trabajaba allí, le había prometido que le buscaría empleo: «Mi hermana me llamó y me dijo que me había encontrado un puesto. Así es que crucé el charco de a poco», dice con una sonrisa.

En la empresa casi sólo había trabajadores que hablaban español: «Sobre todo chicanos y nuyoricans». Después conoció a Delia, su mujer y la madre de sus hijos.

José Ramón nos dijo que no sabía si algún día iba a volver a su España natal, pero que sólo había una cosa que echaba realmente de menos: «Creo que aunque me muera en este país, nunca me acostumbraré a las hamburguesas y la comida rápida. Yo sigo prefiriendo el pescado, el marisco y la tortilla española».

Delia Menéndez (51) nació en Colón, Cuba y vive desde 1964 en los EE. UU.

Delia llegó de niña a Nueva York. Sus padres dejaron Cuba huyendo de la revolución de Fidel Castro. «Mi abuelo era allí el alcalde del pueblo durante el régimen de Batista, de modo que salimos de la isla con lo puesto». Delia trabaja como funcionaria en una oficina del ayuntamiento y reconoce que se siente mejor hablando (y sobre todo escribiendo) en inglés que en español. Cuando le preguntamos a Delia si conservaba las costumbres cubanas, nos dijo que ella casi no tenía contacto con la isla: «Apenas tengo recuerdos de Cuba y, en realidad, me siento estadounidense. Vivo aquí desde los tres años, y en casa celebramos el 4 de julio como cualquier otra familia», dice en español con un poco de acento.

Juan Enrique (25) nació en los EE. UU. y es profesor de secundaria en Nueva York

Juan Enrique y su hermano José Ángel han nacido en los EE. UU., pero también se sienten españoles aunque sólo han estado allí de vacaciones: «Si bien somos estadounidenses, nuestros padres siempre nos han dicho que conserváramos nuestra cultura, que no olvidáramos de dónde veníamos».
Juan Enrique trabaja hoy como profesor en el instituto donde fue alumno: «En nuestro centro hay alumnos de todas partes del mundo y siempre les decimos que lo importante para tener éxito en la vida es que sean ellos mismos».
Aunque preferiría que España ganara un mundial de fútbol contra EE. UU., dice que conoce más la actualidad estadounidense que la española: «Yo vivo aquí y me interesan las noticias de aquí».

José Ángel (20) nació en los EE. UU. y es estudiante en un *College* de Boston

José está muy orgulloso de ser estadounidense y español: «Nosotros siempre escuchábamos a mi padre decir que había sido muy difícil llegar a Estados Unidos sin saber el idioma, por eso sabíamos lo importante que es hablar otras lenguas».
Cuando le preguntamos a José con quién hablaba español, nos dijo que de niño lo hablaba con su familia y con sus vecinos, ya que allí, en su barrio, vivían muchos hispanos. Y agrega: «Muchas veces también hablábamos *spanglish*, por eso mi madre siempre nos decía que quería que fuéramos a las clases de español para que aprendiéramos a escribirlo y a hablarlo correctamente».
«Ahora siempre hablo en inglés con mis amigos, incluso con latinos o con mi hermano». Tras pensar un momento, agrega: «Siempre y cuando no estemos con mis padres, claro».
Tanto José como su hermano se sienten completamente integrados, «aunque aún existe gente que te dice que vuelvas a tu país. Todavía no se han dado cuenta de que este también es mi país».

gallego-cubana *galicisch-kubanisch* **2** raíces (pl.) *die Wurzeln* **5** llamativamente *beachtlich* **16** prometer a alg. a/c *jdm. etw. versprechen* **19** cruzar el charco = cruzar el océano **20** la sonrisa *das Lächeln* **26** natal *Geburts-* **28** morirse ≠ nacer **34** huir de alg., a/c *vor jdm., etw. fliehen* **37** la isla *die Insel* **37** salir con lo puesto = salir rápido **61** ser sí / uno mismo *man selbst sein* **63** el mundial de fútbol *die Fußballweltmeisterschaft* **85** incluso *sogar* **91** darse cuenta de a/c *sich einer Sache bewusst werden*

COMPRENSIÓN LECTORA

2 **a** Trabajad en grupos. Cada grupo prepara una ficha con la información de un miembro de familia.
b Mezclad los grupos y presentaos mutuamente a los cuatro miembros de la familia. Utilizad también la información de la actividad de prelectura.

Lugar de nacimiento: …
Motivo de emigración: …
Identidad: …
Profesión: …
Idiomas: …
…

Descubriendo el uso del estilo indirecto en el pasado

3 Lee las siguientes preguntas y respuestas de la entrevista y compáralas con las frases correspondientes en el artículo: ¿qué ha cambiado? ▸▸ p. 71, Resumen 1

Madre: «No te vayas justo esta noche». (l. 12)

Hermana: «Te buscaré empleo». (l. 16)

Hermana: «Te encontré un puesto». (l. 18)

José Ramón: «No sé si algún día voy a volver a mi España natal». (l. 25)

Periodista: «¿Conservas las costumbres cubanas?». (l. 42)

José Ramón: «Ha sido muy difícil llegar a Estados Unidos sin saber el idioma». (l. 71)

Periodista: «¿Con quién hablas español?». (l. 75)

José Ángel: «Aquí, en mi barrio, viven muchos hispanos». (l. 78)

Lidia: «Quiero que vayan a las clases de español». (l. 81)

Practicando el uso del estilo indirecto en el pasado

4 **a** Los/-as alumnos/-as de Juan Enrique le hicieron muchas preguntas el primer día de clase. Relaciónalas con las respuestas de Juan. Utiliza el estilo indirecto en el pasado.

1. «¿De dónde es su familia?»
2. «¿Tiene hermanos/-as?»
3. «¿Qué comida le gusta?»
4. «¿Ha viajado alguna vez a España?»
5. «¿Ha ido a clases de español aquí en Nueva York?»
6. «¿Le gustaría visitar Cuba algún día?»
7. «¿Cómo festeja la Navidad y cómo la festejaba de niño?»
8. «¿Cómo fue llegar a los EE. UU. para su padre?»
9. «¿Se quedará aquí en los EE. UU.?»

a. «Tengo un hermano menor que ha nacido aquí, como yo».
b. «Fue difícil porque nunca había salido de España y porque no podía comunicarse en inglés».
c. «Mi madre nació en Cuba y mi padre es español».
d. «Viajamos todos los años. Este año vamos a viajar en agosto».
e. «Me encantaría conocer la tierra donde nació mi madre».
f. «La festejamos como cualquier familia estadounidense. De niños, mi hermano y yo también despertábamos inquietos por abrir los regalos por la mañana».
g. «Me encanta la comida española».
h. «¡Sí! Mi madre nos decía: "¡Quiero que vayan a las clases de español!"»
i. «No sé qué haré en el futuro, pero hoy mi lugar en el mundo está aquí».

b Juan Enrique le cuenta a un amigo lo que le preguntaron sus alumnos/-as y lo que él les respondió. ¿Qué le dice? Inventa más preguntas y respuestas. ▸▸ p. 71, Resumen 1

Me preguntaron …
Querían saber …
Les dije / conté que …
Les respondí / contesté que …

Practicando los conectores

facultativo **5** Juan Enrique y José Ángel hablan de su vida. Hila sus ideas utilizando los conectores. ▶▶ p. 71, Resumen 2

1. Nuestra madre nos mandaba a clases de español 2. Para nuestros padres fue muy importante aprender bien inglés 3. Nuestro padre no se acostumbra a la comida rápida 4. Nosotros también nos sentimos españoles 5. Celebramos las fiestas estadounidenses y españolas 6. Mi hermano y yo vivimos en los EE. UU.	si bien para que de modo que así (es) que	nos interesan las noticias de aquí. aprendiéramos a escribirlo correctamente. pudieran integrarse en la sociedad estadounidense. conocemos las costumbres de nuestro país y de nuestras raíces. ya vive aquí desde hace muchos años. hemos pasado poco tiempo en España.

Armar expresiones

facultativo **6** **a** Relaciona los verbos con el resto de las expresiones. A veces hay varias posibilidades.

no olvidar sentirse luchar buscar conservar darse echar tener ser querer acostumbrarse	de dónde son a la comida rápida éxito latino integrado un futuro mejor contacto con alguien de menos las costumbres y tradiciones orgulloso/-a de … cuenta de algo por un futuro mejor raíces hispanas

b ¿Te puedes imaginar inmigrar a Nueva York? Justifica tu respuesta utilizando algunas expresiones de a.

EXPRESIÓN ESCRITA

▶ p. 112
reatives
chreiben

7 **a** José Ramón Santamaría emigró de muy joven a los EE. UU. Prepara un mapa mental en tu cuaderno sobre su historia. Busca información en el texto. También puedes inventar detalles de su vida.
▶▶ p. 78, Vocabulario temático

sus **sentimientos**
- antes de emigrar
- durante el viaje
- en los EE. UU.

sus **motivos** para emigrar
- …

sus experiencias **positivas / negativas**
- antes de emigrar
- durante el viaje
- en los EE. UU.
- hoy en día

el **viaje**
- cruzar el charco
- …

José Ramón Santamaría

su **identidad** hoy en día

b Elige una de las dos tareas y escribe el texto en tu cuaderno.

- Imagina que eres José y que les escribes la primera carta a tus padres. Cuéntales cómo te sientes y lo que has vivido en las últimas semanas.
- Imagina que eres José y que estás escribiendo tus memorias[1]. Cuenta cómo fue tu historia de migración y si volverías a elegir este camino.

1 las memorias *die Memoiren*

EXPRESIÓN ORAL

p. 107
charla de un minuto

8 **a** Vas a simular un examen oral. Trabaja solo/-a. Observa la tarjeta de la p. 131 y haz una breve presentación.

p. 105
eine Debatte durchführen

b Ahora trabajad en parejas. Preparad vuestros roles por separado (**B**, p. 131). **A** empieza. ▸▸ p. 78, Vocabulario temático

Preparar un examen oral:
1. Controla muy bien el tiempo que tienes para prepararte.
2. Lee la tarjeta: ¿cuál es el tema? ¿Cuál es la situación? ¿Qué datos se presentan? ¿Qué tienes que hacer?
3. Piensa en otros datos/argumentos para completar la presentación. ¿Qué expresiones te sirven para decirlos?
4. Toma apuntes de las palabras y expresiones clave.
5. Practica la presentación.

A Diálogo

Inmigración e integración: ¿más fácil para los jóvenes?

«Migración» es el tema de la semana en tu instituto hermanado. Habrá breves presentaciones y debates sobre el tema en internet. Has decidido participar en un debate sobre «La inmigración e integración joven». Tú crees que la inmigración e integración **son más fáciles** para los jóvenes. Tu compañero/-a no piensa lo mismo.

Tienes tres minutos para preparar tus argumentos a favor:

Inmigración e integración son más fáciles para los jóvenes
- adaptarse más rápido
- aprender idiomas más fácilmente
- encontrar amigos/-as en el instituto
- ...

MEDIACIÓN

2|6

9 El próximo tema de la revista de tu instituto es «Migración». Escribe un breve artículo en alemán sobre la situación de la migración hispana en los EE. UU. Para ello, escucha las noticias y toma apuntes. Luego completa tu artículo con los datos de la tarjeta de la p. 131.

la cantidad de hispanos | las causas del crecimiento de la población hispana

las consecuencias del crecimiento | la diversidad hispana

COMPRENSIÓN AUDITIVA

2|7

10 **a** Escucha la entrevista auténtica a Julia Álvarez. Apunta en tu cuaderno las palabras clave para completar las siguientes frases:

Yo soy ...
Del Caribe y de Sudamérica vienen ...
El inglés es ...

2|7

b Lee la recomendación[1] del diccionario. Después, vuelve a escuchar la entrevista y explica qué quiere decir Julia Álvarez con la siguiente frase:

«Así que soy verdaderamente una americana.»

1 la recomendación *die Empfehlung*

americano
«... debe evitarse el empleo de *americano* para referirse exclusivamente a los habitantes de los Estados Unidos, uso abusivo que se explica por el hecho de que los estadounidenses utilizan a menudo el nombre abreviado *América* (en inglés, sin tilde) para referirse a su país. No debe olvidarse que *América* es el nombre de todo el continente y son americanos todos los que lo habitan.»

Fuente: Diccionario panhispánico de dudas (RAE), 2005

RESUMEN DE GRAMÁTICA

1 El estilo indirecto en el pasado | Die indirekte Rede in der Vergangenheit

1.1 La afirmación | Die Aussage

		Dijo / Decía / Había dicho que …
José Ángel: «Aquí **viven** muchos hispanos». presente	→	allí **vivían** muchos hispanos. pretérito imperfecto
José: «Mi hermana ya **trabajaba** en Nueva York». pretérito imperfecto	→	su hermana ya **trabajaba** en Nueva York. pretérito imperfecto
José: «**Ha sido** muy difícil llegar a los Estados Unidos». pretérito perfecto	→	**había sido** muy difícil llegar a los Estados Unidos. pretérito pluscuamperfecto
Hermana de José: «Te **encontré** un puesto». pretérito indefinido	→	me **había encontrado** un puesto. pretérito pluscuamperfecto
José: «Nunca antes **había trabajado** en un barco». pretérito pluscuamperfecto	→	nunca antes **había trabajado** en un barco. pretérito pluscuamperfecto
José: «No sé si algún día **voy a volver** a España». futuro inmediato	→	no sabía si algún día **iba a volver** a España. pretérito imperfecto de ir a + infinitivo
Hermana de José: «Te **buscaré** empleo». futuro simple	→	me **buscaría** empleo. condicional
Lidia: «Con más tiempo, todo **sería** más fácil para mí». condicional	→	con más tiempo, todo **sería** más fácil para ella. condicional
Lidia: «Quiero que **vayan** a las clases». presente del subjuntivo	→	quería que **fuéramos** a las clases. imperfecto del subjuntivo
Madre de José: «No te **vayas** justo esta noche». imperativo	→	no me **fuera** justo aquella noche. imperfecto del subjuntivo

a Worauf musst du bei den Pronomen, Begleitern, Zeit- und Ortsangaben achten?
b In welchen Fällen ändert sich die Verbzeit nicht?

1.2 La pregunta | Die Frage

		Preguntó …
Periodista: ¿Con quién **hablas** español?	→	con quién **hablaba** español.
Periodista: ¿**Conservas** las costumbres cubanas?	→	si **conservaba** las costumbres cubanas.

Wie leitet man eine indirekte Frage mit / ohne Fragewort in der indirekte Rede ein?

2 Los conectores | Die Konnektoren

si bien	Somos estadounidenses. Pero también queremos conservar nuestras raíces. → **Si bien** somos estadounidenses, también queremos conservar nuestras raíces.
de modo que / así (es) que	Mi abuelo trabajaba para el régimen de Batista. Salimos de Cuba con lo puesto. → Mi abuelo trabajaba para el régimen de Batista, de **modo que / así (es) que** salimos de Cuba con lo puesto.
para que + subjuntivo	Mi madre nos envía a clases. Así aprendemos español. → Mi madre nos envía a clases **para que** aprendamos español.
tanto … como	José se siente completamente integrado. Su hermano, también. → **Tanto** José **como** su hermano se sienten completamente integrados.

Wie kann man diese Sätze auf Deutsch wiedergeben?

B LA PRIMA *POESÍA*

ACTIVIDAD DE PRELECTURA

p. 125 para hablar de un texto

1 **a** Describe la cubierta y el lomo de la obra: ¿qué información se presenta?

b Formula hipótesis con la información de **a**: ¿de qué podría tratar la novela?

Todo comenzó cuando yo tenía 16 años, y mis padres decidieron enviarme a Estados Unidos a estudiar. Las García ya se habían marchado hacía cinco años, pero nosotras nos habíamos quedado atrás [...].

Yo tenía la misma edad de Carla, que era mi mejor amiga cuando nos criábamos en la isla. Pero en la Academia Miss Wood me atrasaron un par de cursos por los años perdidos y terminé en la misma clase que Yolanda, lo cual fue duro para mí. Yo tenía 16, pero parecía de 23, Yolanda tenía 14 y se comportaba como una chiquilla, una chiquilla algo extraña. ¡Y tenía yo que estar emparentada con eso!

Lo que sucedía era que ella andaba con la pandillita de artistoides de la Academia Miss Wood. No recuerdo los nombres de todas, pero eran cuatro las del grupúsculo. [...] Yo era bonita y divertida, y le caía bien a casi todo el mundo si la alejabas de Trini y la Mamasota. Pero como decía, ella todavía se comportaba como una chiquilla, y trataba de ser el centro de atención montando un papelón por cualquier ridiculez.

Por ejemplo, en la escuela no teníamos que usar uniformes ni nada por el estilo, pero teníamos un código de vestir: falda y blusa y zapatos de cordones para las clases, y algo llamado «traje de té» que había que ponerse todas las noches para la cena. [...] Así que Carla y yo nos fuimos al centro uno de los sábados que nos permitían salidas supervisadas, y nos compramos un par de conjuntos de marca Villager, los cuales intercambiábamos alegremente. Tal vez lucíamos como dos *preppies* hispanas, como decía Yo, pero ¿y qué? Ella y sus amigas parecían acabadas de salir de un velorio. [...]

Para la clase de inglés nos obligaban a llevar un diario. [...] Se pueden imaginar que para la mayoría de nosotras llevar ese diario era un tarea aburridísima que no nos quedaba más remedio que hacer. Pero Yo y sus amigas cargaban con esa libreta a todas partes, incluso a las comidas ... [...] Y yo pensaba: «¿Por qué no te vas a escribir a tu cuarto ya que es privado?». Pero no, ellas tenían que hacer alarde de la copiosa escritura en sus diarios para hacernos pensar que éramos menos sensibles, menos poéticas, menos profundas que ellas. [...]

La revolución de turno había terminado, y finalmente íbamos a tener elecciones en la República. Mi padre era uno de los candidatos a la presidencia: la primera de muchas veces. Así que me convertí en una modesta celebridad en la Academia de Miss Wood, la-hija-de-un posible-presidente. [...] Pero no creo que fuera mi posición de personaje importante lo que atrajera a Roe. Fue un poema que escribí para mi clase de inglés [...].

Estoy segura que a Yo le dio un ataque de celos cuando mi *donnée* ganó el concurso literario. [...] ¿Cómo se titulaba el poema? «Canción de amor del inmigrante», o algo así. Todavía me acuerdo de la primera y la última estrofa.

Cuando dejé mi patria estaba perdida
sentía que el mar no tenía riberas
ni un lugar donde soltar las olas
ni un lugar seco donde correr.

Pero ahora en las noches a tu lado
descubro un nuevo continente
en tus manos encuentro el mapa
escucho mi himno en tu aliento. [...]

Fuente: Julia Álvarez, ¡Yo! © Algonquin Books, 1997; Dolores Prida (trad.), ¡Yo! © Plume, 1999, (texto abreviado)

1 comenzar = empezar **4** marcharse = irse **5** quedarse atrás *hier: auf der Insel (Dom. Rep.) zurückbleiben* **9** atrasar a alg. un par de cursos *jdn. ein paar Jahrgänge zurückstufen* **13** comportarse como una chiquilla *sich wie ein Kind aufführen* **14** extraño/-a = raro/-a **14** estar emparentado/-a con *verwandt sein mit* **16** suceder = pasar **16** andar con la pandillita de artistoides *sich einer künstlerisch angehauchten Clique anschließen* **19** el grupúsculo = la peña **20** caerle bien a alg. *jdm. sympathisch sein* **24** montar un papelón por cualquier ridiculez *wegen nichts eine Szene machen* **28** el código de vestir *die Kleidervorschrift* **34** un par de conjuntos de marca Villager *ein paar Outfits der Marke Villager* **35** intercambiarse a/c *etw. untereinander austauschen* **36** tal vez = quizás **36** lucir (como alg.) *(wie jd.) aussehen* **37** los / las preppies *Schüler einer renommierten weiterführenden Schule in den USA mit gehobenem Lebens- und Kleidungsstil* **39** el velorio *die Totenwache* **43** (no) le queda más remedio a alg. (que + inf.) = (no) le queda otra opción a alg. (que + inf.) **45** cargar con = llevar **47** el cuarto = la habitación **49** hacer alarde de la copiosa escritura en sus diarios *mit ihren ausführlichen Tagebucheinträgen angeben* **52** profundo/-a *hier: tiefgründig* **61** atraer a alg. *jdn. anziehen* **63** el ataque de celos *der Eifersuchtsanfall* **64** el donnée *hier: Geschenk der Götter* **68** la estrofa *die Strophe* **69** la patria *die Heimat* **70** la ribera = la orilla **71** soltar las olas *die Wellen freilassen* **76** el aliento *der Atem*

HABLAR SOBRE EL TEXTO

p. 127 para hablar de un texto

2 **a** La estructura del texto y el argumento: divide el texto «La prima *Poesía*» en tres partes. Apunta las palabras clave de cada parte en tu cuaderno y explica su contenido[1].

p. 110 eine Zusammenfassung schreiben

b El resumen: resume el fragmento de la novela con ayuda de **a**.

Puedes empezar así: El texto … publicado[2] en el año … por la editorial … es un fragmento de la novela … de la autora … y trata de …

1 el contenido *der Inhalt*
2 publicado/-a *adj. veröffentlicht*

p. 128 para hablar de un texto

3 El lugar y el tiempo: busca en el texto cuándo y dónde se desarrolla la acción y presenta tus resultados en la clase.

p. 126 para hablar de un texto

4 La narradora y la protagonista: trabajad en grupos. Un grupo caracteriza a la yo-narradora, y el otro a su prima, Yolanda García. Después, intercambiad la información.

p. 128 para hablar de un texto

5 Los recursos estilísticos: Julia Álvarez utiliza varios recursos estilísticos en su obra. Lee los recursos de abajo y di cómo se llaman.

1. la comparación	… se comportaba como una chiquilla … (l. 12)
2. la pregunta retórica	¿Por qué no te vas a escribir a tu cuarto …? (l. 47)
3. la repetición	… menos sensibles, menos poéticas, menos profundas … (l. 51)

«… pero ¿y qué?» (l. 38)

«… ni un lugar donde soltar las olas ni un lugar seco donde correr.» (l. 71)

«… lucíamos como dos *preppies* hispanas …» (l. 36)

C LA OTRA CARA DE LA MIGRACIÓN

A El viaje, el camino

ARTÍCULO III

TODO INDIVIDUO TIENE DERECHO A LA VIDA, A LA LIBERTAD Y A LA SEGURIDAD DE SU PERSONA.

ARTÍCULO VII

TODOS SON IGUALES ANTE LA LEY Y TIENEN, SIN DISTINCIÓN, DERECHO A IGUAL PROTECCIÓN DE LA LEY. [...]

Fuente: Declaración Universal de los Derechos Humanos, Naciones Unidas, 1948

2 el derecho a a/c *das Recht auf etw.* **6** ante la ley *vor dem Gesetz*

Principales rutas de migrantes centroamericanos en México

Migrantes invisibles atravesando México

Cada año, miles de mujeres, hombres, niños y niñas atraviesan México sin permiso legal, como migrantes irregulares. Más de nueve de cada diez son centroamericanos, sobre todo de El Salvador, Guatemala, Honduras o Nicaragua. La gran mayoría se dirige a la frontera estadounidense con la esperanza de encontrar una nueva vida lejos de la pobreza. Al entrar o encontrarse en México sin permiso legal, los migrantes irregulares se vuelven invisibles y no disponen de protección del estado ni de la ley. Su viaje se vuelve peligroso.
Los migrantes se dirigen hacia la frontera norte de México a pie, en autobús y, sobre todo, subidos al techo de trenes de carga.

Fuente: Amnistía Internacional, 2010

Trenes de carga en Veracruz, México

1 atravesar a/c *etw. duchqueren* **3** el permiso legal *die Aufenthaltserlaubnis* **6** dirigirse a = ir a **6** la esperanza *die Hoffnung* **7** la pobreza *die Armut* **12** el tren de carga *der Güterzug*

3 Sueños y relidad

ARTÍCULO XXIII

1. TODA PERSONA TIENE DERECHO AL TRABAJO [...]

ARTÍCULO XXV

1. TODA PERSONA TIENE DERECHO A UN NIVEL DE VIDA ADECUADO QUE LE ASEGURE, ASÍ COMO A SU FAMILIA, LA SALUD Y EL BIENESTAR [...]

el nivel de vida *der Lebensstandard* 6 adecuado/-a *angemessen* 8 el bienestar *das Wohl*

Fuente: Declaración Universal de los Derechos Humanos, Naciones Unidas, 1948

Documental «Los Invisibles»: primera parte

» **Gael García Bernal:** ¿Cómo te imaginas que es Estados Unidos?

» **Niña:** Bonito …

» **Todos:** *[se ríen]*

» **Padre:** Lo ha visto en las fotos. Sí, tiene una foto de cuando ella *[una de las mujeres]* estuvo allá. Tiene una foto del … ¿qué? Seaworld.

» **Mujer 1:** Seaworld.

» **Padre:** Aha, donde tienen, donde están las ballenas, los delfines. Todo eso parece que … Para mí sería mejor estar en nuestro país, que El Salvador diera más oportunidades de trabajo … Que todas las cosas fueran mejores para no tener necesidad de viajar a otro país. Hacer otra vida.

» **Gael García Bernal:** ¿Ustedes se sienten culpables de algo?

» **Mujer 1:** No.

» **Padre:** *[niega con la cabeza]*

» **Mujer 2:** Bien. Yo sí me siento culpable de ser latina, nada más. *[se ríen]* Porque si yo fuera de allá, pues tal vez no nos trataran *[tratarían]* así, ¿verdad?

» **Gael García Bernal:** Esta familia viaja con tres niños. El más pequeño tiene un año, ocho meses. Es imposible imaginar de lo que vienen huyendo al ver que están dispuestos a arriesgarlo todo por un futuro para sus hijos. Es incuestionable que todos tenemos ese derecho; el de mejorar las condiciones en que vivimos.

Fuente: Documental «Un viaje oculto a través de México. Los Invisibles», Amnistía Internacional, 2010

8 allá = allí 12 la ballena *der Wal* 12 el delfín *der Delphin* 20 culpable *schuldig* 30 venir huyendo = estar huyendo 30 estar dispuesto/-a = estar listo para 31 arriesgar a/c *etw. riskieren* 32 incuestionable *unumstritten*

▸ 3:02

▸ 3:11

▸ 3:35

C Los gobiernos y el flujo migratorio

ARTÍCULO XIII

1. TODA PERSONA TIENE DERECHO A CIRCULAR LIBREMENTE Y A ELEGIR SU RESIDENCIA EN EL TERRITORIO DE UN ESTADO. [...]

Fuente: Declaración Universal de los Derechos del Humanos, Naciones Unidas 1948

el flujo migratorio *der Migrationsstrom* **3** circular = moverse **5** la residencia = el lugar de residencia

▶ 2:59

Documental «Los Invisibles»: segunda parte

» **Padre Alejandro Solalinde:**
Los países, los estados **pueden** tomar
sus providencias,
sus defensas,
sus estrategias
para impedir el flujo migratorio.

Pueden organizar bilateralmente EE. UU. y México
políticas visibles o invisibles,
legales o alegales,
morales o inmorales
para evitar que el flujo migratorio siga.

Puede EE. UU. poner
los dispositivos más sofisticados,
los muros más sofisticados
para impedir que pasen los migrantes,
pero ellos siguen yendo.

» **Gael García Bernal:**
El flujo migratorio nunca se detendrá.
En la vida siempre existirá
la ida y vuelta;
el ir y el venir;
el presente y el futuro.

▶ 3:15

▶ 4:48

Fuente: Documental «Un viaje oculto a través de México. Los Invisibles», Amnistía Internacional, 2010

▶ 5:20

2 el padre *hier: der Priester* **4** la providencia *die Vorkehrung* **5** la defensa *die Verteidigung* **14** el dispositivo *die Vorrichtung* **15** el muro = la pared grande y alta **19** detenerse = parar

UNA EXPOSICIÓN DE CARTELES

p. 121 Museumsgang

1 Trabajad en grupos. Cada grupo elige un tema (A–C), resuelve las tareas y prepara la exposición de su cartel:

A: El viaje, el camino

a Leed los textos: cuenta de dónde vienen los migrantes, en qué condiciones atraviesan México y qué problemas tienen. Explica qué derechos humanos les falta a los «migrantes invisibles».
▸▸ p. 78, Vocabulario temático

b Mirad la foto e interpretad el mapa: describid cómo viajan los migrantes, qué llevan y presenta las rutas principales. ▸▸ p. 78, Vocabulario temático

c Preparad vuestro cartel para la exposición con la información de **a** y **b**.

B: Sueños y realidad

2|8

a Escuchad a la familia migrante del documental «Los Invisibles» y leed los textos: presentad a la familia, su origen, sus motivos para migrar y sus sentimientos[1].
Explica cuáles son los derechos humanos que busca esta familia. ▸▸ p. 78, Vocabulario temático

p. 129 para hablar de un texto

b Mirad los fotogramas del documental y describídlos. Explicad: ¿por qué se han elegido estos planos? ¿Cuál es su función?

c Preparad vuestro cartel para la exposición con la información de **a** y **b**.

1 el sentimiento *das Gefühl*

C: Los gobiernos y el flujo migratorio

2|9

a Escuchad al padre Solalinde y a Gael García Bernal en el documental «Los Invisibles» y leed los textos. Explicad cuál es la posición de EE. UU. y de México presentada por el padre. ¿Qué dice el director del documental sobre el flujo migratorio? ¿Qué dicen los derechos humanos?

p. 129 para hablar de un texto

b Mirad los fotogramas del documental y describídlos en detalle. Explicad: ¿por qué se han elegido estos planos? ¿Cuál es su función?

c Preparad vuestro cartel para la exposición con la información de **a** y **b**.

2 Cada grupo expone su cartel en la clase. Intercambiáos para que uno/-a del grupo se quede siempre junto al cartel y pueda presentar el tema al resto de la clase. Los demás visitan la exposición, escuchan las presentaciones, hacen preguntas y toman apuntes para completar la tabla:

	El viaje, el camino	Sueños y realidad	Los gobiernos y el flujo migratorio
migrantes	[...]	[...]	[...]
problemas	[...]	[...]	[...]
derechos	[...]		
foto(gramas), mapa			
...			

3 **a** Discutid la información de la tabla en clase. ¿Cuál es el mensaje que se quiere dar con estos textos y estas imágenes?

b Repasad los textos y ejercicios de la unidad y reflexionad: ¿cuáles son las caras de la migración hispana en los Estados Unidos? ¿Se puede generalizar[1] cuando hablamos de «la migración hispana»? ¿Por qué?

1 generalizar a/c *etw. verallgemeinern*

VOCABULARIO TEMÁTICO

BIOGRAFÍAS

Se llama …

Es	español …
	de origen *(adj.)*
	de (ciudad, país)

Nació en … (ciudad, país) y creció en … (hasta) …
De madre … y padre …

Habla / Domina … (número) lengua/s y su lengua materna es el …
(No) Fue al colegio / a la universidad …
Vivió en … hasta … y luego se mudó a …

Tiene Cumplió	… años

Hoy Actualmente	vive en … / sigue viviendo en … trabaja de / se dedica a … sigue comprometido con …

Cuando tenía … años De niño / niña De joven	decidió empezó a consiguió aprovechó para	ir a … / migrar a … / cruzar el charco. volver a … continuar … estudiar … / trabajar … investigar …

Su/s	textos libros música canciones voz arte trabajo estudios	representa/n … muestra/n … refleja/n … se inspira/n en … tematiza/n … transmite/n …

LA MIGRACIÓN

cruzar / atravesar la frontera
viajar (i)legalmente
(no) disponer de protección

buscar tener	una vida mejor una nueva vida trabajo mejores condiciones de vida derecho a …

dejar su patria abandonar su país huir marcharse	por motivos	políticos religiosos familiares económicos …

sentirse	latino, hispano estadounidense integrado/-a multicultural perdido/-a (in)feliz *pl.* (in)felices extraño/-a desesperado/-a invisible …

echar de menos su país natal
no olvidar sus raíces
conservar sus costumbres
aprender el idioma
adaptarse a las condiciones de vida
integrarse en la nueva sociedad
moverse entre dos culturas

PUNTO FINAL: HACER UNA PRESENTACIÓN SOBRE UN PERSONAJE CON RAÍCES HISPANAS

Vais a hacer una presentación en español para alumnos/-as y profesores/-as de vuestro instituto sobre un personaje con raíces hispanas que viva en los Estados Unidos y tematizaréis cómo influyen los hispanos en la sociedad estadounidense.

Literatura: Sandra Cisneros, Junot Díaz …

Música: Alondra de la Parra, Gustavo Santaolalla …

Deporte: Pedro Martínez, Juan Pablo Montoya …

Medicina: Aida Giachello, Juan Romagoza …

Tecnología: Fllen Ochoa, Franklin Chang Díaz …

1 Preparad el proyecto.

En grupos:

1. Elige a uno de los personajes o propón otro. Pregunta en la clase quién más se interesa por tu personaje.
2. Buscad información y material visual[1] sobre vuestro personaje en la biblioteca, en internet, en revistas o en periódicos. No olvidéis apuntar las fuentes.

p. 109 echerchieren

2 Realizad el proyecto.

p. 106 ein Referat halten

1. Haced un mapa mental con los datos de la biografía que habéis encontrado, por ejemplo: lugar de nacimiento / de residencia, raíces, historia de migración, identidad, idioma/s, tradiciones y costumbres, profesión, compromiso, intereses, etc.
2. Discutid en qué orden queréis tematizar la información y elegid el material visual.
3. Utilizad un programa de presentación. Discutid cómo vais a organizar los textos y el material visual en las diapositivas[2] y preparádlas. No olvidéis una diapositiva con la estructura de la presentación al principio, una diapositiva con las fuentes al final y otra con la frase: «Muchas gracias por su atención».
4. Apuntad en una chuleta las palabras que son nuevas para vuestros/-as compañeros/-as para explicarlas antes de la presentación.
5. Decidid quién presentará qué información y ensayad la presentación. ▶▶ p. 78, Vocabulario temático

3 Presentad y evaluad el proyecto.

1. Elegid una fecha y anunciad vuestra presentación a los/-as alumnos/-as de otros cursos de español y a los/-as profesores de español en vuestro instituto, por ejemplo con un cartel.
2. Preparad una ficha de evaluación[3] con puntos importantes para evaluar las presentaciones de tus compañeros/-as.
3. Haced la presentación utilizando el programa. Al principio, explicad las palabras nuevas y por qué habéis elegido a este personaje.

p. 106 ein Referat halten

facultativo 4 Reflexionad sobre el proyecto

Discutid en clase: ¿cómo influyen los grupos con raíces hipanas la sociedad estadounidense?

1 el material visual *das Bildmaterial*
2 la diapositiva *die Folie*
3 la ficha de evaluación *der Evaluationsbogen*

REPASAR LA LENGUA 4

GRAMÁTICA

Practicando el estilo indirecto en el pasado

1 **a** El próximo verano quieres hacer un viaje por Cataluña con un amigo español que vive en Madrid. Has hablado con un amigo alemán que conoce muy bien Cataluña. Ahora cuéntale a tu amigo español por teléfono lo que te ha dicho tu amigo alemán. Utiliza el estilo indirecto en el pasado.

1. Meine Ferien in Katalonien letztes Jahr waren fantastisch.
2. Die schönste Stadt war für mich Barcelona.
3. Ich bin sicher, in Zukunft wird Katalonien weiterhin eine wichtige touristische Region sein.
4. Würdest Du gern auch etwas über die Geschichte der Region wissen?
5. Ich habe ein interessantes Buch zum Thema.
6. Auch berühmte Künstler haben dort gelebt, zum Beispiel Gaudí, Dalí oder Miró.
7. Die Leute dort sind wirklich sehr sympathisch.
8. Lernt auch ein paar Sätze auf Katalanisch!
9. Ich bin sicher, dass die Leute sich freuen werden, wenn ihr versucht, ein bisschen ihre Sprache zu sprechen.

Me dijo / contó que …
Me preguntó si …

b ¿Cuál fue tu viaje más interesante? Cuéntale a un/a compañero/-a. Él / Ella toma apuntes y luego le cuenta todo a otro/-a compañero/-a.

adónde fuiste
cuándo
con quién
qué fue lo que más te gustó
qué sabes sobre el sitio
si irías otra vez

Practicando los conectores

2 A José Ramón se le ha caído café sobre el periódico. Completa la noticia con los siguientes conectores: a pesar de, aunque, no obstante, pero, si bien, para, para que, así es que, de modo que. Utiliza cada conector sólo una vez.

El español en los Estados Unidos
Más de 50 millones de personas de origen hispano viven en los Estados Unidos. [...] no sorprende el dato de que el español es la segunda lengua que más se habla en este país. [...] la migración hispana es uno de los motivos, también existen explicaciones históricas[1]: muchos estados del sur fueron de México hasta el siglo XIX. [...] esto, el español no es lengua oficial en ningún estado. [...], páginas web de sitios oficiales como el Gobierno, la Casa Blanca y el FBI ya son bilingües[2] [...] los habitantes puedan informarse[3] en los dos idiomas.
[...] eso no es todo: [...] la mayoría de los medios de comunicación sigue utilizando el inglés, son cada vez más los que también informan en español [...] llegar a más público. [...] los hispanos también pueden escuchar y leer las noticias en su lengua.

1 la explicación histórica *die historischen Gründe*
2 bilingüe *zweisprachig*
3 informar(se) *sich informieren*

Practicando los conectores dobles

3 ¡Dilo en español! Utiliza los conectores dobles o … o …, no … ni … ni …, tanto … como …

1. Sowohl José Enrique als auch sein Bruder leben in New York.
2. Sie können ohne Probleme entweder Spanisch oder Englisch sprechen.
3. Aber sie können sich weder vorstellen in Spanien, noch auf Cuba zu leben.
4. Beide, Enrique und Juan, sind in den USA geboren und fühlen sich gut integriert.
5. Ihnen ist nie langweilig, entweder sie machen Sport oder treffen sich mit Freunden.
6. José Ramón kann sich weder an die Hamburger noch an das Fast Food gewöhnen.

VOCABULARIO

Hablar con sinónimos y antónimos

p. 119
ortschatz
rukturieren

4 a Relaciona las palabras de la caja. Después ordena las parejas en la tabla de abajo.

~~la comida rápida~~	casarse	los habitantes
terminar de + *inf.*	el autobús	ignorar
dejar de + *inf.*	permitir	divorciarse
inútil	el medio de transporte	
seguir + *ger.*	encontrar	darse cuenta
largo	~~la hamburguesa~~	eficaz
empezar a + *inf.*	prohibir	breve
el médico	la profesión	el fútbol
buscar	la población	el deporte

Antónimos	Sinónimos
[...]	la comida rápida = la hamburguesa

b Utiliza los antónimos y sinónimos en un contexto concreto como en el ejemplo.

Ejemplo: El profesor nos ha prohibido utilizar las calculadoras en el examen. Tampoco nos ha permitido tener libros o cuadernos.

Hablar con expresiones idiomáticas

5 a Relaciona los dibujos con las expresiones.

- aburrirse como una ostra
- cruzar el charco
- hablar hasta por los codos
- salir con lo puesto
- poner las manos en el fuego por alguien
- ser el ombligo del mundo
- ser la gallina de los huevos de oro
- verlo todo negro

b Relaciona las siguientes expresiones con las de **a**. Después, describe una situación o a una persona utilizando las dos expresiones.

Ejemplo: Marisa nunca sabe qué hacer por las tardes. Normalmente se queda en casa y se aburre como una ostra.

- administrar muy bien el dinero y volverse rico/-a
- cruzar el océano
- ~~no saber qué hacer~~
- salir rápido sin llevar mucho
- ser parlachín/-ina
- ser pesimista
- ser arrogante
- ser un/a buen/a amigo/-a

AMÉRICA LATINA EN EL CONTEXTO GLOBAL

¡ACÉRCATE!

2|10

América Latina es un continente muy vasto: de norte a sur mide 9 700 km y tiene una extensión de 20 000 000 km² (incluyendo a Brasil). Por su tamaño y su variedad geográfica y de climas, el continente tiene muchos recursos naturales.

VOCABULARIO

p. 120
Vokabeln lernen und wiederholen

1 Busca en el texto las palabras para hablar de la economía de una región y organízalas en un mapa mental. Puedes escribir otras palabras que ya conoces.

- la economía
  - la agricultura
  - los recursos naturales
  - la minería

COMPRENSIÓN LECTORA

2 a Formad seis grupos. Cada grupo prepara una ficha con información sobre un producto de exportación de América Latina. Utiliza la información del texto, el vocabulario del ejercicio 1, el mapa de América Latina (al final del libro) y el Pequeño diccionario, p. 132.

> Producto: …
> Países donde se produce: …
> Países a los que se exporta: …
> Desde cuándo se produce: …
> Datos curiosos[1]: …

1 los datos curiosos *die skurrilen Fakten*

b Cada grupo presenta en clase la información sobre su producto.

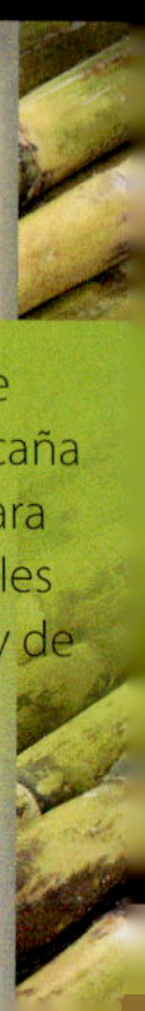

6

En la región del Caribe se cultiva desde la colonia caña de azúcar, la cual sirve para producir azúcar y alcoholes para consumo humano y de uso industrial.

2

En Venezuela, cuyos yacimientos de petróleo están sobre todo en el lago de Maracaibo, está la segunda refinería de petróleo más grande del mundo: la refinería de Paraguaná. Los EE. UU. son el principal importador de petróleo venezolano.

3

La soja es uno de los principales productos de exportación de Argentina, para el cual actualmente se utilizan 31 millones de hectáreas. El «oro verde» argentino, cuyo uso es sobre todo la alimentación de animales, proviene en un 99 % de semillas transgénicas.

1

El 30 % del cobre del mundo se encuentra en Chile, lo cual convierte a este país en el mayor exportador del llamado «oro rojo». Este metal, cuyas propiedades son ideales para fabricar cables, es muy importante para la industria eléctrica.

4

El café centroamericano y colombiano es famoso por su calidad. Sin embargo, desde hace unos años compite con el café africano y asiático, cuyo precio es más bajo.

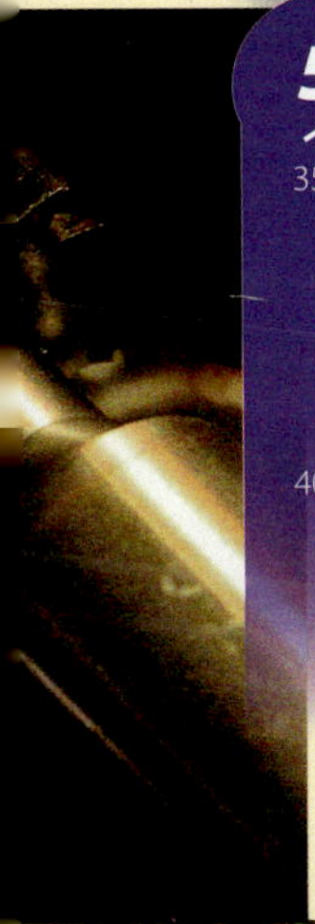

5

En el norte de México se encuentran las minas de hierro más importantes del país. La industria automotriz estadounidense y la construcción son los principales consumidores del hierro mexicano.

El reto más grande de América Latina en el siglo XXI es dejar de exportar mayoritariamente materia prima y producir más tecnología. De esta forma sería posible generar más y mejor trabajo y reducir así la desigualdad social en el continente.

1 vasto/-a *weitläufig* 6 el recurso natural *die natürliche Ressource* 12 la propiedad *die Eigenschaft* 13 el cable *das Kabel* 16 el yacimiento *die Lagerstatt* 18 la refinería *die Raffinerie* 38 la industria automotriz *die Autoindustrie* 46 el alcohol *der Alkohol* 47 el consumo humano *der menschliche Verzehr* 50 mayoritariamente *das meiste* 51 la materia prima *der Rohstoff* 52 generar a/c *hier: etw. schaffen* 53 la desigualdad social *die soziale Ungleichheit*

A MEGACIUDADES: CADA VEZ MÁS GRANDES

2|11
2|12

Hace calor. Las calles están repletas de coches, buses y camiones, cuyo humo se mezcla con el olor de las frutas de los vendedores ambulantes. De una estación de metro salen regularmente oleadas de personas que van al trabajo. En los cristales de un importante banco se reflejan las figuras de los cambistas informales que gritan: «¡Dólares! ¡Dólares!» Es hora punta en la megaciudad.

Mexico D. F. es una de las ciudades más grandes del mundo.

¿Qué son las megaciudades?

Una megaciudad es definida como un área metropolitana con más de 10 millones de habitantes y es producto de un rápido crecimiento urbano. Muchas veces crece alrededor de un antiguo centro y se extiende más allá de los límites oficiales. Generalmente tiene una alta densidad de población. Actualmente existen más de veinte megaciudades – casi todas ellas en Asia, África y América Latina. Se cree que en 2020 serán más de cuarenta.

Causas y problemas

El crecimiento de las megaciudades es causado principalmente por la concentración de infraestructura en un lugar y por la inmigración masiva hacia el mismo. Campesinos sin tierra o que la han vendido por poco dinero llegan a la ciudad buscando escuelas, hospitales, trabajo, etc.; en pocas palabras, el bienestar que les es negado en el campo.

Parece evidente: cuanto más grande es una ciudad, mayor es la distancia para ir de un punto a otro. Sin embargo, en una megaciudad esto tiene una nueva dimensión. Personas que tardan más de tres horas diarias en ir y volver del trabajo, atascos interminables, camiones de carga que no llegan a tiempo. No solo la calidad de vida de quienes viven en las megaciudades sufre por esta razón, sino también son afectados el medio ambiente y la economía.

Por otra parte, la mayoría de las megaciudades no tiene la infraestructura necesaria para todos sus habitantes. Se calcula que un tercio de la población urbana no tiene los servicios básicos de agua, electricidad, salud y educación. Al mismo tiempo, en estas ciudades hay quienes viven igual o mejor que en Europa o los Estados Unidos. Estas grandes diferencias sociales son consideradas por los expertos una fuente de problemas.

Aspectos positivos

Las megaciudades concentran grandes cantidades de mano de obra, así como universidades, centros de investigación, bancos, etc., lo cual las convierte en lugares ideales para la innovación. Por esta razón son, normalmente, el centro económico de la región en la que se encuentran.

Por otro lado, las condiciones de vida son mejores aquí que en el campo. Esto ya que es más fácil y, sobre todo, más económico ofrecer un servicio a una población concentrada en un lugar, que a quienes están dispersos, como pasa en el campo.

Megaciudades de América Latina

Actualmente existen en América Latina tres megaciudades: San Pablo (Brasil), Ciudad de México (México) y Buenos Aires (Argentina). Se espera que en el futuro tanto Lima (Perú), como Santiago (Chile), Bogotá (Colombia) y Río de Janeiro (Brasil) formen parte de este grupo.

El caso del Gran Buenos Aires

El Gran Buenos Aires incluye la Ciudad de Buenos Aires y una gran zona de la provincia de Buenos Aires. Actualmente tiene unos 3 600 km^2, pero se espera que, en algunos años, crezca hacia al norte integrando así a Rosario, la segunda ciudad más grande de Argentina. Es el área industrial más importante del país. Aquí viven unos 14 millones de habitantes y es considerada una de las regiones más pobladas de Latinoamérica.

Buenos Aires

El caso de la Zona Metropolitana del Valle de México (Ciudad de México)

Ya en tiempos del conquistador español Hernán Cortés, la ciudad era más grande que cualquier otra de Europa. Hoy en día se extiende por más de 7 815 km^2 e incluye la Ciudad de México y partes del Estado de México y de Hidalgo. Tiene más de 20 millones de habitantes. Cada año llega un millón de inmigrantes ya que aquí se encuentra un tercio de los puestos de trabajo del país. Diariamente sus calles son recorridas por casi 4 millones de coches, por lo que no es de extrañar que esté en la lista de las ciudades más contaminadas del mundo.

la megaciudad *die Megastadt* 1 el humo *hier: Abgase* 2 el / la vendedor/a ambulante *der / die Straßenhändler/in* 3 la oleada de personas *der Menschenstrom* 4 el / la cambista informal *der / die Geldwechsler/in* 5 la hora punta *die Hauptverkehrszeit* 10 el crecimiento *das Wachstum* 12 el límite *die (Stadts)grenze* 13 la densidad de población *die Bevölkerungsdichte* 18 la causa *die Ursache* 21 la infraestructura *die Infrastruktur* 26 negar a alg. a/c *jdm. etw. verwehren* 31 la dimensión *das Ausmaß* 33 el atasco *der Stau* 35 a tiempo *rechtzeitig* 41 calcular a/c *etw. schätzen* 53 el centro de investigación *das Forschungszentrum* 55 la innovación *die Innovation* 62 concentrado/-a *konzentriert (Ort)* 63 disperso/-a *zerstreut (Ort)* 78 integrar a a/c *etw. zusammenschließen* 80 el área industrial *das Industriegebiet*

COMPRENSIÓN LECTORA

p. 124 **1** Formad grupos de cuatro. Cada alumno/-a lee un párrafo y lo comenta con el resto del grupo.

ziproķes Lesen

Reactivando la voz pasiva

facultativo **2** **a** Forma frases sobre las megaciudades. Utiliza la voz pasiva. ▶▶ p. 88, Resumen 1

1. La contaminación	(*causar*)	por	la industria.
2. Los problemas de las megaciudades	(*estudiar*)		los investigadores.
3. Los campesinos sin tierra	(*ayudar*)		sus familiares.
4. El crecimiento de las megaciudades	(*afectar*)		la inmigración masiva.
5. Las calles de la capital	(*recorrer*)		millones de coches.
6. Los edificios elegantes	(*construir*)		los arquitectos.

b Escribe dos titulares sobre las megaciudades para el periódico en español de tu instituto. Utiliza la voz pasiva.

Reactivando el uso del comparativo y del superlativo

facultativo **3** Compara Buenos Aires con Berlín. Utiliza el comparativo, el superlativo y los siguientes adjetivos.

poblada | antigua | pequeña | calurosa | fría | cara | divertida | importante

más / menos + adj. que …
tan + adj. como …
el / la más + adj.

	Buenos Aires	Berlín
Función[1]	capital del país	capital del país
Habitantes	2 890 000	3 442 675
Superficie	203 km²	891 km²
Temperatura media (año)	17 grados	11 grados
Fundación[2]	1536	siglo XIII
Precio de un sándwich	8,13 €	13,70 €
Número de teatros	170	74

1 la función *die Funktion* 2 la fundación *die Gründung (Stadt)*

Ejemplo: Buenos Aires es tan importante como Berlín.

Practicando el uso de los pronombres relativos

4 Completa el texto con la forma correcta de los pronombres relativos quien y el / la cual. ▶▶ p. 88, Resumen 2

La ciudad de los perros callejeros
La Ciudad de México, […] es considerada una de las ciudades más pobladas del mundo, es también el hogar de 2,5 millones de perros callejeros. Por un lado, hay […] consideran que es necesario resolver este problema de una forma radical y por otro lado, hay […] buscan una solución más humana. Estos últimos, […] están organizados[1] en grupos como la Protectora Nacional de Animales, opinan que la solución del problema sobre […] tantos periódicos escriben es la educación.
Actualmente hay una campaña de adopción[2] de perros callejeros, […] han sido vacunados previamente[3]. También hay campañas de información para […] quieren un perro y no saben cuál raza[4] es mejor, por ejemplo, para pisos pequeños en la cuidad.

1 organizado/-a *organisiert* 2 la adopción *die Adoption* 3 previamente *etwa: im Voraus* 4 la raza *hier: die Hunderasse*

Explicar palabras

facultativo **5** Explica con tus propias palabras el significado de las siguientes palabras:

la megaciudad | la electricidad | el humo | el atasco | llegar a tiempo | el cristal | el camión de carga | poblado/-a | contaminado/-a

COMPRENSIÓN AUDITIVA

6 **Actividad de preaudición:** Describe cómo crees que serán las ciudades del futuro.

los edificios | los coches | la contaminación

2|13 **7** **a** Escucha un reportaje y toma apuntes sobre la torre Califa y la ciudad del futuro.

2|13 **b** Reúne tus apuntes con los de tu compañero/-a. Escuchad otra vez el reportaje. Luego, explicad qué es la torre Califa y qué es una ciudad del futuro según el reportaje.

c Una amiga de tus padres quiere pasar sus vacaciones en Barcelona. Escríbele un e-mail y explícale en alemán por qué esto mecece la pena según el reportaje.

MEDIACIÓN

p. 108 in Bild / Foto eschreiben

8 **a** Observa el cartel y descríbelo. Luego explica qué significa la palabra «el héroe».

b A tu madre le interesa el medio ambiente y ha visto este cartel, pero no lo entiende. Explícale en alemán el mensaje del cartel basándote también en la información del texto «Megaciudades …», pp. 84/85, y en el Pequeño diccionario, p. 132.

▸▸ p. 94, Vocabulario temático

EXPRESIÓN ESCRITA

p. 112 reatives chreiben

9 **a** Elige a una de las personas de abajo e imagina cómo sería para él / ella un día en una megaciudad. Después, escribe el texto desde su perspectiva. Utiliza la información del texto A y algunas palabras del ejercicio 5. Inventa cómo comienza su día, qué hace, cómo se siente y qué piensa.

el / la vendedor/a ambulante   el / la gerente de un banco[1]
el / la conductor/a de un camión de carga

1 el / la gerente de un banco *der / die Bankmanager/in*

Puedes empezar así: *Hace calor. Las calles están repletas de coches, buses y camiones …*

p. 116 ehler selbst orrigieren

b Corrige tu texto.

RESUMEN DE GRAMÁTICA

1 La voz pasiva | Das Passiv

El transporte **es considerado por** los expertos un gran reto de las megaciudades.
Lima y Santiago **han sido incluidas** en la lista de futuras megaciudades.
Hace muchos años la contaminación **fue medida** por primera vez **por** científicos mexicanos.
Mañana **será publicado** un estudio sobre las megaciudades.

El humo de los coches afecta el medio ambiente.

→ **El medio ambiente** es afectad**o** por el humo de los coches.

Millones de coches recorren las calles de Buenos Aires.

→ **Las calles** de Buenos Aires son recorrid**as** por millones de coches.

! ~~La casa es vendida~~. → Se vende la casa. ✔
~~El humo es mezclado con el olor de las frutas~~. → El humo se mezcla con el olor de las frutas. ✔

In welchem Fall verwendest du eher eine Konstruktion mit se als das Passiv?

2 El pronombre relativo quien / quienes | Das Relativpronomen quien / quienes

Siempre hay **quien** se queja de la contaminación.
La vida **de quienes** viven en la ciudad no siempre es mejor.
La contaminación afecta **a quienes** recorren la calles.

! Esta es la bicicleta **con la cual** Ana recorrió la ciudad.
Este es el chico **con el cual** mi hermano fue a la universidad.
Esta es la estudiante **con quien** escribí el estudio sobre las megaciudades.
Este es el profesor **con quien** Mario visitó el museo.

In welchem Fall verwendest du el / la cual und in welchem quien?

3 El conector comparativo cuanto | Der Konnektor mit komparativer Bedeutung cuanto

Cuanto más grande es una ciudad, mayor son las distancias.
Cuanto más deporte haces, menos problemas de salud vas a tener.
Cuanto menos te preocupas, más contento vas a estar.

Wie würdest du diese Sätze auf Deutsch wiedergeben?

B LA FIESTA AJENA

Nomás llegó, fue a la cocina a ver si estaba el mono. Estaba y eso la tranquilizó: no le hubiera gustado nada tener que darle la razón a su madre, *¿monos en el cumpleaños?*, le había dicho: *¡por favor! Vos sí que te creés todas las pavadas que te dicen*. Estaba enojada pero no era por el mono, pensó la chica: era por el cumpleaños.

– No me gusta que vayas –le había dicho–. Es una fiesta de ricos.

[...]

– Yo voy a ir porque estoy invitada –dijo–. Y estoy invitada porque Luciana es mi amiga. Y se acabó.

– Ah, sí, tu amiga –dijo la madre. Hizo una pausa–. Oíme, Rosaura –dijo por fin–, ésa no es tu amiga. ¿Sabés lo que sos vos para todos ellos? Sos la hija de la sirvienta, nada más.

[...]

– Si no voy me muero –murmuró, casi sin mover los labios.

Y no estaba muy segura de que la hubiera oído, pero lo cierto es que la mañana de la fiesta descubrió que su madre le había almidonado el vestido de Navidad. [...] Antes de salir Rosaura se miró en el espejo, con el vestido blanco [...] y se vio lindísima.

La señora Inés también pareció notarlo. Apenas la vio entrar, le dijo:

– Qué linda estás hoy, Rosaura.

[...] Saludó a Luciana y le preguntó por el mono. Luciana puso cara de conspiradora; acercó su boca a la oreja de Rosaura.

– Está en la cocina –le susurró en la oreja–. Pero no se lo digas a nadie porque es un secreto.

Rosaura quiso verificarlo. Sigilosamente entró en la cocina y lo vio. Estaba meditando en su jaula. Tan cómico que la chica se quedó un buen rato mirándolo y después, cada tanto, abandonaba a escondidas la fiesta e iba a verlo. Era la única que tenía permiso para entrar en la cocina, la señora Inés se lo había dicho: «Vos sí pero ningún otro, son muy revoltosos, capaz que rompen algo». Rosaura en cambio, no rompió nada. [...] Eso que la señora Inés le había dicho: «¿Te parece que vas a poder con esa jarra tan grande?».

Y claro que iba a poder: no era de manteca, como otras. De manteca era la rubia del moño en la cabeza. Apenas la vio, la del moño le dijo:

– ¿Y vos quién sos?

– Soy amiga de Luciana –dijo Rosaura.

– No –dijo la del moño–, vos no sos amiga de Luciana porque yo soy la prima y conozco a todas sus amigas. Y a vos no te conozco.

[...]

– Yo y Luciana hacemos los deberes juntas –dijo Rosaura muy seria.

ajeno/-a *fremd* 2 el mono *der Affe* 5 la pavada *die Dummheit (Argentinien)* 12 invitado/-a *eingeladen* 16 vos sos = tú eres *(Argentinien)* 17 la sirvienta *das Hausmädchen* 20 el labio *die Lippe* 23 almidonado/-a *gestärkt (Wäsche)* 27 notar *merken* 31 el/la conspirador/a *der/die Verschwörer/in* 34 el secreto *das Geheimnis* 35 verificar *überprüfen* 38 abandonar *verlassen* 42 revoltoso/-a *stürmisch* 45 la jarra *der Krug* 46 ser de manteca *etwa: glitschige Hände haben* 48 el moño *der Haarknoten (Frisur)* 56 serio/-a *ernst*

La del moño se encogió de hombros.

– Eso no es ser amiga –dijo–. ¿Vas al colegio con ella?

– No.

– ¿Y entonces de dónde la conoces? –dijo la del moño, que empezaba a impacientarse.

Rosaura se acordaba perfectamente de las palabras de su madre. Respiró hondo:

– Soy la hija de la empleada

Su madre se lo había dicho bien claro: *Si alguno te pregunta, vos le decís que sos la hija de la empleada, y listo.* También le había dicho que tenía que agregar: *y a mucha honra.* Pero Rosaura pensó que nunca en su vida se iba a animar a decir algo así.

[...]

Pero en ese momento se acercó la señora Inés haciendo shh shh, y le dijo a Rosaura si la podía ayudar a servir las salchichitas, ella que conocía la casa mejor que nadie.

– Viste –le dijo Rosaura a la del moño, y con disimulo le pateó un tobillo.

Fuera de la del moño todos los chicos le encantaron. La que más le gustaba era Luciana, con su corona de oro; después los varones. Ella salió primera en la carrera de embolsados y en la mancha agachada nadie la pudo agarrar. [...] A Rosaura le pareció que nunca en su vida había sido tan feliz.

Pero faltaba lo mejor. Lo mejor vino después que Luciana apagó las velitas. Primero, la torta: la señora Inés le había pedido que la ayudara a servir la torta y Rosaura se divirtió muchísimo porque todos los chicos se le vinieron encima y le gritaban «a mí, a mí». [...] A Luciana y a los varones les dio los pedazos más grandes, y a la del moño una tajadita que daba lástima.

Después de la torta llegó el mago. Era muy flaco y tenía una capa roja. Y era mago de verdad. [...] Era muy raro el mago: al mono lo llamaba socio. «A ver, socio, dé vuelta a una carta», le decía. «No se me escape, socio, que estamos en horario de trabajo.»

La prueba final era la más emocionante. Un chico tenía que sostener al mono en brazos y el mago lo iba a a hacer desaparecer.

– ¿Al chico? – gritaron todos.

– ¡Al mono! – gritó el mago.

[...]

Después fue mirando, una por una las caras de todos. A Rosaura le palpitaba el corazón.

– A ver, la de los ojos de mora – dijo el mago. Y todos vieron cómo la señalaba a ella.

No tuvo miedo. Ni con el mono en brazos, ni cuando el mago hizo desaparecer al mono, ni al final, cuando el mago hizo ondular su capa roja sobre la cabeza de Rosaura, dijo las palabras mágicas ... y el mono apareció otra vez allí, lo más contento, entre sus brazos. Todos los chicos aplaudieron a rabiar. Y antes de que Rosaura volviera a su asiento, el mago le dijo:

– Muchas gracias, señorita condesa.

Eso le gustó tanto que un rato después, cuando su madre vino a buscarla, fue lo primero que le contó.

– Yo lo ayudé al mago y el mago me dijo: «Muchas gracias, señorita condesa».

Fue bastante raro porque, hasta ese momento, Rosaura había creído que estaba enojada con su madre. Todo el tiempo había pensado que le iba a decir: «Viste que no era mentira lo del mono». Pero no. Estaba contenta, así que le contó lo del mago.

Su madre le dio un coscorrón y le dijo:

– Mirénla a la condesa.

Pero también estaba contenta.

Y ahora estaban las dos en el hall porque un momento antes la señora Inés, muy sonriente, había dicho: «Espérenme un momentito».

Ahí la madre pareció preocupada.

– ¿Qué pasa? – le preguntó a Rosaura.

– Y qué va a pasar –le dijo Rosaura–. Que fue a buscar los regalos para los que nos vamos.

Le señaló al gordito y a una chica de trenzas, que también esperaban en el hall al lado de sus madres. Y le explicó cómo era el asunto de los regalos. Lo sabía bien porque había estado observando a los que se iban antes. Cuando se iba una chica, la señora Inés le regalaba una pulsera. Cuando se iba un chico, le regalaba un yo-yo. A

57 encogerse de hombros *die Achseln zucken* 62 impacientarse *ungeduldig werden* 65 la empleada = la sirvienta 70 animarse a + inf. *sich trauen zu + Inf.* 74 la salchicha *die Wurst* 80 el varón *der Junge* 81 la carrera de embolsados / la mancha agachada *traditionelle Kinderspiele* 82 agarrar *hier: fangen* 85 la vela *die Kerze* 90 el pedazo *das Stück* 90 una tajadita que daba lástima *etwa: eine sehr dünne Scheibe* 92 el / la mago/-a *der / die Zauberer/in* 93 la capa *der Umhang* 94 el / la socio/-a *der / die Partner/in (Geschäfte)* 96 escapar = huir 100 hacer desaparecer a/c *etw. verschwinden lassen* 106 los ojos de mora *etwa: die dunklen Augen* 111 la palabra mágica *das Zauberwort* 113 aplaudir a rabiar *tosenden Beifall spenden* 116 señorita condesa *etwa: gnädige Gräfin* 128 el coscorrón *die Kopfnuss* 139 el hall *der (Haus)flur* 140 el asunto = la cosa 143 la pulsera *das Armband*

Rosaura le gustaba más el yo-yo que tenía chispas, pero eso no se lo contó a su madre. Capaz que le decía: «Y entonces, ¿por qué no pedís el yo-yo, pedazo de sonsa?». Así era su madre. Rosaura no tenía ganas de explicarle que le daba vergüenza ser la única distinta. En cambio le dijo:

– Yo fui la mejor de la fiesta.

Y no habló más porque la señora Inés acababa de entrar al hall con una bolsa celeste y una rosa.

Primero se acercó al gordito, le dio un yo-yo que había sacado de la bolsa celeste, y el gordito se fue con su mamá. Después se acercó a la de las trenzas, le dio una pulsera que había sacado de la bolsa rosa, y la de las trenzas se fue con su mamá.

Después se acercó a donde estaban ella y su madre. Tenía una sonrisa muy grande y eso le gustó a Rosaura. La señora Inés la miró, después miró a la madre, y dijo algo que a Rosaura la llenó de orgullo. Dijo:

– Qué hija la que se mandó, Herminia.

Por un momento, Rosaura pensó que a ella le iba a hacer dos regalos: la pulsera y el yo-yo. Cuando la señora inició el ademán de buscar algo, ella también inició el movimiento de adelantar el brazo. Pero no llegó a completar ese movimiento.

Porque la señora Inés no buscó nada en la bolsa celeste, ni buscó nada en la bolsa rosa. Buscó algo en su cartera.

En su mano aparecieron dos billetes.

– Esto te lo ganaste en buena ley –dijo, extendiendo la mano–. Gracias por todo, querida.

Ahora Rosaura tenía los brazos muy rígidos, pegados al cuerpo, y sintió que la mano de su madre se apoyaba sobre su hombro. Instintivamente se apretó contra el cuerpo de su madre. Nada más. Salvo su mirada. Su mirada fría, fija en la cara de la señora Inés.

La señora Inés, inmóvil, seguía con la mano extendida. Como si no se animara a retirarla. Como si la perturbación más leve pudiera desbaratar este delicado equilibrio.

Fuente: Liliana Heker, Antología del cuento argentino del siglo XX © Ministerio de Relaciones Exteriores, 2010 (texto abreviado)

145 la chispa *der Funke* **148** pedazo de sonso/-a *etwa: Du Dumme/r!* **163** llenar de orgullo a alg. *jdn. mit Stolz erfüllen* **165** Qué hija la que se mandó. *etwa: Was für eine tolle Tochter haben Sie erzogen!* **168** iniciar el ademán *Anstalten machen* **175** en buena ley = con mucho trabajo **178** pegado/-a jdm. *angehaftet* **179** apoyar *hier: lehnen* **180** apretarse *näher an jdn. heranrutschen* **181** salvo *außer* **181** la mirada *der Blick* **183** inmóvil *regungslos* **184** extender la mano *die Hand ausstrecken* **184** retirar *wegnehmen* **185** la perturbación *die Störung* **185** desbaratar = destruir

HABLAR SOBRE EL TEXTO

1 Interpreta las siguientes frases del texto:

«¿Sabés lo que sos vos para todos ellos? Sos la hija de la sirvienta, nada más.» (l. 16 – l. 17)
«[...] le daba vergüenza ser la única distinta.» (l. 149)
«Yo fui la mejor de la fiesta.» (l. 151)

2 La estructura del texto: divide el texto en seis partes y escribe un título para cada parte.

3 Los personajes: busca en el texto cuántos personajes hay y explica las relaciones entre ellos.

p. 126 para hablar de un texto

4 La protagonista: explica cómo se siente la protagonista en las diferentes partes del texto. Busca pasajes para justificar tu respuesta.

5 La biografía de roles: elige a uno de los personajes. Busca en el texto toda la información que encuentres sobre él, inventa su biografía y escríbela desde su perspectiva. No olvides mencionar[1] cómo te ves, cuántos años tienes, lo que es importante para ti (la familia, el colegio / el trabajo, el dinero ...), qué (no) te gusta, qué te da vergüenza, a qué le tienes miedo, etc.

1 mencionar *erwähnen*

p. 128 para hablar de un texto

6 Da tu opinión sobre el texto.

C TU HUELLA ECOLÓGICA

Fuente: *Informe Planeta vivo 2010, WWF España*

Huella ecológica

Concepto que muestra cuánto territorio virtual es necesario para producir lo que una persona consume y para asimilar los restos que produce. Estos recursos y restos pueden ser de uso directo (por ejemplo, si tienes un ordenador y lo dejas encendido todo el día) o de uso indirecto (por ejemplo, la electricidad necesaria para producir el pan que comes diariamente).

Hectárea global (hag)

Es la unidad de medida de la huella ecológica.

2 el concepto *das Konzept* 5 asimilar *aufnehmen*
5 los restos *hier: der Abfall* 7 el uso directo *die direkte Nutzung*
10 el uso indirecto *die indirekte Nutzung*
15 la unidad de medida *die Maßeinheit*

MODULO BILINGÜE: GEOGRAFÍA

1 Tragt auf Deutsch zusammen, was ihr schon über den ökologischen Fußabdruck wisst.

2 Leed la definición de «huella ecológica» y explicad lo que es con vuestras propias palabras.

3 **a** Analizad el mapa y buscad el país que tiene la huella ecológica más grande y el que la tiene más pequeña.

p. 111
eine Statistik beschreiben

b Luego comparad la huella ecológica de un alemán medio, la de un chileno medio y la de un mexicano medio.

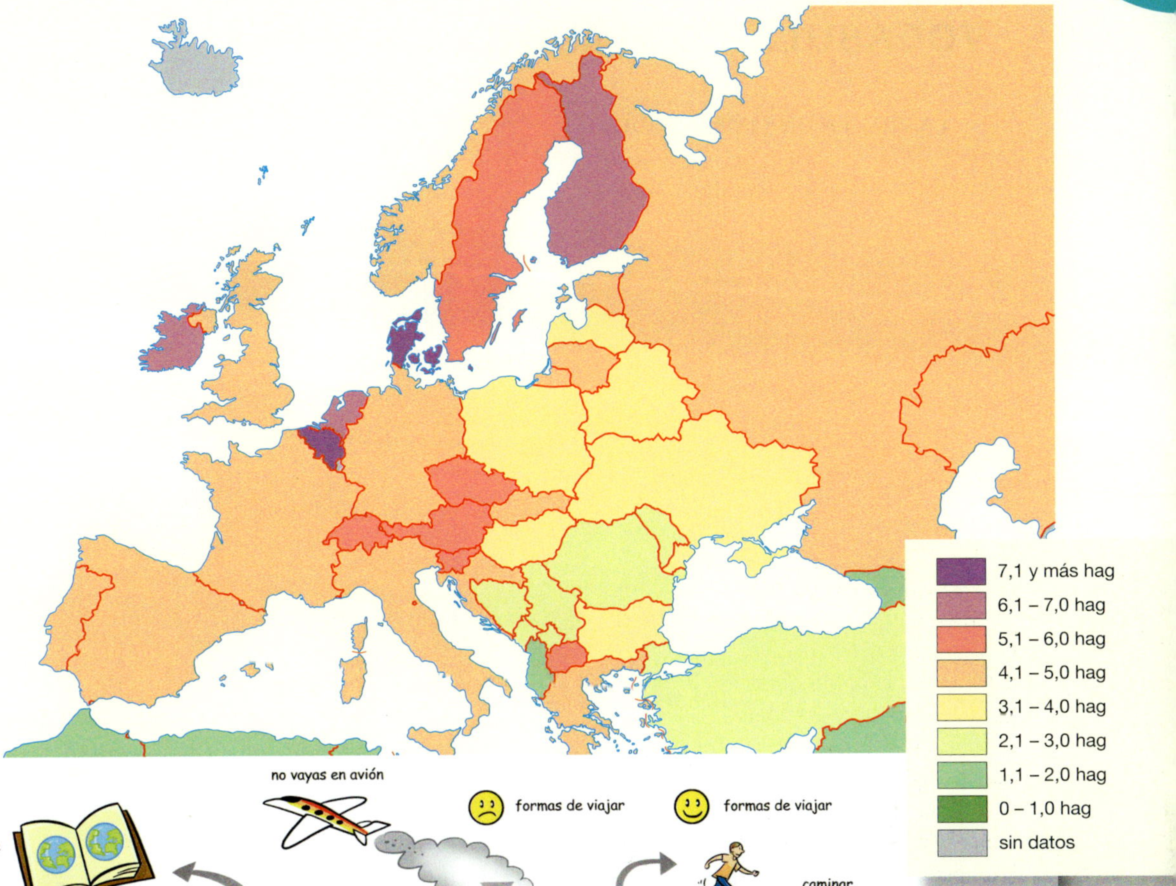

2|16

4 Mira los consejos para reducir la huella ecológica en el mapa mental y escucha el reportaje auténtico a una familia española. ¿Qué consejo aplica[1] la familia?

1 aplicar a/c *hier: etw. umsetzen*

5 **a** Mira otra vez los consejos y haz una lista con tres cosas que ya haces, tres que te podrías imaginar hacer y tres que no harías por nada del mundo.

b Compara tus resultados con los de tus compañeros/-as.

VOCABULARIO TEMÁTICO

LA VIDA EN UNA (MEGA)CIUDAD

ser la (segunda) ciudad más	grande importante	de …

ser el centro	económico industrial cultural político *politisch*	de …

la ciudad ≠ el campo
tener (10 millones de) habitantes
ser la región más / menos poblada de …
tener alta / baja densidad de población

extenderse por tener	(3 600) km^2

la ciudad crece	hacia (el norte) alrededor del (antiguo centro)

ser la ciudad / región más contaminada de …
la contaminación del aire / agua / de la tierra

El humo de	los coches las fábricas *Fabriken*	contamina el medio ambiente.

Los productos químicos	producen enfermedades. contaminan el agua.

tener buena / mala infraestructura
ofrecer los servicios básicos de luz / agua / electricidad …

Siempre Nunca Durante la hora punta	hay	muchos pocos	atascos.

hay pocas / grandes diferencias sociales

buscar	una mejor calidad de vida el bienestar

La desigualdad social El desempleo La pobreza *Armut*	es	una causa una fuente	de problemas.

ser un aspecto positivo / negativo de la vida en la ciudad

PUNTO FINAL: ELABORAR UNA SECCIÓN[1] PARA LA «GUÍA DE MEGACIUDADES LATINOAMERICANAS»

1 la sección *die Rubrik*

Algunos/-as de vuestros/-as compañeros/-as se van de intercambio a América Latina. Haced una «guía de megaciudades latinoamericanas» para ayudarles a decidir cuáles les gustaría visitar.

1 Preparad el proyecto.

Toda la clase:

1. Formad grupos. Cada grupo elige una de las ciudades latinoamericanas que son o serán megaciudades en el futuro: Buenos Aires, México D. F., Lima, Santiago y Bogotá.
2. Leed la lista de abajo y pensad qué otra información tiene que incluir vuestra página.

a. datos generales de la ciudad
b. alojamiento[1]
c. transporte
d. atracciones turísticas[2]
e. oferta cultural[3] (exposiciones, conciertos, películas)
f. un proyecto ecológico
g. un proyecto social

1 el alojamiento *die Unterkunft*
2 las atracciones turísticas *die Sehenswürdigkeiten*
3 la oferta cultural *das kulturelle Angebot*

2 Realizad el proyecto.

En grupos:

1. Escribid en un mapa mental todo lo que sabéis sobre la ciudad que habéis elegido.
2. Repartid los puntos que vais a incluir en vuestra página entre los miembros del grupo.
3. Cada miembro del grupo piensa cuatro palabras clave para buscar en internet la información que necesita. Puedes utilizar la información de 2.1.
   Ejemplo: proyecto social, ONG, Bogotá, niños
4. Con ayuda de tus palabras clave, busca información en internet. Revisa las páginas y toma apuntes de lo más importante.
5. Escribe un texto (de 50 a 100 palabras) con ayuda de tus apuntes. Incluye una dirección de internet que te parezca interesante.
6. Busca una foto para ilustrar[1] tu tema.
7. Intercambiad los textos en el grupo y corregidlos.
8. Reunid vuestros textos y fotos y preparad vuestra página.

p. 109 echerchieren

p. 116 Fehler selbst korrigieren

1 ilustrar *bebildern*

3 Evaluad el proyecto.

Toda la clase:

1. Preparad una ficha de evaluación con los criterios que queréis evaluar.
2. Colgad vuestras páginas en la clase y evaluadlas.
3. Reunid vuestras páginas y elaborad juntos la «guía de las megaciudades latinoamericanas».

REPASAR LA LENGUA 5

GRAMÁTICA

Practicando el uso del comparativo y del superlativo

1 Compara la vida en el campo con la vida en la ciudad. Utiliza:

más / menos + adj. que …
tan + adj. como …
el / la más + adj.

el campo

la ciudad

Practicando el uso de la pasiva con se + verbo

2 Completa las frases. Utiliza se y los siguientes verbos:

1. [...] compañer@ para estudiar Mates junt@s.
2. [...] clases de piano.
3. [...] gatitos de un mes a chic@s simpátic@s.
4. [...] niñ@s por horas.
5. [...] chic@s para formar grupo de rock.
6. [...] guitarra eléctrica.
7. [...] voluntari@s para trabajar en asociación protectora de animales.
8. [...] perros para que hagan todo tipo de trucos.

buscar (2x) dar
regalar necesitar
cuidar buscar
vender

Practicando el uso de la voz pasiva

3 ¡Dilo en español! Utiliza la voz pasiva.

1. Nach der Legende wurde Tenochtitlán 1345 von den Azteken gegründet.
2. 1521 wurde Tenochtitlán von Hernán Cortés erobert.
3. Die aztekische Kultur wurde von den Spaniern zerstört.
4. Von 1573 bis 1667 wurde auf dem Zócalo, dem wichtigsten Platz von Mexico D. F., eine große Kathedrale erbaut.
5. Heute werden die Straßen von México Stadt jeden Tag von Millionen von Autos befahren.
6. Die Luft wird von den vielen Fahrzeugen stark verschmutzt.
7. Die U-Bahn wird von 1,5 Millionen Personen im Jahr genutzt.

Practicando el uso de quien y el / la cual

4 Completa el texto con la forma correcta de los pronombres relativos quien y el / la cual.

El danzón es uno de los ritmos más famosos de México. Este ritmo, [...] tiene sus orígenes en Cuba, llegó a tierras mexicanas en el siglo XIX. Tradicionalmente el hombre que baila danzón va vestido de blanco y la mujer lleva un abanico, [...] es de origen español.
El danzón es bailado sobretodo en la ciudad de Veracruz, [...] está en la costa atlántica de México. Tanto niños, como jóvenes o viejos se encuentran entre [...] lo bailan. Adriana Ortiz de 21 años, es una de [...] van todos los domingos a la plaza principal de la ciudad para bailarlo. Según Ortiz fueron sus abuelos [...] le enseñaron a bailar este ritmo. Para [...] no tuvieron la suerte de Ortiz, existen muchas academias de baile dedicadas a enseñarlo.

VOCABULARIO

Formando familias de palabras

5 **a** **Busca el verbo de la misma familia de palabras.**

1. la contaminación – [...]
2. la extensión – [...]
3. la causa – [...]
4. la concentración – [...]
5. la consideración – [...]
6. la concentración – [...]
7. la calculación – [...]
8. la negación – [...]

b **Forma con cada verbo o sustantivo una frase sobre las megaciudades.**

Explicando la diferencia entre palabras

6 **Busca el intruso y explica por qué lo has elegido.**

1. el coche – el camión de carga – el avión – la bicicleta
2. a menudo – muchas veces – a veces – más allá
3. la electricidad – el agua – la educación – la naturaleza
4. el vendedor ambulante – el cambista – el campesino – el taxista
5. peligroso/-a – sucio/-a – agresivo/-a – famoso/-a
6. el oro – la caña de azúcar – la soja – el café

Hablando con expresiones desconocidas

7 **a** **Explica el significado de las frases subrayadas.**

1. Laura, aquí tienes por fin tus revistas. Mejor tarde que nunca.
2. Ernesto siempre está con la misma canción: que no vayamos a la playa, que a él no le gusta el calor, que ...
3. Nunca sé lo que Héctor está pensando. Para mí, él es una caja de sorpresas.
4. Pero Carmen, ¿tú estás ciega? ¿No te das cuenta de que Ramón no te quiere?
5. No te pongas triste, Arturo. A mal tiempo, buena cara.

b **Escribe un pequeño diálogo y utiliza algunas expresiones de a.**

Formulando reglas

8 **Lee las siguientes palabras. ¿Cuáles son masculinas y cuáles femeninas? Formula reglas.**

universidad vendaje paisaje dolor mensaje realidad rodaje favor error cursor actor sector personaje viaje ciudad verdad casualidad personaje barbaridad olor calidad

Ejemplo: Las palabras terminadas en [...] son [...].

9 **Escribe el plural de las siguientes palabras. Luego formula una regla.**

Ejemplo: El plural de las palabras terminadas con «z» se forma con [...].

el lápiz el pez feliz
la actriz la vez la voz
la nariz la luz

BALANCE 2

COMPRENSIÓN AUDITIVA

2|17

1 Escucha la entrevista y apunta las respuestas en tu cuaderno.

Según el «Diccionario panhispánico de dudas» de la Real Academia Española:

1. Se puede decir … a) sólo New York. b) sólo Nueva York. c) las dos.
2. Las equis en México y Texas se dicen … a) sólo con j. b) sólo con x. c) con j o con x.
3. ¿Por qué la abreviación[1] de Estados Unidos es EE. UU. y no E. U.?
4. ¿Por qué una persona que vive en Estados Unidos es «estadounidense» y no «americano/-a»?
5. Además de «estadounidense», ¿qué otro nombre es correcto?

1 la abreviación *die Abkürzung*

EXPRESIÓN ORAL

p. 107 charla de un minuto
p. 108 ein Bild / Foto beschreiben

2 Haz una presentación de dos a tres minutos sobre los migrantes que atraviesan México camino a los Estados Unidos. Describe la foto y explica la situación con ayuda de la información de abajo. Puedes tomar apuntes.

- migrantes centroamericanos atravesar México sin permiso legal
- buscar un futuro mejor, huir de la pobreza
- viaje peligroso: no tener protección del estado, volverse «invisible»
- viaje: a pie, en autobús, subidos al techo de trenes de carga

COMPRENSIÓN LECTORA

3 Lee el artículo «La Hora del Planeta une a México y Argentina». Luego lee las frases de abajo y corrige las que son falsas en tu cuaderno.

La Hora del Planeta une a México y Argentina

Graciela Oliva

La Hora del Planeta se celebró por primera vez en Sídney, Australia, un 31 de marzo de 2007. Desde entonces se ha convertido en un evento internacional que se celebra cada año el último sábado de marzo y que es organizado por la fundación World Wide Fund for Nature (WWF). Este año participaron más de 6.500 ciudades de 147 países de La Hora del Planeta: hogares y empresas apagaron una vez más las luces y otros aparatos eléctricos durante una hora para luchar contra el cambio climático y la contaminación.

Por cuarta vez, la Ciudad de México ha participado del evento y, por primera vez, lo ha hecho junto a su ciudad hermanada, Buenos Aires. A las 20:30 horas del sábado, el Jefe de Gobierno del Distrito Federal, Marcelo Ebrard Casaubón, apagó las luces de la ciudad de Buenos Aires, Argentina, como parte de La Hora del Planeta 2012. A su vez, el alcalde de Buenos Aires, Argentina, Mauricio Macri, apagó las luces en la Ciudad de México vía remota por internet. Luego empezó el concierto de la banda mexicana Ha-Ash en Plaza del Monumento de la Revolución en D. F. que utilizó energía producida por dínamos conectados a bicicletas fijas.

1. La Hora del Planeta se celebra cada año el último sábado de marzo en Sídney, Australia.
2. En La Hora del Planeta se trata de ahorrar energía y de luchar por el medio ambiente.
3. El Jefe de Gobierno del Distrito Federal apagó las luces de México D. F.
4. El alcalde de Buenos Aires estaba presente en la Plaza del Monumento de la Revolución en D. F.
5. Músicos mexicanos dieron un concierto sin usar electricidad.

MEDIACIÓN

4 Lies den Text der Aufgabe **3**. Dein Onkel reist Ende März nach Mexiko und sieht das obige Plakat im Internet. Erkläre ihm, was am 31.03. passieren wird und was du darüber bereits weißt.

EXPRESIÓN ESCRITA

5 Escribe un e-mail a la fundación WWF contando qué serías capaz de hacer para salvar el planeta: aclara quién eres, de dónde vienes y cuenta lo que harías. Explica por qué tu propuesta es importante para ti.

Aquí encuentras algunas ideas:

Si	20.000 personas apagaran la luz el 31 de marzo, 1.000 personas enviaran un reto, 3.000 conductores empezaran a utilizar el transporte público, 10.000 personas empezaran a utilizar bolsas de tela[1], 5.000 personas bajaran a la mitad su consumo de carne,	entonces yo …

1 la bolsa de tela *die Stofftasche*

PREPARAR EL EXAMEN DELE

En estas páginas encuentras ejercicios típicos de los exámenes del «Diploma de Español como Lengua Extranjera» (DELE).

I COMPRENSIÓN DE LECTURA

Lee el siguiente texto y marca las respuestas correctas en tu cuaderno.

Conectados. La era de las redes sociales

Cada vez es más fácil acercarse a ese sueño de tener un millón de amigos. Las redes sociales en internet están cambiando totalmente cómo somos con nuestros vecinos, conocidos, [...] compañeros de trabajo y aficiones. [...]

El éxito de las redes sociales ha sido enorme. Los expertos no encuentran ningún otro producto que haya recibido una acogida tan rápida y masiva. [...] Hoy, 940 millones de personas las componen en todo el mundo. [...] La red social más popular del planeta es utilizada por 400 millones de personas, y si sus miembros formaran la población de un país, se trataría del tercero más habitado del mundo, sólo superado por China e India. [...]

España se ha enamorado enseguida de las redes. Aunque llegó tarde a internet [...] y hay grandes problemas de acceso en zonas rurales [...], sorprende saber que somos líderes en tecnologías móviles y en el uso de redes sociales. De cada cuatro internautas españoles, tres las visitan. Según un experto, somos el segundo país que más frecuentemente las utiliza (tras Brasil). A pesar de esto, no les dedicamos tanto tiempo como otros países. En concreto, 5,3 horas al mes por persona; sólo los usuarios en Rusia, Brasil, Canadá y Puerto Rico les dedican más tiempo.

Fuente: © elpais.com, 2010 (texto adaptado)

1. La red social más popular tiene ...
   a) más miembros que la población de China e India.
   b) muchos miembros en China e India.
   c) más miembros que los habitantes de la mayoría de los países del mundo.

2. Los españoles de zonas rurales ...
   a) tienen problemas de acceso a internet.
   b) son los que más usan las redes sociales.
   c) no usan las redes sociales.

3. Según un experto, los españoles ...
   a) son los segundos en el mundo que menos frecuentemente visitan las redes sociales.
   b) son los segundos en el mundo que más frecuentemente visitan las redes sociales.
   c) visitan más frecuentemente las redes sociales que los brasileños.

4. Los españoles ...
   a) le dedican menos tiempo a las redes sociales que los puertorriqueños.
   b) son los segundos en el mundo que más tiempo le dedican a las redes sociales.
   c) le dedican más tiempo a las redes sociales que los usuarios en Rusia.

20 puntos

II EXPRESIÓN ESCRITA

Durante las últimas vacaciones has hecho prácticas en una empresa.
Escríbele un e-mail de 200 palabras a un/a amigo/-a español/a contándole tu experiencia y un día normal de trabajo para ti. No olvides saludar y despedirte.

15 puntos

III GRAMÁTICA Y VOCABULARIO

Lee el texto y rellena los huecos en tu cuaderno con una de las tres opciones que se proponen.

La economía de los jóvenes españoles sigue marcada por los (**1**) y contratos por corto tiempo. Un 53 % de los jóvenes que (**2**) de la llamada «generación en prácticas» (**3**) solo por la ayuda de su familia. Estos también suelen echar mano de padres y amigos (**4**) encontrar trabajo. Para los padres de estos chicos es más importante que sus hijos (**5**) un trabajo a que (**6**) mucho dinero. Esto (**7**) han dicho en varias encuestas. La mayoría (**8**) con trabajos temporales y salarios muy reducidos, sobre todo si tienen entre 15 y 24 años y (**9**) mujeres. (**10**) este problema afecta a todos, los jóvenes de Formación Profesional son el grupo con menos paro.

	a.	b.	c.
1	a. mal salarios	b. salarios malos	c. malos salarios
2	a. forman parte	b. formen parte	c. formabais parte
3	a. llegan a fin de mes	b. llegan tarde	c. llegan a casa
4	a. por	b. para	c. sin
5	a. tengan	b. tendrían	c. tienen
6	a. ganan	b. ganen	c. ganes
7	a. la	b. le	c. lo
8	a. comienzan	b. comienza	c. comenzamos
9	a. son	b. están	c. tiene.
10	a. De modo que	b. Aunque	c. Pero

20 puntos

IV COMPRENSIÓN AUDITIVA

Escucha el siguiente reportaje de radio y marca la opción correcta en tu cuaderno.

	verdadero	falso
1. Los padres españoles creen que ellos tenían una mejor formación que los jóvenes de hoy.	?	?
2. Los jóvenes en España no quieren casarse tan pronto como sus padres.	?	?
3. Marta estudió Biología y terminó los estudios con las mejores notas de su grupo.	?	?
4. Marta quiere emigrar porque en España no encuentra trabajo.	?	?

15 puntos

V EXPRESIÓN ORAL

Describe las viñetas 2 y 5 del siguiente cómic. Después narra la acción del cómic desde la primera hasta la última viñeta. Inventa un final para la historia. (Tiempo de preparación: 10 minutos)

30 puntos

DESTREZAS

Die **Destrezas** sind wichtige Lern- und Arbeitstechniken, die du aus **¡Apúntate! 1**, **¡Apúntate! 2**, **¡Apúntate! 3**, **¡Apúntate! 4** und **¡Apúntate! Paso al bachillerato** kennst.

LESEN

Je nach Aufgabenstellung entscheide dich vor dem Lesen eines Textes für eine Lesestrategie:

1 Text über seine Gestaltung erschließen

Bevor du einen Text komplett liest, kannst du auf Grund seiner Gestaltung folgende Vermutungen über den Inhalt anstellen:
- Verrät das Druckbild etwas über die Textsorte (Artikel, Brief, Dialog etc.)?
- Gibt es Bilder, die Informationen beisteuern können und den Inhalt des Textes verdeutlichen?
- Was sagen Überschrift/en und Zwischenüberschriften aus?

2 Globales Lesen

Beim *globalen* Lesen überfliegst du den Text, ohne dich auf Einzelheiten zu konzentrieren. Überlege vor dem Lesen, um welche Textsorte es sich handelt und was du schon zum Thema des Textes weißt. Die W-Fragen (Was?, Wer?, Wo?, Wann?, Wie?, Warum?) können dir helfen, den Text global zu verstehen.

Die W-Fragen

Was?	¿Qué?	Wann?	¿Cuándo?
Wer?	¿Quién?	Wie?	¿Cómo?
Wo(hin/her)?	¿(A/De) dónde?	Warum?	¿Por qué?

3 Selektives Lesen

Beim *selektiven* Lesen geht es darum, dem Text bestimmte Informationen zu entnehmen. Lies dir die Aufgabenstellung vorher genau durch und konzentriere dich beim Lesen nur auf die entsprechenden Passagen im Text:
- Was willst du wissen? Markiere wichtige Passagen, so findest du sie später schneller wieder.
- Gibt es Schlüsselwörter im Text? Notiere sie auf einer Karte in der Reihenfolge, in der sie im Text erscheinen oder erstelle eine mapa mental. (▶ Destrezas, S. 120/4)

4 Detailliertes Lesen

Beim *detaillierten* Lesen musst du den Text (z. B. Gebrauchsanweisung) im Detail verstehen.
- Untersuche die Passagen des Textes, die du gut verstehst („Verstehensinseln" bilden).
- Erschließe danach Schritt für Schritt alle unbekannten Wörter. Verwende dazu, wenn nötig, ein Wörterbuch. (▶ Destrezas, S. 120/5)

5 Textinhalt visuell darstellen

Untersuche zum genaueren Verständnis eines Textes gezielt einzelne Passagen und ordne sie nach bestimmten Kategorien, z. B. Beschreibung einer Person, Darstellung von Aktivitäten, Präsentation von Argumenten.
- Schaue dir die entsprechenden Textabschnitte genau an.
- Ordne die Informationen in Form einer mapa mental, einer Tabelle o. Ä.

Beispiel eines Stichpunktzettels

¿Quién?	→	¿Qué pasa?	→	¿Problema?
– Romina – Verónica – David		– David: novio oficial de Romina		– Verónica se siente fatal – las chicas se alejan

HÖREN

1 Globales Hörverstehen

Um Gespräche auf Spanisch zu verstehen, musst du nicht jedes einzelne Wort kennen. Wichtig ist es, den Text in seiner Gesamtheit zu erfassen.

Vor dem Hören

Beachte die Aufgabenstellung. Manchmal wird die Gesprächssituation bereits angegeben. So kannst du dir vorab überlegen,
- worum es in dem Gespräch gehen könnte,
- welche und wie viele Personen sprechen,
- was die Personen sagen könnten.

Beim Hören
- auf Hintergrundgeräusche (z. B. Verkehrslärm, Schulhof),
- auf die Anzahl der sprechenden Personen (Monolog, Dialog, mehrere / viele Personen),
- auf den Tonfall der Sprecher (z. B. aufgeregt, erfreut, verärgert),
- nur auf die Abschnitte, die wichtig sind, um die Fragen zu beantworten. Die W-Fragen (Was?, Wer?, Wo(hin)?, Wann?, Wie?, Warum?) helfen dir, die wichtigsten Informationen aus dem Hörtext zu entnehmen.
- Wenn du den Text mehrfach hören kannst, konzentriere dich beim Hören auf alles, was du verstehst, einzelne Wörter oder vielleicht sogar Sätze. Beim nächsten Hören kannst du an diese Informationen anknüpfen.

Beim Hören Notizen machen
- Notiere nur Stichwörter.
- Schreibe jede neue Information in eine neue Zeile. Verwende Spiegelstriche.
- Kürze lange Wörter ab, lasse Artikel und Konjunktionen weg.
- Verwende Abkürzungen / Symbole:
  p. ej. (por ejemplo),
  – (weniger / menos),
  + (mehr / más),
  = (gleich / igual),
  ≠ (gegensätzlich / opuesto) usw.
- Achte nicht auf die Rechtschreibung. Korrigiere später.
- Höre während des Schreibens weiter zu.

2 Selektives Hörverstehen

Vor dem Hören

Lies dir zunächst genau die Aufgabenstellung durch und mache dir klar, welche Informationen du heraushören sollst. Manchmal ergibt sich bereits aus der Aufgabenstellung, dass du eine Tabelle anlegen kannst, in die du die gesuchten Informationen einordnest.

Beim Hören
- Achte auf Schlüsselwörter oder -sätze und ignoriere den Rest.
- Notiere dir beim Hören Stichpunkte oder trage die Informationen in eine Tabelle ein.

	Viaje	Sueños	Gobiernos
– migrantes – problemas – derechos – foto(grama)	[...]	[...]	[...]

3 Detailliertes Hörverstehen

Manchmal (z. B. beim Erfragen einer Adresse) ist es wichtig, alle Einzelheiten zu verstehen.
- Höre den Text zunächst so wie beim globalen Hörverstehen.
- Wenn du die Hauptaussage verstanden hast, achte nun auf die detaillierten Informationen, die du verstehen sollst und mache dir dazu Notizen.

1 Gespräche

Um dich in unterschiedlichen Gesprächssituationen richtig und sicher ausdrücken zu können, solltest du die Redewendungen aus den „Para comunicarse"-Kästen in den chronologischen Vokabellisten lernen. Mit diesen Redewendungen kannst du dich im Spanischen flüssig ausdrücken.

Wenn dir in Gesprächen das richtige Wort nicht einfällt, kannst du es mit verschiedenen Ausdrücken erfragen. Hier findest du eine Übersicht wichtiger Ausdrücke für bestimmte Gesprächssituationen:

nachfragen / um Erklärungen bitten

¿Perdón, puede/s hablar más despacio, por favor?
Perdón, (yo) no te / lo / la entiendo.
¿Puede/s repetirlo, por favor?
No entiendo la palabra / la frase …
¿Puedes/s explicar la palabra …?
¿Qué significa / quiere decir …?

Ärger ausdrücken

¡Qué paliza!
¡Qué palo!
¡No es justo!
Me molesta que ….
A mí me aburre que ….
Estoy harto de ….
Me fastidia que ….
¡Basta!

Freude ausdrücken

¡Es una pasada!
¡Qué genial!

Einverständnis ausdrücken

¡Estoy de acuerdo!
¡Por supuesto!
¡Vale! / ¡Claro!

Uneinigkeit ausdrücken

¡No estoy de acuerdo!
¡No, hombre!

Bedauern ausdrücken

¡Qué pena!
¡Lo siento!

2 Eine Diskussion vorbereiten

Wichtige Argumente sammeln

Schreibe das Thema und dein Diskussionsziel auf. Sammle alle Argumente, die dir einfallen, um dein Ziel zu erreichen. Ordne sie anschließend:

- Welches sind deine stärksten / schwächsten Argumente?
- Überlege dir die möglichen Gegenargumente deines Gesprächspartners vor.
- Überlege, mit welchen deiner eigenen Argumente du diese entkräften kannst.
- Überlege dir auch ein Kompromissangebot.

Hier findest du wichtige Redemittel, die du in einer Diskussion verwenden kannst:

seine Meinung äußern

No es justo que
Es necesario que
No creo que
Me fastidia que
Es importante que
Es una vergüenza que
Es una lástima que
Espero que
Ojalá que
Me da miedo que
→ + subjuntivo

Creo que
Pienso que
Me parece que
→ + indicativo

Ideen vernüpfen

como
porque
debido a (que)
si bien
a pesar de (que)
no obstante
aunque

de modo
así es
para
→ que

cuando
mientras

hasta
antes de
después de
→ que + subjuntivo

Alternativen vorschlagen
¿Qué tal si ...?
¿Por qué no ...?
¿Qué te/le parece si ...?

unterbrechen/Thema wechseln
Cambiando de tema, ...
¿Nunca has oído hablar de ...?
Un momento, ...
¿Qué dices?

zustimmen
Vale.
Bueno, te entiendo.
Sí, tienes razón.
Hay que aceptar que ...
¡Qué buena idea!
Sí, ya lo sé.
Yo también/tampoco.
Claro que sí.
De acuerdo.

widersprechen
No estoy de acuerdo con ...
Sin embargo yo creo que ...
Ah no, no es verdad.
Estás exagerando.
Pero tú también tienes que entender que...
Eso me parece interesante/..., pero ...
Pero, por favor, ...
Sí, pero ...
No es justo.
¡Qué va, al contrario!

3 Eine Debatte durchführen

Bei einer Debatte treten zwei Personen oder Teams gegeneinander an, die gegensätzliche Standpunkte zu einer Frage, einer These oder einem Problem vertreten. Eine Jury entscheidet, wer überzeugender aufgetreten ist.

Vorbereitung: Überlege dir zunächst – wie bei einer Diskussion – schlagkräftige Argumente für deine Position. Formuliere sie aus und übe sie ein (Redemittel ▸ Destrezas, S. 104–105/2). Versuche, dir die Argumente der Gegenseite vorzustellen und überlege, wie du sie entkräften kannst. Überlege dir ggf. auch, mit welchen Nachfragen du dein Gegenüber verunsichern kannst.

Ablauf: Die Debatte läuft nach vorher festgelegten Redezeiten in einem Dreierschritt ab:
1. Zu Beginn legt jede Seite nacheinander in einem kurzen Eingangsstatement ihre Position dar.
2. Danach führen beide Seiten abwechselnd ihre Argumente aus. Nach jedem Argument kann der Gegenseite kurz Gelegenheit gegeben werden, Zwischenfragen zu stellen.
3. Am Ende fassen beide Seiten ihre Position und die Hauptargumente kurz zusammen.

Bewertung: Die Jury achtet auf die Redezeiten. Sie protokolliert und bewertet die Debatte. Dabei bewertet sie neben der Sprache (Aussprache und Intonation, Grammatik, Wortschatz) die Gesprächsstrategien (Auftreten des Redners, Aufbau und Überzeugungskraft der Argumentation) und den Inhalt der Argumente (Nachvollziehbarkeit und Verständlichkeit, Wahl der Beispiele). So könnt ihr die Debatte bewerten:

Sprache (Wortschatz/Grammatik)	Strategie	Inhalt	Punktezahl
(max. 10 Punkte)	(max. 5 Punkte)	(max. 5 Punkte)	(max. 20 Punkte)

4 Das Interview

Bei einem Interview befragst du eine Person zu einem bestimmten Thema.
- Sammle Fragen, die für das Gespräch von Interesse sein könnten.
- Überlege dir einen Einleitungs- und Schlusssatz sowie eine Begrüßungs- und Abschiedsformel.
- Benutze nur Themenkärtchen mit Stichpunkten, so kannst du die Reihenfolge deiner Fragen flexibler variieren.

Beispiele eines Themenkärtchens

Biografías
- ¿Dónde? (nacer, vivir, estudiar)
- ¿Cuál/es? (profesión, compromiso)
- ¿Qué? (idioma/s, premio/s)
- ¿Cuándo? (emigrar)
- ¿Cómo? (de niño/-a, de joven)
- ¿Quién/es? (fuente de inspiración)

Wenn du etwas nicht genau verstanden hast, frage noch einmal nach. Damit das Gespräch lebendig bleibt, kannst du folgende Redemittel verwenden:

Fragen zum Thema stellen

¿Qué …?
¿Dónde está …?
¿Cómo / Cuál es …?
¿Por qué …?
¿De verdad?
¿Qué otras cosas interesantes has …?

zu einer weiteren Frage überleiten

Bueno …
Pues, …
Ahora me gustaría hablar de …
Otro aspecto interesante es …
Y por último …

eine Aussage bestätigen

¡Por supuesto!
¡Qué interesante!
¡Claro que sí!
Estoy de acuerdo.

5 Rollenspiele

Vor dem Rollenspiel

- Mache dir die Situation und die Figuren klar, die dargestellt werden sollen.
- Notiere auf einer Rollenkarte (ficha de rol) die Eigenschaften der Figur, die du darstellen willst und was sie sagen oder tun soll.
- Überlege, welchen Charakter deine Mitspieler verkörpern und wie sie reagieren werden. (▸ Destrezas, S. 108 / 4).

tu compañero/-a	*tú*
– *un poco cerrado/-a* – […]	– *muy abierto/-a* […]

Während des Rollenspiels

- Sprich möglichst frei.
- Sprich laut und deutlich, damit die Zuschauer dich verstehen.

Bei einem Rollenspiel ist es besonders wichtig, wie gesprochen wird. Denke daran, dass den Zuhörern nur die Stimmlage und die Hintergrundgeräusche helfen, die Situation und die Dialoge zu verstehen.

MONOLOGISCHES SPRECHEN

1 Ein Referat halten

Vorbereitung

- Wie lang soll das Referat werden?
- Wie viele Teile soll es haben? Womit willst du beginnen und enden?
- Bereite Themenkärtchen mit den wichtigsten Informationen vor. So kannst du das Referat flexibel gestalten und auf deine Zuhörer besser eingehen.

Folgende Ausdrücke helfen dir bei der Strukturierung des Referats:

Einführung des Themas

El tema de mi presentación es …
He elegido este tema porque …
Hoy voy a hablar sobre …
Aquí en este cartel / en esta foto …

Strukturierung des Referats

En mi introducción os quiero hablar / presentar …
Después … os voy a dar más información sobre …
Para terminar / al final …
Si tenéis preguntas, levantad la mano, por favor.

Durchführung
- Teile die Gliederung deines Referats an deine Mitschüler aus.
- Sprich laut, langsam, deutlich und möglichst frei.
- Halte Blickkontakt mit deinen Zuhörern.
- Fasse jeden Abschnitt deines Referats kurz zusammen. Gib deinen Zuhörern die Gelegenheit, Fragen zu stellen. Sei darauf gut vorbereitet.

Evaluation
Wenn du ein Referat beurteilen möchtest, kann ein Evaluierungsbogen sehr nützlich sein. Er sollte folgende Punkte enthalten:

	ja	nein	mehr oder weniger
1. War die Präsentation interessant?	☐	☐	☐
2. Wurde die Präsentation inhaltlich gut vorbereitet?	☐	☐	☐
3. Waren alle Informationen zum Thema enthalten?	☐	☐	☐
4. War das Referat zu lang / zu kurz?	☐	☐	☐
5. Hat der Referent ansprechende Zusatzmaterialien (Bilder, Tonmaterial etc.) verwendet?	☐	☐	☐
6. Hat der Referent laut, deutlich und frei gesprochen?	☐	☐	☐
7. Gab es die Möglichkeit Fragen zu stellen?	☐	☐	☐

2 Charla de un minuto | Einen Kurzvortrag halten

Vorbereitung
- Überlege genau, welche Informationen zu deinem Thema wichtig sind, und ob du sie innerhalb von zwei bis drei Minuten präsentieren kannst.
- Sammele alle notwendigen Ausdrücke und Redewendungen (evtl. in Form eines Mind-Maps oder einer Tabelle).
- Formuliere den Text zunächst unter folgenden Gesichtspunkten aus:
  1. Welche Informationen interessieren die Zuhörer/innen?
  2. Welche Reihenfolge bietet sich für die Darstellung der Informationen an?
  3. Gibt es unbekanntes Vokabular, das erklärt werden muss?
- Fertige anschließend einen Stichwortzettel an, damit du den Kurzvortrag möglichst frei halten kannst. (Formulierungen ▶ Destrezas, S. 106 / 1).
- Versuche den Vortrag visuell zu unterstützen (z. B. in Form eines Plakats, mit Fotomaterial etc.), damit dir deine Mitschüler/innen besser folgen können.

Durchführung
- Sprich laut, langsam, deutlich und so frei wie möglich, ohne aus den Augen zu verlieren, dass dein Vortrag die Länge von zwei bis drei Minuten nicht überschreiten sollte.
- Halte Blickkontakt mit deinen Zuhörern/-innen.

Evaluation
Bei der Beurteilung einer *charla* bzw. einer *presentación* eines/-r Mitschülers/-in – oder auch einer Diskussion – kann ein **Evaluationsbogen** helfen. Beispiel:

	sí	no	más o menos
1. La charla es interesante.	☐	☐	☐
2. La charla tiene una estructura clara.	☐	☐	☐
3. El / La compañero/-a da la información importante.	☐	☐	☐
4. Usa frases cortas y claras.	☐	☐	☐
5. Explica las palabras nuevas.	☐	☐	☐
6. Habla despacio.	☐	☐	☐
7. Mira a la clase y contesta las preguntas.	☐	☐	☐

3 Ein Bild / Foto beschreiben

Bei einer Bildbeschreibung solltest du folgende Dinge beachten:

- Sage zunächst, worum es auf dem Bild geht (**Este es un dibujo / Esta es una foto de …**)
- Gib dann eine strukturierte Beschreibung. Wähle dazu eine sinnvolle Reihenfolge, um die abgebildeten Elemente zu nennen: z. B. von der Mitte nach außen oder von oben nach unten oder umgekehrt.
- Versuche sinnvolle Zusammenhänge zu schaffen und nicht bei der Beschreibung im Bild hin- und her zu „springen".
- Achte bei deinen Formulierungen auf den Gebrauch von **estar** (sich befinden) und **hay** (es gibt). Wenn auf dem Bild Personen zu sehen sind, kannst du ihr Äußeres beschreiben. Willst du deren Handlungen beschreiben, verwende **estar + gerundio**.
  Beispiel: En la foto hay dos personas. Una está sentada, la otra está caminando.

Folgende Ausdrücke für die Bildbeschreibung kannst du verwenden:

Arriba A la izquierda En el centro A la derecha Abajo En el primer plano Al fondo	hay … puedes ver …

Cerca Detrás Delante Al lado	del / de la …	hay un/a … está el / la …

4 Eine Person / Figur beschreiben

las profesiones
ser: alumno/-a; profesor/a; detective; moderador/a; …

las relaciones familiares
ser: el hijo / la hija (de); el padre / la madre (de); …

el origen
ser: de Alemania; alemán / alemana
de España; español / española; …

el cuerpo
ser: alto/-a; bajo/-a; delgado/-a; gordo/-a; …

el pelo
ser: rubio/-a; moreno/-a; pelirrojo/-a; …

tener el pelo: castaño; corto / largo / rizado; …

la ropa
llevar: gafas de sol; una camisa de manga corta; …

hablar sobre una persona / un personaje
tener … años

ser	abierto/-a, aburrido/-a, activo/-a, agresivo/-a, alegre, atento/-a, atractivo/-a, bueno/-a, cariñoso/-a, cerrado/-a, deportista, elegante, famoso/-a, fantástico/-a, feliz / felices, feo/-a, gracioso/-a, guapo/-a/, importante, impresionante, imprudente, inquieto/-a, inteligente, listo/-a, interesante, malo/-a, tonto/-a
estar	cansado/-a, contento/-a, enfermo/-a, (medio) loco/-a, nervioso/-a, perplejo/-a, sano/-a

5 Einen Ort beschreiben

Redemittel und Wortschatz zur Beschreibung einer Landschaft / eines Ortes:

¿Qué distancia hay entre … y …?

Hay	más de unos	… kilómetros.

La ciudad	está cerca de está cerca de la frontera con limita con está en la provincia de	…

La ciudad es	la capital de la más (grande) de	…
La ciudad tiene	(muchos) habitantes: unos mares, playas, barrios donde, el río más (largo) de	…

Sitio

el paisaje:
la costa – el mar – la playa –
el campo – la sierra – la montaña –
la ciudad – el pueblo –
la isla – el desierto

el tiempo:
hace buen / mal tiempo
la tormenta – el sol –
hace calor / frío / sol
hay muchas nubes

la naturaleza:
el cielo – el árbol – el bosque –
el jardín – la flor – el río – el lago –
el animal – la tienda de campaña –
la primavera – el verano – el otoño –
el invierno

la economía:
la materia prima – fabricar –
la industria textil/automotriz –
el exportador – el importador –
el consumidor

en la calle:
el semáforo – el coche – el camino –
el atasco – el vendedor ambulante

el clima:
tropical – caluroso – húmedo

6 Recherchieren

Grenze dein Thema genau ein. Stelle dir selbst Fragen zu dem gegebenen Thema und notiere dir alles, was dir dazu einfällt. So kannst du klären, welche Informationen unbedingt dazu gehören bzw. welche über das Thema hinausgehen.

Benutze unterschiedliche **Quellen** für die Informationssuche:
- Welche Informationen gibt dir das Lehrbuch (im Anhang, in den Lektionstexten, aber auch über Bilder)?
- Hast du eigene **Nachschlagewerke** (z. B. Enzyklopädien, Geschichtsbücher, Atlanten, Reiseführer) zu Hause oder findest du solche in der Bibliothek?
- Kennst du geeignete **Internetseiten**? Wenn nicht: Welche Suchbegriffe führen dich zu den für dich wichtigen Informationen? Denk daran: Nicht alle Internetseiten sind verlässliche Quellen! (Alle Quellen sollten mit Hilfe einer weiteren Quelle abgesichert werden.)
- Gibt es **Personen** oder **Organisationen**, die dir Auskünfte erteilen oder Informationsmaterial zur Verfügung stellen können? Dann musst du gegebenenfalls ausreichend Zeit für die Beschaffung einrechnen.

Wenn du deine Informationen zusammengetragen hast, überlege dir, wieviel davon du zusammenfassen willst und wie du sie ansprechend präsentieren kannst.

1 Einen Text schreiben

Bevor du einen Text schreibst, überlege, welche **Textsorte** (Brief, Dialog, Zusammenfassung, informativer Text) du verfassen willst und wer den Text lesen wird.

- Beim Schreiben helfen dir die Redewendungen aus den Lehrbuchtexten, auf den „Vocabulario temático"-Seiten in den *unidades* und aus den „Para comunicarse"-Kästen in den chronologischen Wortlisten.
- Versuche den Satzbau zu variieren, um den Text für den Leser interessanter zu gestalten.
- Benutze Konnektoren, um die Sätze aufzulockern.

Konnektoren

hasta que – si – por eso – así es (que) – para (que)
de modo que – como – porque – debido a (que) – si bien
a pesar de que – no obstante – aunque – por un lado … por otro lado
no sólo … sino también … – o … o … – ni … ni … – tanto … como …
al principio / primero – además / también – después / luego
al final / finalmente – pero – mientras – cuando – después de (que)
antes de (que) – entonces – sin embargo – etc.

2 Eine Zusammenfassung schreiben

Die Zusammenfassung *(resumen)* eines Textes ist immer kurz. Der Text sollte nicht länger als ein Drittel des Originaltextes sein.

Vorbereitung

Bevor du die Zusammenfassung beginnst, lies den Text mehrmals durch, um dir einen Überblick über das Thema und den Aufbau zu verschaffen. Formuliere für dich das zentrale Thema oder Anliegen des Textes.
Die wichtigsten Informationen des Ausgangstextes findest du, indem du

- bei einem erzählenden Text die Leitfragen stellst *¿Quién?, ¿Qué?, ¿Dónde?, ¿Cuándo?, ¿Por qué?, ¿Cómo?*
- bei einem informativen Text nach dem Thema, der Hauptinformation und einer möglichen Schlussfolgerung fragst.

Verfassen des Textes

Folgende Punkte solltest du beim Verfassen des Textes beachten:

- Beginne den Text mit einem Einleitungssatz.
- Nenne die Textart (*el cuento, el artículo informativo, el folleto, el poema …*), den Titel des Textes und den Autor, wenn bekannt ggf. auch Erscheinungsjahr, -ort und Seitenangabe.
- Nenne auch das zentrale Thema des Textes (*el texto trata de … / presenta …*).

Schreibe die Zusammenfassung in der 3. Person Singular Präsens. Das *resumen* soll möglichst neutral sein, nur Fakten enthalten, jedoch keine direkte Rede oder Zitate. Verwende deine eigenen Worte, nicht die des Originaltextes. Wähle unterschiedliche Satzanfänge und benutze Konnektoren, um die Sätze stärker zu verbinden. Verwende z. B. Konstruktionen mit *gerundio* um die Sätze zu verkürzen.

Überarbeitung

Lies dein *resumen* noch einmal durch. Vergleiche ihn mit dem Originaltext und deinen Stichpunkten. Vergewissere dich, dass du keinen wichtigen Punkt vergessen hast. Überprüfe den Text sprachlich. Beachte, dass sich keine deiner persönlichen „Lieblingsfehler" eingeschlichen haben.

3 Eine Statistik beschreiben

Möglichkeiten der Darstellung:

Nummerische Verhältnisse sind Statistiken (*estadísticas*) und Graphiken, die auf verschiedene Weise dargestellt werden können. Das sind:

el cuadro

2010	2011	2012	
13.000	15.000	14.000	

el diagrama circular

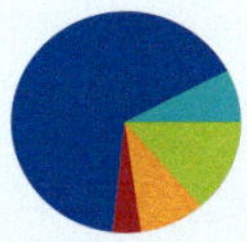

los gráficos de barras

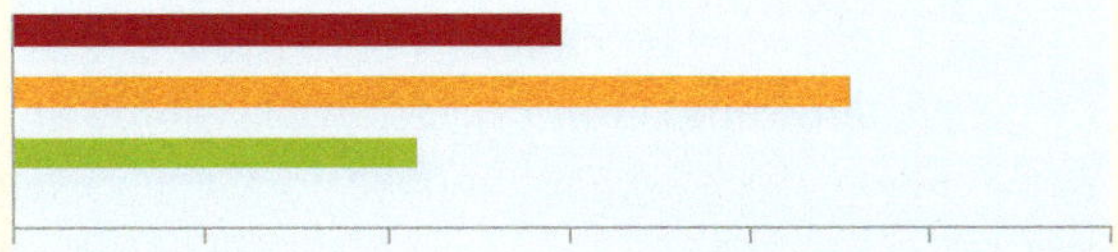

el gráfico de curvas

Einleitung des Themas

En la estadística	**vemos / se ve** que …		**Según los resultados** …
El diagrama El gráfico	**presenta** (los resultados de) **permite comparar**	…	Las cifras **muestran** … El informe **señala** que …

Beschreibung der Ergebnisse

Prozentangaben	Un / El 30 % (por ciento) Más del … % Menos del … %		de (los españoles)	cree opina piensa	que …
Brüche	Para	la mitad un tercio un cuarto un quinto …	de (los españoles) es	muy bastante poco nada	importante que …
	Una gran parte Un porcentaje elevado La mayoría / minoría Casi todos		(de los encuestados)	considera declara afirma niega rechaza	que …

Ziffern / Zahlen	5 de 100 chicos españoles … Las cifras más altas / bajas se encuentran en … Este país / mes | registra el número más alto / bajo de … Esta región Entre (fecha) y (fecha), las cifras han aumentado un … %. El número de … | ha subido / bajado | a …
Vergleichen der Ergebnisse	… está por encima / por debajo del promedio El número / porcentaje de … es más bajo / alto que Un número cada vez mayor / menor Un número superior / inferior a Para … es más / menos … (*adj.*) … que Casi tantos/-as … como Para … es tan … (*adj.*) … como | …
Weitere Redemittel	… (estar) a la cabeza en También es significativo … es un factor importante Esto afecta en menor / mayor medida a | … Estos datos muestran | una tendencia favorable / una tendencia negativa / algunas diferencias | con respeto a …

4 Eine Rezension schreiben

Bei einer Rezension verfasst du eine persönliche Stellungnahme zu einem Buch oder einem Film. Dabei sprichst du eine deutliche Empfehlung dazu aus, an der sich andere Leser bzw. Zuschauer orientieren können.

- Fasse die Handlung kurz zusammen und charakterisiere ggf. kurz den / die Protagonisten.
- Nenne die wichtigsten Aspekte des Buches bzw. des Filmes (z. B. Ist die Handlung überzeugend?) Ist die Verhaltensweise der Figuren logisch? Ist die Struktur sinnvoll?).
- Gib Zusatzinformationen an (z. B. über den / die Autor/in bzw. Regisseur/in, Auszeichnungen, Spezialeffekte, Filmmusik).
- Erkläre, warum dir das Buch bzw. der Film (nicht) gefällt. Vergiss nicht zu erwähnen, ob du es / ihn weiterempfehlen würdest und erkläre auch warum.

5 Kreatives Schreiben

Bei der Aufforderung einen kreativen Text zu schreiben, soll ein Text weitergeschrieben oder in eine andere Textsorte umgewandelt werden. Eine Geschichte kann aus einer anderen Perspektive erzählt werden oder eine Abbildung kann ein Anlass sein, sich in eine bestimmte Situation hineinzuversetzen. Diese Fortführungen oder Umwandlungen sollen dir helfen, die Geschichte genauer zu verstehen.

Die Arbeitsanweisungen lauten *continúa*, *inventa* oder *imagina*. Du sollst dich mit Phantasie in die Aufgabe hineinversetzen und Handlungen bzw. Dialoge frei erfinden. Trotzdem musst du dich an die inhaltlichen Vorgaben halten (z. B. den Charakter einer bestimmten Person) und die Merkmale der verlangten Textsorte berücksichtigen (z. B. Brief, Tagebucheintrag, Blog, Streitgespräch).

- Lies den Ausgangstext genau durch und überlege dir, welche Informationen für deine kreative Aufgabenstellung wichtig sind. Wenn es darum geht, sich in eine Figur hineinzuversetzen, kannst du dir überlegen, wie sich die Figur in dieser Situation fühlt, was sie denkt und wie sie reagieren könnte.
- Notiere deine eigenen Ideen und Assoziationen. Ordne diese mit Hilfe einer *mapa mental* und lege für dich fest, wie die Geschichte weitergehen bzw. ausgehen soll.

6 Einen Brief schreiben

Wenn du einen Brief schreibst, achte auf die spanische Schreibweise des Datums (ein **de** vor der Jahresangabe). Außerdem vergiss nicht den Doppelpunkt nach der Anrede sowie die Großschreibung danach.

Madrid, 8 de marzo de 2012

Anrede für Familie, Freunde oder Bekannte	Hola Antonio: Querido Pablo / Querida Manuela:
Formelle Anrede	Estimado[1] señor González / Estimada señora Aguilar:
Formelle Anrede. Der Empfänger ist dir unbekannt.	Estimados señores y señoras:
Formelle Anrede für einen Leserbrief	Estimado/-a señor/a Editor/a:
Beispiel für den Anfang eines Leserbriefs	En la última edición[2] de la revista / del periódico … con fecha …, Ud. escribe sobre el tema «diferentes gustos entre hijos y padres». Quisiera contarle mi experiencia …
Beispiel für den Anfang eines Briefs an die Familie	¿Cómo estáis? ¿Cómo está todo por allí? Espero que estéis muy bien. Os cuento que llegué bien a los Estados Unidos. El viaje fue muy largo, pero finalmente ya crucé el charco … Esta semana he empezado a trabajar. Estoy muy contento porque en la empresa casi sólo hay trabajadores que hablan español …
Du lässt Grüße (an die Eltern) ausrichten.	Saluda a (tus padres) de mi parte.
Du beendest einen Brief an Freunde oder an die Familie.	Besos,
Du beendest neutral einen Brief.	Saludos,
Du beendest einen formellen Brief.	Atentamente,

1 estimado/-a *sehr geehrte/r*
2 la edición *die Ausgabe*

7 Eine Bewerbung schreiben

In einem Bewerbungsschreiben erläuterst du knapp, warum du dich für die Tätigkeit interessierst bzw. warum du dafür besonders geeignet bist.

Tim Lorenz
Sonnenstraße 14
20144 Hamburg

A la atención de[1]: Pedro Sánchez López
Hotel Mirasol
Plaza San Blas, 2, 4° 3a
37012 Salamanca

19 de marzo de 2012

Asunto: Prácticas en el «Hotel Mirasol»

Estimado[2] señor Sánchez:

Me dirijo a[3] usted para solicitar[4] unas prácticas en su hotel en este verano.

Dispongo de las condiciones necesarias. Ya he adquirido experiencia[5] en el sector de turismo: el año pasado hice unas prácticas en una agencia de viajes[6]. También tengo experiencia en el área gastronómica porque trabajo dos veces por semana en un restaurante español en Hamburgo.

Llevo tres años estudiando español en el instituto y estoy seguro de que ya tengo el nivel[7] necesario para informar[8] a los huéspedes[9] sobre el hotel y para contestar sus preguntas.

Tengo disponibilidad[10] en todo el mes de agosto.

Con mucho gusto[11] voy a responderle sus preguntas.

En espera de su respuesta, le saluda atentamente[12]

Tim Lorenz

Adjunto: currículum vitae

1 a la atención de *zu Händen von* 2 estimado/-a *sehr geehrte/r* 3 dirigirse a *sich wenden an* 4 solicitar *sich bewerben*
5 adquirir experiencia *Erfahrung sammeln* 6 la agencia de viajes *das Reisebüro* 7 el nivel *das Niveau*
8 informar *informieren* 9 el huésped *der Gast* 10 la disponibilidad *die Verfügbarkeit* 11 con mucho gusto *sehr gerne*
12 en espera de su respuesta, le saluda atentamente *in Erwartung auf Ihre Antwort verbleibe ich mit freundlichen Grüßen*

8 Einen Lebenslauf verfassen

Ein tabellarischer Lebenslauf nennt Angaben zur Person (Name, Adresse, Geburtsdatum etc.), schulischen Bildung sowie weiteren Kenntnissen (z. B. Sprachen, Computerkenntnisse), Berufserfahrung (z. B. Praktika) und Freizeitaktivitäten.

CURRÍCULUM VITAE

INFORMACIÓN PERSONAL

Nombre:	Tim Lorenz
Dirección[1]:	Sonnenstraße 14 20144 Hamburg
Teléfono:	040 / 81 32 61 56
E-mail:	tim.lorenz@gmx.de
Fecha de nacimiento[2]:	25 de junio de 1995
Nacionalidad[3]:	alemana

EDUCACIÓN Y FORMACIÓN

Estudios:	Gymnasium (ESO)
Lenguas:	alemán (lengua materna) español (B1) inglés (B2)
Conocimientos de informática[4]:	Word y Excel

EXPERIENCIA LABORAL[5]

Agosto de 2011:	Prácticas en la agencia de viajes[6] «Bali» en Hamburgo
Actualmente:	Camarero en el restaurante «Tapas» en Hamburgo

INTERESES PERSONALES

hacer deporte, viajar, leer

Hamburgo, 19 de marzo de 2012

Tim Lorenz

1 la dirección *die Adresse* 2 la fecha de nacimiento *das Geburtsdatum* 3 la nacionalidad *die Staatsangehörigkeit*
4 conocimientos de informática *die Computerkenntnisse* 5 la experiencia laboral *die Arbeitserfahrung*
6 la agencia de viajes *das Reisebüro*

9 Fehler selbst korrigieren

Um die Anzahl deiner Fehler zu verringern, mach dir eine Checkliste mit deinen „Lieblingsfehlern":

1. Hast du die Begleiter, Artikel und Adjektive an das Geschlecht und die Zahl des Nomens angepasst?	vuestr**as** amig**as**, **el** agua fresc**a** (*f.*), **el** aul**a** llen**a** (*f.*), **los** pintor**es**, un**os** chandal**es** amarill**os** y nuev**os**
2. Hast du an die Verschmelzung des Artikels gedacht?	el zapato **del** chico Dale el cuaderno **al** profe.
3. Hast du an die Verkürzung bestimmter Adjektive gedacht?	el **buen** amigo, el **mal** jugador
4. Stimmen die Verbformen mit ihrem Subjekt überein?	**Hay** pocas personas. / Poc**os** jueg**an** al fútbol. / **Nadie** sabe el camino.
5. Hast du an die Akzente der Fragewörter gedacht?	¿Qu**é** quieres? / ¿Ad**ó**nde vas? / ¿De d**ó**nde eres? …
6. Hast du an die Akzente der Pronomen tú, él, mí gedacht?	T**ú** eres su amiga. / **É**l es su hermano. / A m**í** me gustaría aprender alemán.
7. Hast du auf die Unregelmäßigkeiten bestimmter Verben / Verbformen geachtet?	Siempre v**ue**lvo temprano del instituto. / ¿Qu**ie**res ir al centro? S**i**gue esta calle todo recto.
8. Hast du die richtige Vergangenheitsform verwendet?	Ayer **estuve** con Teresa. Esta mañana **he estado** en el instituto.
9. Hast du beachtet, dass bestimmte Ausdrücke den subjuntivo auslösen?	**Es necesario que** sepamos lo que vamos a decir. Esperaré aquí **hasta que** vengan mis amigos.
10. Hast du das préterito indefinido und das préterito imperfecto richtig verwendet?	Al mediodía, Pablo **fue** a la biblioteca porque **tenía** que devolver unos libros.

10 Die Rechtschreibung verbessern

Spanische Wörter, die dem Deutschen oder Englischen ähneln, sind meist einfach zu lernen. Achte besonders bei diesen Wörtern auf die Rechtschreibung. Überprüfe sie mit Hilfe eines Wörterbuchs oder der alphabetischen Liste.

LITERARISCHE TEXTE ERSCHLIEẞEN

1 Narrative Texte erschließen

Die bestimmenden Elemente eines Erzähltextes sind Handlung, Figuren, Zeit und Raum. Die wichtigsten narrativen Gattungen sind Roman, Erzählung und Kurzprosa (z. B. Kurzgeschichten).

- Verschaffe dir zunächst einen Überblick über den Inhalt des Textes: zentrales Thema und Situation, handelnde Personen, Zeit und Ort, Erzählperspektive (Wer erzählt?). ▶ Para hablar de un texto, S. 126–128
- Wenn du den Ich-Erzähler bzw. eine im Text vorkommende Person charakterisieren sollst, so belege deine Charakteristik mit allen Informationen, die der Text enthält (z. B. Aussehen, Familie, Herkunft, Verhalten, Verhältnis zu anderen Figuren etc.). Diese Informationen können auch indirekt im Text enthalten sein. ▶ Para hablar de un texto, S. 126–127
- Untersuche dann die formalen und stilistischen Besonderheiten, die in Zusammenhang mit dem Inhalt und der Aussage des Textes stehen und beschreibe ihre Wirkung und Funktion. ▶ Para hablar de un texto, S. 128

La novela / El cuento (corto) trata de[1] …
El argumento[2] es …
El tema es …

El / La protagonista[3] es …
Los personajes secundarios[4] son …

La acción[5] tiene lugar[6]	en el siglo XX. en Barcelona.

El lenguaje[7] es	sencillo / complejo[8]. coloquial[9].

La novela / El cuento (corto) tiene un narrador[10]	en primera persona. en tercera persona / omnisciente[11].

1 tratar de *handeln von* 2 el argumento *die Handlung* 3 el / la protagonista *die Hauptfigur*
4 el personaje secundario *die Nebenfigur* 5 la acción *die Handlung* 6 tener lugar *stattfinden*
7 el lenguaje *die Sprache* 8 complejo/-a *komplex* 9 coloquial *umgangssprachlich* 10 el / la narrador/a *der / die Erzähler/in*
11 omnisciente *allwissend*

2 Lyrische Texte erschließen

Untergattungen von lyrischen Texten sind z. B. Gedichte und Lieder.

Gedichte

Kläre die inhaltlichen Aspekte:

- Was ist das Thema? Was erfährst du über den Sprecher (das „lyrische Ich") ? Gibt es einen Adressaten des Textes? ▶ Para hablar de un texto, S. 126
- Die Botschaft eines lyrischen Textes kannst du erschließen, indem du auf auffällige Strukturen achtest (z. B. Wiederholungen). ▶ Para hablar de un texto, S. 126
- Schau dir auch die formalen Aspekte an: Besteht der Text aus Strophen? Wenn ja, aus wie vielen Versen besteht eine Strophe? ▶ Para hablar de un texto, S. 127

El tema del poema[1] es …

La persona (el «yo lírico[2]») tiene un tono[3]	alegre. triste.

Se dirige[4] a	los jóvenes. una persona amada.

La persona (el «yo lírico») expresa[5] …

El poema tiene	…	estrofas. versos[6]

1 el poema *das Gedicht* 2 el yo lírico *das lyrische Ich*
3 el tono *der Ton* 4 dirigirse a *sich wenden an*
5 expresar *ausdrücken* 6 el verso *der Vers*

Lieder

Lieder haben viele Merkmale mit Gedichten gemeinsam. Sie sind in der Regel in Strophen und Refrains gegliedert. Der Refrain liefert oft den Schlüssel zum Textverständnis. Die Musik wirkt meist unterstreichend.
▶ Para hablar de un texto, S. 129

La letra[1] es	fácil / difícil de comprender. profunda / superficial[2]. cursi[3].

La música es	alegre. triste. aburrida. agradable.

1 la letra *der Text* 2 superficial *oberflächlich* 3 cursi *kitschig*

3 Theaterstücke erschließen

Theaterstücke lassen sich in verschiedene Formen unterteilen: Tragödie, Komödie und Tragikomödie. Ein Theaterstück ist in der Regel in Akte und Szenen unterteilt. Die Bühnenanweisungen informieren darüber, wie sich der/die Autor/in die Personen, die Kostüme etc. vorstellt.
Das Entscheidende an einem Theaterstück ist die Aufführung, daher ist bei der Lektüre wichtig, sich auch das Bühnenbild und die handelnden Personen vorzustellen.

La obra de teatro trata de …

Tiene … actos[1].

La escena es | graciosa. / triste. / romántica[2]. / violenta[3].

Las acotaciones[4] son | largas. / cortas.

La puesta en escena[5] / La escenografía[6] | es | impresionante. / aburrida.

El actor/La actriz actúa | bien. / mal.

1 el acto *der Akt* 2 romántico/-a *romantisch* 3 violento/-a *gewaltsam* 4 la acotación *die Regieanweisung*
5 la puesta en escena *die Inszenierung* 6 la escenografía *das Bühnenbild*

4 Zitieren

Beim Schreiben eines Textes mußt du dich oft auf den Originaltext beziehen, um die Richtigkeit deiner Argumente zu beweisen oder deine eigene Interpretation überzeugend erscheinen zu lassen.

direkte Zitate

Ein Zitat gibt den Originaltext wörtlich wieder und es muss stets als solches erkennbar sein durch die Verwendung von

- Anführungszeichen, damit Zitatanfang und Zitatende klar erkennbar sind: «…»
- eckigen Klammern, wenn Wörter hinzugefügt oder weggelassen werden: […]:
  «[Nicolás] Salió de casa a las ocho menos diez sin desayunar […]». (p. 30)
- Klammern mit Angabe der Textzeile: (l. …):
  «Nico iba a dar aquel paso, había llegado la hora de la verdad.» (p. 31, l. 85)

indirekte Zitate

Según el texto / El texto dice que | a Nico le gusta dibujar y hacer cómics. (ver p. 31, ll. 55–56 y 78–79)

SPRACHMITTLUNG

1 Wiedergeben / Zusammenfassen von Textinhalten

Bei der Sprachmittlung geht es darum, den Inhalt eines Textes sinngemäß in der anderen Sprache wiederzugeben bzw. zusammenzufassen.

Achte bei der sinngemäßen Wiedergabe eines Textes auf Folgendes:

- Achte beim Zuhören oder Lesen nur auf die wichtigsten Informationen, die dein Gegenüber braucht, um die Nachricht oder den Text zu verstehen.
- Übersetze nicht wörtlich, sondern formuliere mit deinen eigenen Worten.
- Verwende Schüsselwörter, die du gut kennst und sicher anwenden kannst.
- Umschreibe Wörter, die du nicht kennst, mit einfachen Wörtern.
- Wenn dir Wörter nicht einfallen, nenne Beispiele.

2 Dolmetschen

Beim Dolmetschen geht es um die mündliche Wiedergabe einzelner Äußerungen aus der jeweils anderen Sprache. Dabei übernimmst du die Rolle des Dolmetschers.

- Überlege genau, was die Person für die du dolmetschst, sagen möchte.
- Übertrage diese Äußerungen sinngemäß ins Spanische bzw. Deutsche.

WORTSCHATZ

1 Die Bedeutung von unbekannten Wörtern herausfinden

Wenn du ein Wort nicht kennst, gibt es viele Tricks und Arbeitstechniken, die dir helfen, seine Bedeutung zu erschließen, ohne gleich zum Wörterbuch greifen zu müssen.

Mit Hilfe anderer Sprachen

Wenn du ein Wort nicht kennst, überlege, ob es Ähnlichkeit mit einem deutschen Wort oder einem Wort einer anderen Sprache hat (Englisch, Französisch etc.). Zahlreiche Begriffe sind in vielen Sprachen ähnlich, z.B. hotel, museo, información.

Es gibt auch Begriffe, die denen anderer Sprachen ähneln, aber eine andere Bedeutung haben:

Beispiel: realizar = etw. machen, durchführen el compromiso = das Engagement

Wortfamilien erkennen

Überlege, ob du schon ein ähnliches Wort kennst. Wenn du das Nomen la visita kennst, wirst du leicht das Verb visitar in einem Text verstehen. Diese Verbindungen zwischen spanischen Wörtern zu erkennen, hilft dir auch bei der Arbeit mit einem Wörterbuch (▶ Destrezas, S. 120/5).

Mit Hilfe des Kontextes

Achte auf den Kontext: Auch Textelemente wie Titel, Zwischenüberschriften oder Fotos und Zeichnungen können hilfreich sein, um das Wort zu verstehen. So kannst du Begriffe oder Redewendungen wie z.B. Saludos y hasta luego am Ende eines Briefes oder einer E-mail selbst erklären.

2 Wörter umschreiben

Wenn dir ein Wort auf Spanisch nicht einfällt, kannst du es umschreiben:

Beispiele:

Esta palabra significa …
Es algo como (una chaqueta).
Es el contrario de …

Es (un producto) que …
Lo utilizas para …

3 Wortschatz strukturieren

Ordne Vokabeln nach den folgenden Kriterien:

Sachgruppen

Lerne Wörter, die thematisch zusammengehören zusammen. Notiere sie dir auf Kärtchen in der gleichen Farbe. Hilfreich ist es, einen Oberbegriff zu notieren und die anderen Wörter darunter zu schreiben. Diese Liste kannst du jederzeit ergänzen.

el mercado laboral
el desempleo
la búsqueda de empleo
el puesto
el currículum vitae
la carta de presentación
la entrevista de trabajo

Wortarten

Je nach Umfang der Sachgruppe kann es hilfreich sein, sie nach weiteren Kriterien zu ordnen, z.B. nach Nomen, Adjektiven oder Verben.

Wortpaare

Zu vielen Wörtern gibt es ein Wort, das das Gegenteil ausdrückt. Lerne diese Gegensatzpaare.

Beispiel: visible ≠ invisible

Wortfamilien

Es gibt Wörter, die zur gleichen Familie gehören. Notiere sie auf Kärtchen.

Beispiel: el / la migrante – migrar – la migración

4 Vokabeln lernen und wiederholen

Karteikarten

Um neue Vokabeln zu lernen und regelmäßig wiederholen zu können, kannst du sie auf Karteikarten notieren. Schreibe die Übersetzung und einen Beispielsatz auf die Rückseite. Auch ein Bild kann hilfreich sein. Die Kärtchen kannst du überall mitnehmen und damit Vokabeln wiederholen.

cruzar el charco

Muchos migrantes europeos cruzaron el charco en el siglo pasado.

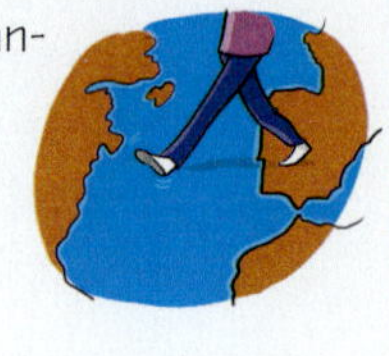

Bei Verben kannst du dir Kärtchen anlegen, in denen du dir die besonderen Formen markierst, die du dir z. B. einprägen musst, und in der rechten Spalte notierst. Knicke das Kärtchen und schaue dir immer nur eine Spalte an. Überlege dir, wie die restlichen Formen lauten.

Beispiel:

1.	1. atravieso
2. atraviesas	2.
3. atraviesa	3.
4. atravesamos	4.
5.	5. atravesáis
6. atraviesan	6.

Mapa mental

Wenn du eine mapa mental erstellst, setze die Vokabeln oder Informationen in für dich sinnvolle Zusammenhänge.

- Notiere in der Mitte eines Blattes den Oberbegriff. Sammle von dort ausgehend Begriffe oder Ideen als Schlüsselwörter auf Linien, die zum Oberbegriff passen.
- Schreibe nur Schlüsselwörter / Redewendungen und keine ganzen Sätze! Weitere Unterpunkte kannst du unter den Schlüsselwörtern ergänzen.
- Markiere zusammengehörige Begriffe farbig oder zeichne Bilder und Symbole.

España: la economía, la energía, la política, …, el deporte, la cultura

5 Arbeiten mit dem Wörterbuch

Das spanisch-deutsche Wörterbuch

In einem spanisch-deutschen Wörterbuch findest du das Wort, das du suchst, nicht immer auf den ersten Blick.

Beachte daher folgende Hinweise:

- Auf den ersten Seiten des Wörterbuchs werden die Abkürzungen und Zeichen erklärt. Dort findest du auch Hilfe zur Lautschrift und zu den Ausspracheregeln.
- Im Wörterbuch werden nur die Infinitive der Verben oder die Grundformen der Wörter aufgeführt. In einem Text begegnen dir aber meist die veränderten Formen. Deshalb überlege dir vorab, wie die mögliche Grundform aussehen könnte.
- Manchmal werden verschiedene Begriffe für ein bestimmtes Wort angeboten. Es hängt von der jeweiligen Gesprächssituation ab, welcher Begriff der richtige ist. In vielen Wörterbüchern findest du Beispielsätze oder Umschreibungen, die den richtigen Kontext für die unterschiedlichen Begriffe erklären.

Wortart (Adjektiv)
Wortstamm
Geschlecht (bei Nomen)
Wortart (Verb)

cami|nante 1. *adj.* reisend, wandernd; **2.** *s/m* Fußgänger m; Wanderer m.; Reisender m; **~ar** *v* gehen; wandern; reisen; *fig* (Redner) schwimmen; **~ata** *f* langer Spaziergang *m*; **~ero 1.** *adj* Wege…; **2.** *s/m* Straßenwärter

Das deutsch-spanische Wörterbuch

Wenn dir beim Schreiben das passende Wort nicht einfällt oder du es vielleicht nicht kennst, kannst du in einem deutsch-spanischen Wörterbuch danach suchen. Aber nicht immer ist der erste Begriff, der dort steht der Richtige! Lies dir deshalb immer den ganzen Eintrag durch und entscheide dich danach für die passende Bedeutung.

KOOPERATIVES LERNEN

1 Arbeiten in der Gruppe

Oft erhaltet ihr Aufgaben, die ihr in der Gruppe erledigen sollt. Dafür ist es sinnvoll, die Aufgaben innerhalb der Gruppe zu verteilen. Wichtig ist, dass jedes Gruppenmitglied in die Arbeit eingebunden wird und zu einem gemeinsamen Ergebnis beiträgt. Verteilt die Aufgaben so, dass sie euren Neigungen und Fähigkeiten entsprechen. Wenn jeder mit Interesse dabei ist, erhaltet ihr ein gutes Ergebnis. Mögliche Aufgaben könnten z.B. sein:

- Anfertigen eines Stichwortzettels,
- Beachten der zeitlichen Vorgaben,
- Überprüfen der sprachlichen Korrektheit (Wortschatz, Grammatik),
- Vortragen / Präsentieren der Ergebnisse.

2 Museumsgang

Der Museumsgang ist eine Form der Präsentation von Ergebnissen einer Gruppenarbeit. Dabei werden die Produkte einer Gruppenarbeit, z.B. *carteles informativos, murales* im Klassenraum ausgestellt / an den Wänden aufgehängt, so dass sie für alle Schüler/innen einsehbar und begehbar sind.

Durchführung

- Bildet kleine Arbeitsgruppen.
- Legt eine/n Mitschüler/-in als Experte/-in der jeweiligen Gruppe fest, der / die bei dem Produkt bleibt, um den anderen die Ergebnisse vorzustellen bzw. um Fragen zu beantworten.
  Führt die Gespräche durchgängig auf Spanisch durch.
- Die übrigen Schüler/-innen besuchen die anderen *carteles* mit dem Arbeitsauftrag, die entsprechenden Informationen zum Thema zu notieren.
- Löst den / die Experten/-in ab, so dass auch er / sie die Möglichkeit hat, alle geforderten Informationen einzuholen.

3 Think – pare – share

Think – pare – share ist eine Arbeitsform in drei Schritten:

1. *Think:* Bearbeite die Aufgabe zunächst alleine und mache dir, wenn nötig, Notizen.
2. *Pair:* Besprecht zu zweit, was ihr euch überlegt habt bzw. was ihr vorbereitet habt.
   Korrigiert euch dabei gegenseitig.
3. *Share:* Tragt anschließend die Ergebnisse eurer Gruppe bzw. der Klasse vor.

4 „Einer bleibt, die anderen gehen"

Manchmal sollt ihr in der Klasse Aufgaben zu verschiedenen Themen in Gruppenarbeit erledigen und die Ergebnisse präsentieren. Am Ende soll jede/r Schüler/in über das Arbeitsergebnis aus den anderen Gruppen informiert sein.

Dazu könnt ihr wie folgt vorgehen:

1. Bildet jeweils vier Stammgruppen. Jede Stammgruppe erarbeitet die Aufgabe und die Präsentation des Ergebnisses.
2. Ist die Erarbeitung der Aufgabe abgeschlossen, bleibt jeweils ein/e Schüler/in einer Stammgruppe als Experte/-in am Tisch zurück. Er soll das Ergebnis seiner Gruppe präsentieren. Die anderen Schüler wechseln von Tisch zu Tisch und hören der Präsentation des/r jeweiligen Experten/-in einer anderen Gruppe zu. Nach einer festgelegten Zeit wechselt ihr an einen anderen Tisch.
3. Nach den Präsentationen kehrt ihr zu eurer Stammgruppe zurück und informiert den / die am Tisch zurückgebliebenen Experten/-in über die Ergebnisse der anderen Gruppen.

5 Kugellagermethode

Die Kugellagermethode wendet ihr an, wenn ihr euch mündlich über ein bestimmtes Thema austauschen möchtet oder gemeinsam Dialoge üben wollt. Dabei teilt sich die Klasse in zwei Gruppen und bildet zwei Kreise: einen äußeren und einen inneren Kreis und zwar so, dass sich die Schüler gegenüberstehen. Diese tauschen sich über ein bestimmtes Thema aus. Der Lehrer schreibt als Vorbereitung Fragen zum Thema an die Tafel, die als Orientierung dienen sollen. Nach einer bestimmten Zeit rotieren die Kreise gegenläufig, so dass sich immer wieder neue Gesprächspartner gegenüber stehen. Diesen Wechsel könnt ihr so oft wiederholen, bis ihr wieder eurem/-r Ausgangspartner/in gegenüber steht.

6 Expertenpuzzle

Das Expertenpuzzle ist eine komplexe Methode der Gruppenarbeit, um sich gemeinsam über ein Thema sprachlich aktiv auszutauschen. Es verläuft nach klaren Strukturen und besteht meistens aus drei Phasen.

Phase 1: Stammgruppe

- Teilt die Klasse in Stammgruppen. Macht euch mit dem Thema vertraut und legt Teilaufgaben zur Erarbeitung des Themas fest.
- Einigt euch über einen bestimmtes Zeitrahmen.
- Jedes Mitglied erarbeitet seine Aufgabe zum Thema (A–D).

Phase 2: Expertengruppe

- Die Experten mit gleichem Thema aus den Stammgruppen kommen jeweils in einer Expertengruppe zusammen.
- Sie tauschen ihre Ergebnisse aus und besprechen offene Fragen.

Phase 3: Stammgruppe

- Die Experten kehren in die Stammgruppe zurück.
- Sie stellen gegenseitig ihre Ergebnisse vor.

Eine Auswertung erfolgt im gesamten Gruppenverband durch Präsentation der Ergebnisse.

Schema am Beispiel einer Kursstärke von 16 Schülern/-innen:

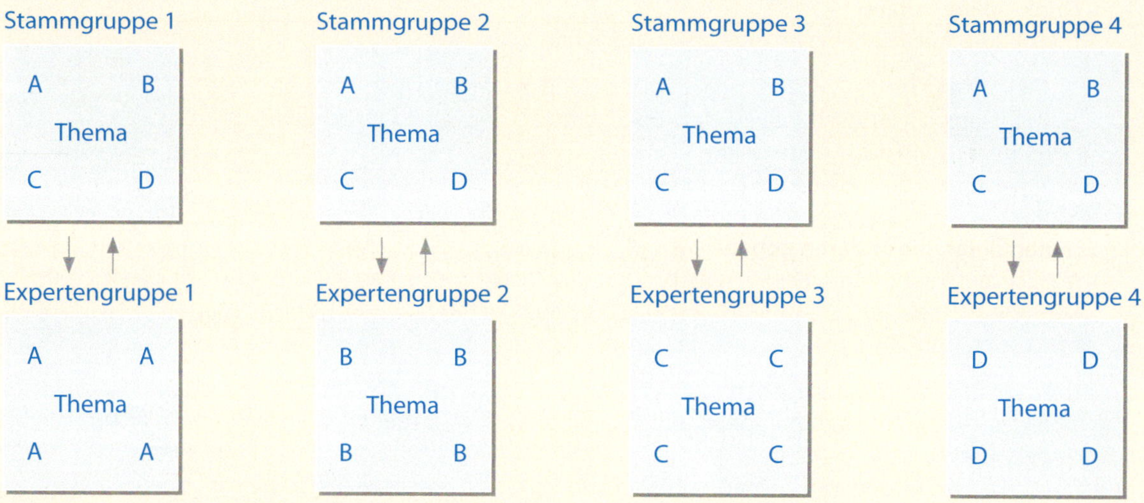

7 Stumme Schreibkonferenz / Schreibgespräch

Mit dieser Methode tauschst du dich schriftlich mit einem Partner oder einer Gruppe von mehreren Mitschülern/-innen über ein vorgegebenes Thema aus.

Durchführung

- Jede/r Teilnehmer/in am Schreibgespräch liest das Thema und notiert seine/ihre Meinung dazu auf einem Blatt Papier.
- Das Blatt wird an den/die nächste/n Teilnehmer/in der Gruppe weitergereicht, so dass jede/r einen fremden Beitrag erhält. Jede/r Teilnehmer/in liest den fremden Beitrag durch und nimmt wiederum schriftlich Stellung dazu.
- Nach einer vorgegebenen Anzahl von Runden werden diese „Gespräche" beendet.

Auswertung
- Alle Teilnehmer/innen werten das stumme Schreibgespräch im mündlichen Gespräch aus. So können die wichtigsten Aspekte des Gesprächs genannt oder die unterschiedlichen Positionen dargestellt werden.
- Ihr könnt auch die Entwicklung des Gesprächs bewerten und z. B. die Schlüssigkeit der Argumente nennen.

Eine alternative Form des Schreibgesprächs ist das *Placemat*-Verfahren.
Bei diesem Verfahren erhaltet ihr in einer Gruppe mit vier Teilnehmern ein einzelnes (mindestens DIN-A3 großes) Blatt Papier auf dem unterschiedliche Aspekte eines Themas in unterschiedlichen Feldern befragt werden.

Jeweils vier Partner/innen sitzen sich an einem Arbeitsblatt gegenüber und beantworten schriftlich die vorliegende Frage bzw. reagieren auf die schriftlichen Kommentare der Gruppenmitglieder zu dem Thema. Zu einem vereinbarten Signal werden die Plätze gewechselt. Abschließend wertet ihr gemeinsam im Gespräch eure Ergebnisse aus und fasst sie in der Mitte des Arbeitsblattes schriftlich zusammen. Die Ergebnisse werden dann im Plenum vorgetragen.

8 6-Hüte-Methode
Wenn ihr innerhalb einer Gruppe ein schwieriges Thema diskutieren müsst, bietet sich die 6-Hüte-Methode an. In 6er-Gruppen analysiert ihr unterschiedliche Sichtweisen zum Thema. Die Sichtweisen werden durch sechs verschiedene farbige Hüte symbolisiert:

Pesimista
- aspectos negativos / peligrosos
- argumentos en contra

Creativo/-a
- aspectos nuevos
- ideas creativas
- posibilidades

Emocional
- sentimientos[1]
- intuición

Tema / Problema

Optimista
- aspectos positivos
- argumentos a favor

Neutral
- información neutral
- datos concretos

Moderador
- organiza la discusión
- presenta los resultados

1 el sentimiento *das Gefühl*

Vorbereitung
Bereitet die Diskussionskarten gemäß dem Schema vor.

Durchführung
- Zunächst wird das Diskussionsthema bekannt gegeben.
- Legt einen Zeitrahmen der Diskussionsrunde fest.
- Verteilt die Diskussionskarten und klärt vorab offene Fragen.
- Jede/r Teilnehmer/in setzt sich mit dem Thema auseinander.
- Führt eine Diskussionsrunde zum Thema durch. Wechselt danach die Rollen (Hüte) und setzt die Diskussion fort.

Auswertung
- Die Ergebnisse der Diskussionsrunde werden zusammengetragen.
- Die Reihenfolge der Ergebnispräsentationen der verschiedenen Hüte kann beliebig sein.
- Wer den blauen Hut trägt, übernimmt die Funktion des / der Moderators/-in und stellt die zusammengetragenen Ergebnisse vor.
- Abschließend kommt ihr zu einer gemeinsamen Gruppenentscheidung.

9 Stationenlernen
Beim Stationenlernen werden an verschiedenen Stationen (Tischgruppen) unterschiedliche Aufgaben angeboten, die zu bearbeiten sind. Es gibt obligatorische und fakultative Aufgaben, die zu bearbeiten sind.

Vorbereitung
- Der Lehrer/in verteilt einen Arbeitsbogen, auf dem alle Aufgaben aufgelistet sind. So behaltet ihr einen Überblick über bereits / noch nicht erledigte Aufgaben.
- Die Reihenfolge der Bearbeitung bestimmt ihr selbst, ebenso die Bearbeitungsdauer. Versucht aber im vorgegebenen Zeitraum zu bleiben, der auf dem Arbeitsbogen angegeben ist.

Durchführung
- Jede Aufgabe wird an einer Station (Tischgruppe) erarbeitet. Notwendige Arbeitsmittel (Internetzugang, Kopfhörer, CD-Player etc.) stehen euch zur Verfügung.
- Wenn die Aufgabe an einer Station beendet ist, begebt euch zu einer anderen Station (andere Tischgruppe) und erarbeitet die nächste Aufgabe.
- Achtet darauf, dass alle gleichzeitig in Ruhe arbeiten können. Besprecht euch mit anderen Schülern leise.
- Benötigt ihr Hilfe durch den/die Lehrer/in schreit nicht durch die Klasse. Schreibt euren Namen und die Stationsnummer an die Tafel, um Hilfebedarf zu signalisieren.

Auswertung
Ob ihr das Stationenlernen erfolgreich bearbeitet habt, wird anhand eines abschließenden Tests / einer Leistungsüberprüfung anschließend bewertet werden.

10 Reziprokes Lesen
Das reziproke Lesen erleichtert euch das Textverständnis dadurch, dass ihr einen Text unter verschiedenen Blickwinkeln erschließt und euch darüber austauscht.

Vorbereitung
Bildet Vierergruppen. Jede/r Teilnehmer/in wählt eine der unten aufgelisteten Rollen aus.

Durchführung
- Jede/r Teilnehmer/in der Gruppe liest still den ersten Abschnitt des Textes und bearbeitet ihn entsprechend ihrer Rolle. Anschließend besprecht ihr den Abschnitt in der Gruppe.

1. Fragensteller/in	Du stellst zwei/drei Fragen zum Text, alle anderen antworten.
2. Zusammenfasser/in	Du fasst den Text kurz zusammen, alle anderen prüfen die Zusammenfassung.
3. Erklärer/in	Du erklärst eine oder zwei schwierige Textstellen, alle anderen helfen Dir.
4. Prognoseentwickler/in	Du stellst kurz eine Vermutung an, wie der Text weitergeht.

- Ihr tauscht die Rollen und bearbeitet den nächsten Abschnitt.

PARA HABLAR DE UN TEXTO

¿DE QUÉ TIPO DE TEXTO SE TRATA?

un artículo de periódico / de revista	*Zeitungs-/Zeitschriftenartikel*
una entrevista / un diálogo	*Interview / Gespräch*
un reportaje / una encuesta	*Reportage / Umfrage*
un texto informativo	*Sachtext*
una carta privada / formal	*privater / formeller Brief*
un diario	*Tagebuch*
una (auto)biografía	*(Auto)biografie*
un comentario	*Kommentar*
un cómic	*Comic*
la letra de una canción	*Liedtext*
un poema	*Gedicht*
una novela histórica / policíaca	*historischer Roman / Kriminalroman*
una novela de amor	*Liebesroman*
una novela de ciencia ficción	*Science-Fiction-Roman*
una novela de aventuras	*Abenteuerroman*
una leyenda	*Legende*
un relato	*Erzählung*
una pieza / obra de teatro	*Theaterstück*
un fragmento de …	*ein Auszug von …*

LAS PARTES DE UN ARTÍCULO DE PERIÓDICO

el título	*Titel*
los subtítulos	*Untertitel*
el / la autor/a	*Autor/in*
la agencia	*Agentur*
la foto	*Foto*
el pie de foto	*Bildlegende*
la fuente	*Quelle*

LAS PARTES DE UN LIBRO Y SU CONTENIDO

La cubierta	*Buchcover*
el nombre del / de la autor/a	*Name des / der Autors/-in*
el título de la obra	*Titel des Werkes*
el comentario	*Buchkommentar*
la crítica	*Buchkritik*
la recomendación	*Buchempfehlung*
la foto / imagen	*Foto / Bild*
las explicaciones interesantes	*interessante Erklärungen*
el género literario (novela)	*literarisches Genre*
El lomo	*Buchrücken*
el nombre del / de la autor/a	*Name des / der Autors/-in*
el título de la obra	*Titel des Werkes*
la foto / imagen	*Foto / Bild*
la editorial	*Verlag*

EL / LA AUTOR/A

el / la periodista		*Journalist/in*
el / la escritor/a		*Schriftsteller/in*
el poeta, la poetisa		*Dichter/in*
el / la cantante		*Sänger/in*
el / la dibujante		*Zeichner/in*
el / la autor/a	da su opinión sobre …	*gibt sein / ihre Meinung über …*
	expresa sus ideas sobre …	*drückt … aus*
	describe / destaca / acentúa …	*beschreibt / hebt hervor / betont …*
	discute el problema de …	*diskutiert das Problem …*
	narra la historia / la vida de …	*erzählt die Geschichte / das Leben von…*
	explica / afirma que …	*erklärt / behauptet, dass …*
	empieza / termina por …	*beginnt / endet mit …*
	llega a la conclusión de (que) …	*kommt zu dem Schluss, dass …*
	hace una crítica de …	*kritisiert …*
el / la autor/a quiere	divertir / sorprender / provocar	*unterhalten / überraschen / provozieren*
	llamar nuestra atención sobre …	*uns aufmerksam machen auf …*
	demonstrar	*zeigen, dass …*

EL / LA NARRADOR/A

El / la narradora/a	habla	en primera persona.	*Erzähler/in spricht in der 1. Person*
		en tercera persona.	*spricht in der 3. Person*
	es	testigo.	*Zeuge/-in*
		protagonista.	*Protagonist/in*
		omnisciente	*allwissende/r Erzähler/in*

LOS PERSONAJES

el / la protagonista / el personaje principal	*Hauptfigur*
En el texto se mencionan (tres) personajes / protagonistas	*werden erwähnt*

Descripción del personaje

el / la protagonista el personaje principal el chico / la chica la figura	se llama	*heißt*
	tiene … años	*ist … Jahre alt*
	es de origen …	*kommt aus …*
	vive solo/-a / con … / en …	*lebt allein / mit … / in …*
	lleva (+ ropa) …	*trägt (+ Kleidung) …*
	se comporta …	*verhält sich …*
	se siente …	*fühlt sich …*
	se lleva … con los demás	*versteht sich … mit den anderen*
es	gordo/-a ≠ delgado/-a	*dick ≠ schlank*
	alto/-a ≠ bajo/-a	*groß ≠ klein*
	guapo/-a≠ feo/-a	*hübsch ≠ hässlich*
	rubio/-a ≠ moreno/-a	*blond ≠ dunkelhaarig*
	joven ≠ viejo	*jung ≠ alt*
	pobre ≠ rico	*arm ≠ reich*

lleva gafas	*trägt eine Brille*
tiene el pelo largo/-a / corto/-a	*hat kurzes / langes Haar*
tiene los ojos azules / verdes / …	*hat blaue / grüne / … Augen*

Análisis del personaje

Primero Después / Luego Al final	uno se entera de que … la protagonista …	*erfährt* *danach / später …* *am Ende*
Al / A la protagonista le	gusta / molesta / interesa …	*gefällt / nervt / interessiert …*
Para él / ella, …		*Für ihn / sie …*
Eso significa / muestra que …		*heißt / zeigt …*
Por eso	hay que decir que … se puede suponer que …	*muss gesagt werden, dass …* *annehmen, dass …*
Así que está claro que …		ist klar, dass …

el / la protagonista el personaje principal el chico / la chica la figura	es	simpático/-a ≠ antipático/-a interesante ≠ aburrido/-a moderno/-a ≠ tradicional inteligente ≠ tonto/-a amable ≠ pesado/-a paciente ≠ impaciente alegre ≠ triste aplicado/-a ≠ perezoso/-a divertido/-a ≠ serio/-a tranquilo/-a ≠ marchoso/-a severo/-a ≠ tolerante natural ≠ artifical	*sympathisch ≠ unsympathisch* *interessant ≠ langweilig* *modern ≠ traditionell* *intelligent ≠ dumm* *freundlich ≠ nervig* *geduldig ≠ ungeduldig* *fröhlich ≠ traurig* *fleißig ≠ faul* *lustig ≠ ernst* *ruhig ≠ aufgeweckt* *streng ≠ tolerant* *natürlich ≠ künstlich*

LA ESTRUCTURA DEL TEXTO Y EL ARGUMENTO

El texto El primer / segundo capítulo	consta de está dividido en contiene	(tres)	escenas. partes. párrafos.	*enthält Szenen* *ist unterteilt in* *enthält Absätze*
	(no) tiene		introducción. conclusión.	*Einleitung* *Schlussfolgerung*

Una poema Una canción	consta de	un título. versos (libres). (tres) estrofas. rimas. un estribillo.	*Titel* *(freie) Verse* *Strophen* *Reime* *Refrain*

(En) El / la primer/a segundo/-a tercer/a cuarto/-a quinto/-a …	párrafo estrofa verso	se presenta se trata explica cuenta sobre ilustra	el motivo … la situación … el cambio en … cómo … por qué … …	*präsentiert …* *handelt von …* *erklärt …* *erzählt über …* *veranschaulicht …*

EL LUGAR, EL TIEMPO Y EL CONTENIDO DEL TEXTO

El lugar de acción es …	*Ort der Handlung …*
La acción / el argumento está situado / se desarrolla en (+ lugar) …	*die Handlung spielt in (+ Ort) …*
la acción / el argumento transurre en (+ tiempo) … / durante …	*die Handlung spielt in (+ Zeit) … / während …*
Este texto trata de …	*handelt (sich) um / von …*

La palabra La idea El tema	principal clave	del texto es …	*Schlüsselbegriff/-thema*

EL LENGUAJE Y EL ESTILO

El lenguaje se caracateriza por	ser tener un estilo	familiar / vulgar ≠ culto	*umgangssprachlich / vulgär ≠ gebildet*
		claro ≠ complejo	*klar ≠ komplex*
		irónico / polémico / crítico	*ironisch / polemisch / kritisch*
		romántico	*romantisch*
		dramático	*dramatisch*
		realista / sobrio	*realistisch / nüchtern*

El texto contiene El / la autor/a utiliza	elementos dramáticos / cómicos / …	*dramatische / komische Elemente*
	expresiones como …	*Ausdrücke wie …*
	descripciones de …	*Beschreibungen über …*
	recursos estilísticos:	
	enumeraciones / comparaciones	*Aufzählungen / Vergleiche*
	preguntas retóricas / repeticiones	*rhetorische Fragen / Wiederholungen*
	símbolos / ironía / metáforas	*Symbole / Ironie / Metapher*

¿CUÁL ES TU OPINION SOBRE EL TEXTO?

A mí	me encanta/n me impresiona/n (no) me gusta/n mucho me sorprende/n	las ideas el ambiente la línea «…» la/s frase/s «…»	del texto porque …	*Ideen* *Ambiente* *Textzeile* *Satz*

A mí	el texto (todo) el texto la introducción el final / la conclusión	me parece/n	…	*Text* *Gesamttext* *Einführung* *Ende / Schlussfolgerung*
			bueno ≠ malo	*gut ≠ schlecht*
			bien ≠ mal escrito	*gut ≠ schlecht geschrieben*
			interesante ≠ aburrido	*interessant ≠ langweilig*
			alegre ≠ triste	*fröhlich ≠ traurig*
			raro	*seltsam*
			exagerado	*übertrieben*
			realista	*realistisch*
			romántico	*romantisch*
			estructurado	*strukturiert*
			excepcional	*außergewöhnlich*

EL CINE

el guión		*Drehbuch*
el/la guionista		*Drehbuchautor/in*
el/la director/a de una película		*Regisseur/in*
el actor/la actriz		*Schauspieler/in*
una película	de amor/de horror	*Liebesfilm/Horrorfilm*
	de acción	*Actionfilm*
	de aventura	*Abenteuerfilm*
	de ciencia ficción	*Science-Fiction-Film*
	de dibujos animados	*Zeichentrickfilm*
	policíaca	*Kriminalfilm*
	del oeste	*Western*
	de crítica social	*sozialkritischer Film*
una comedia		*Komödie*
un vídeo/cortometraje		*Video/Kurzfilm*
un documental		*Dokumentarfilm*
el fotograma		*Standbild*
el plano		*Kameraeinstellung*
el primer plano		*Nahe*
el plano medio		*Halbnahe*
el plano entero		*Halbtotale*
el plano general		*Totale*
el gran plano general		*Extreme Totale*

LA MÚSICA

Los géneros musicales

la música pop	*Popmusik*
la música clásica	*klassische Musik*
el rock	*Rockmusik*
la canción folclórica	*Volkslied*
el jazz	*Jazz*
el villancico	*Weihnachtslied*
el rap	*Rap*
el reggae	*Reggae*
el funk	*Funk*
el hip-hop	*Hiphop*
la rumba	*Rumba*
los ritmos latinos	*lateinamerikanische Rhythmen*

El ritmo y la melodía

El ritmo La melodía	es	alegre ≠ triste	*fröhlich ≠ traurig*
		sencillo/-a ≠ complicado/-a	*einfach ≠ kompliziert*
		rápido/-a ≠ lento/-a	*schnell ≠ langsam*
		marchoso/-a ≠ tranquilo/-a	*schwungvoll ≠ ruhig*
		moderno/-a ≠ tradicional	*modern ≠ traditionell*
		monótono/-a / repetitivo/-a	*monoton / wiederholend*
		emocionante	*bewegend*
		pegadizo/-a	*ein Ohrwurm*
		molesta	*nervt*

UNIDAD 2

10 Nicolás (**B**) se vuelve a reunir con el / la orientador/a escolar (**A**, p. 34). A empieza la charla.

▶▶ p. 42, Vocabulario temático

B: Du bist Nicolás.

1. Begrüße den / die *orientador/a escolar* und fasse zusammen, was du dir in der vergangenen Woche überlegt hast.
2. Sage ihm / ihr, dass ein *voluntariado* dich sehr interessieren würde, dass ein Freund von dir das auch nach der ESO machen möchte, dass du so Erfahrung gewinnen könntest, aber auch andere Menschen helfen könntest und frage ihn / sie, welche Information er / sie hat.
3. Sage ihm / ihr, dass du das toll findest und frage ihn / sie, was du machen müsstest.
4. Sage ihm / ihr, dass du noch nie einen Lebenslauf oder ein Bewerbungsschreiben schreiben musstest und frage ihn / sie, ob er / sie dir helfen könnte.
5. Bedanke dich und sage ihm, dass du nächste Woche da sein wirst und alles mitnehmen wirst.
6. Bedanke dich noch einmal und verabschiede dich.

UNIDAD 2, PUNTO FINAL

p. 104 Gespräche

2 Realizad el proyecto.

3. Tres grupos ensayan una entrevista de trabajo (ET) con la fundación. **A** (p. 43) es el / la entrevistador/a[1] y **B,** el / la candidato/-a. **A** empieza.

B: Tú eres el / la candidato/-a

1. Piensa cómo vas a saludar al / a la entrevistador/a.
2. Lee otra vez las preguntas del texto D, p. 40 y piensa en posibles respuestas.
3. Haz preguntas sobre el puesto y la fundación.
4. Piensa cómo vas a despedirte.

1 el / la entrevistador/a *hier: der / die Personalberater/in*

UNIDAD 4

p. 107
harla de un
ninuto

8 a Vas a simular un examen oral. Trabaja solo/-a. Observa la tarjeta y haz una breve presentación.

p. 105
inc Debatte
urchführen

8 b Ahora trabajad en parejas. Preparad vuestros roles por separado (A, p. 70). A empieza.

▶▶ p. 78, Vocabulario temático

B Diálogo

Inmigración e integración: ¿más fácil para los jóvenes?

«Migración» es el tema de la semana en tu instituto hermanado. Habrá breves presentaciones y debates sobre el tema en internet. Has decidido participar de un debate sobre «La inmigración e integración joven». Tú crees que la inmigración e integración **no son más fáciles** para los jóvenes. Tu compañero/-a no piensa lo mismo.

Tienes tres minutos para preparar tus argumentos en contra:

Inmigración e integración no son más fáciles para los jóvenes
- adaptarse tan rápido como los adultos
- estar incomunicado al principio
- no es tan fácil encontrar amigos sin saber el idioma
- …

Monólogo

Origen de la población hispana en los EE. UU.

«Migración» es el tema de la semana en tu instituto hermanado. Habrá breves presentaciones y debates sobre el tema en internet. Has decidido hacer una breve presentación sobre el origen de los migrantes hispanos en los EE. UU.

Tienes cinco minutos para leer los datos y tomar apuntes. Explica la situación con ayuda de la información de abajo y describe la estadística. Prepara una presentación de dos a tres minutos.

- la población de EE. UU. supera los 300 millones de habitantes
- más de 50 millones de personas de origen hispano en EE. UU.
- la mayoría de los hispanos viven en California (27,8 %), Texas (18,7 %), Florida (8,4 %) y Nueva York (6,8 %)

Población hispana por origen (%)

Centroamericanos (total) 70,9%
- mexicanos 63,0 %
- salvadoreños 3,3 %
- guatemaltecos 2,1 %
- otros centroamericanos 2,6 %

Caribeños (total) 15,5%
- puertorriqueños 9,2 %
- cubanos 3,5 %
- dominicanos 2,8 %

Sudamericanos (total) 5,5%

Otros hispanos (total) 8,1%

Fuente: Oficina de Censos de los EE. UU., 2010

Preparar un examen oral:
1. Controla muy bien el tiempo que tienes para prepararte.
2. Lee la tarjeta: ¿cuál es el tema? ¿Cuál es la situación? ¿Qué datos se presentan? ¿Qué tienes que hacer?
3. Piensa en otros datos/argumentos para completar la presentación. ¿Qué expresiones te sirven para decirlos?
4. Toma apuntes de las palabras y expresiones clave.
5. Practica la presentación.

PEQUEÑO DICCIONARIO DE CULTURA Y CIVILIZACIÓN

Kleines landeskundliches Wörterbuch

Die unbekannten Wörter sind mit einem Sterchen versehen und mit ihrer Übersetzung auf Seite 137 alphabetisch aufgelistet. Einige unbekannte Wörter kannst du dir selbst erschließen, da das deutsche Wort ähnlich ist.

ESPAÑA

LUGARES

Almería y la plataforma solar *(700 000 habitantes)*
Provincia en el sureste* de España. Región con un clima muy seco y con mucho sol. A 40 km de la costa está la Plataforma Solar de Almería, que produce energía solar. Es la plataforma solar más grande de Europa y una de las más grandes del mundo. Su función es investigar sobre la energía solar. U3/Ac

España *(47 000 000 de habitantes)*

País de Europa. Capital: Madrid. Otras ciudades importantes son Barcelona, Valencia, Sevilla, Zaragoza y Málaga. Exporta coches, medicamentos, revestimiento cerámico, zapatos y productos tradicionales como cítricos, aceite y vino. La fuente de ingresos más importante es el turismo, sobre todo en las Islas Canarias y Baleares, y en la costa. Además del español, en algunas regiones también se habla catalán, gallego y vasco. U4/A

Galicia *(2 800 000 de habitantes)*
Comunidad Autónoma en el noroeste* de España, al norte de Portugal. Capital: Santiago de Compostela. Es una región de agricultura y pesca*. En Galicia existen dos lenguas oficiales: el español y el gallego. En el s. XX muchos gallegos emigraron buscando una vida mejor. U4/A

PERSONAS

Javier Bardem *(1969)*
Actor de cine español. Viene de una familia de actores. Sin embargo, él no quería ser actor sino pintor. Cuando estudiaba pintura*, trabajaba de actor para financiar sus estudios. Con el tiempo, dejó la pintura y se dedicó a actuar. Ha ganado muchos premios, entre ellos el Óscar. U1/PF

Verónica Boquete *(1987)*
Futbolista española. Nació en Santiago de Compostela, Galicia. A los cinco años empezó a jugar al fútbol. Emigró a los EE.UU. para trabajar como futbolista. Ha ganado muchos campeonatos. U4/Ac

Penélope Cruz *(1974)*
Actriz de cine española. Apareció en la televisión por primera vez a los 15 años. Ha trabajado con muchos directores de cine famosos y ha ganado muchos premios. Algunas de sus películas con más éxito son «Volver» (2006) y «Piratas del Caribe» (2011). U1/PF

Francisco Franco *(1892–1975)*
Militar y dictador español. Fue el jefe de Estado de España entre 1939 y 1975. Este periodo se conoce como la Dictadura de Franco. Antes de morir nombró a Juan Carlos I su sucesor. U3/A

el Rey Juan Carlos *(1938)*
Rey de España. Nació en Roma en 1938, donde vivía su familia desde el comienzo de la República. A los 10 años dejó Roma para ir al colegio en España. Era la primera vez que visitaba su país. Después de la muerte del dictador Franco en 1975, Juan Carlos fue nombrado rey. No quiso continuar con la dictadura y empezó un periodo de democracia. U3/A

OTROS

el aceite de oliva

Producto tradicional de España. Se produce sobre todo en Andalucía y en Cataluña. La provincia de Jaén (Andalucía) es la región del mundo donde hay más cultivos para producir aceite de oliva. Es un producto muy importante para la gastronomía española. España es el mayor productor de aceite de oliva del mundo. Cada año se produce entre 700 000 y 800 000 toneladas*, de las que unas 300 000 se exportan, especialmente a países de Europa. U3/Ac

los cítricos
Productos de exportación de España, entre los que se encuentran naranajas, mandarinas y limones*. Se producen sobre todo en la Comunidad Valenciana. España es el país de Europa que más cítricos produce, unas 6 millones de toneladas* cada año. Casi la mitad de la producción se exporta, especialmente a otros países de Europa.
U3/Ac

el colegio mayor
Lugar donde se alojan los estudiantes mientras están haciendo sus estudios en la universidad. Además se ofrecen a los estudiantes actividades de tiempo libre. U2/B

el colegio privado
Escuela que no es financiada por el estado. Puede ser escuela primaria* o secundaria. Algunos de los colegios privados son religiosos. U2/B

la Constitución española
La Constitución española actual fue aprobada el 6 de diciembre de 1978. Fue la primera constitución después de la dictadura de Franco. Con esta constitución se construyó el estado democrático español. En ella se establecen los derechos y deberes* de los españoles.
U3/Ac

la corrida de toros
Tradición popular típica de España, sobre todo en el centro y en el sur del país. También en algunos países de América Latina. Tiene lugar normalmente en días festivos*, en una plaza de toros*. Allí el torero* lidia* al toro y al final lo mata. Muchas organizaciones contra el maltrato animal* se oponen* a las corridas de toros por su crueldad*. En las Islas Canarias y en Cataluña están prohibidas.
U3/Ac

las Cortes Generales
Nombre con el que se conoce el Parlamento de España. Están en Madrid, el centro de la ciudad. Allí se reúnen los representantes del pueblo para discutir los problemas del país y aprobar leyes. U3/A

el día Mundial del agua

Fiesta que se celebra* en muchos países el 22 de marzo de todos los años. Ese día se organizan actividades y conciertos para promover el consumo consciente* de agua.
U3/C

la dictadura de Franco *(1939–1975)*
Periodo de la historia de España. Empezó cuando el militar Francisco Franco asumió el poder y terminó con la muerte del mismo. Durante estos 40 años de dictadura hubo gran represión* de los opositores* y las culturas y lenguas de Cataluña, Galicia y el País Vasco no estaban prohibidas. U3/A

la Guerra Civil Española *(1936–1939)*
Guerra que tuvo lugar en España. La guerra separó a los españoles en dos bandos*: el republicano* y el nacional*. Los primeros defendían la República, los segundos querían un cambio de gobierno. El líder* de los nacionales era el militar Francisco Franco. Cuando los nacionales ganaron en abril de 1939 empezó la Dictadura de Franco.
U3/A

Macaco
Grupo de música de Barcelona. Sus canciones son una mezcla entre reggae y otros tipos de música. Cantan en español, portugués, francés, inglés, catalán, e italiano. En algunas de sus canciones quieren concienciar* a la gente sobre problemas del medio ambiente, como por ejemplo la falta de agua*. Su disco* más famoso es «Puerto presente» con la canción «Moving». U3/B

la monarquía parlamentaria española
Sistema de gobierno en España. El rey es el jefe de estado y el representante del país en el extranjero, pero el gobierno decide sobre la política del país y el Parlamento discute y aprueba las leyes. El puesto del rey es vitalicio*. En cambio el nuevo gobierno es elegido cada cuatro años por los españoles. U3/Ac

las oposiciones
Pruebas oficiales que hay que aprobar para ser funcionario en España. Estas pruebas son unos exámenes teóricos y prácticos*. El gobierno anuncia cuándo son las oposiciones y las personas pueden apuntarse y participar.
U2/B

las Pruebas de Accesso a la Universidad *(PAU)*
Exámenes para ingresar* a las universidades públicas* en España. Se hacen después del bachillerato. Hay una parte general, que es obligatoria e igual para todos, y una parte específica, que solo hay que hacer si se quiere tener una mejor nota. Según la nota media de las PAU y las del bachillerato se puede elegir qué carrera estudiar.
U2/Ac

las universidades *(España)*
En España hay dos tipos de universidades: las públicas* y las privadas. Las universidades públicas son financiadas por el estado y las privadas se financian con la matrícula* y las cuotas mensuales* de los estudiantes. Para entrar en las públicas es muy importante la nota de las PAU y del bachillerato, ya que solo pueden entrar los que tienen las mejores notas. Para entrar en las privadas no es necesario tener una buena nota. U2/B

el vino
Producto tradicional de España. Se hace con uvas y se produce en muchas regiones del país. España es uno de los países que produce vinos de más calidad del mundo. U3/Ac

la II República *(1931–1936)*
Período* democrático de España, en el que no había rey, sino un Presidente de la República. Durante los primeros años de la República se intentó modernizar el país: por ejemplo, se repartieron* tierras entre campesinos y se construyeron escuelas para que todos aprendieran a leer y a escribir. Sin embargo, hubo muchos problemas políticos y sociales, así como mucho paro. Debido a esta situación el 17 de julio de 1936 hubo un golpe de estado y después empezó la Guerra Civil Española. U3/A

el 23-F
Nombre con el que se conoce el intento de golpe de estado que hubo en España el 23 de febrero de 1983. Los militares querían acabar con la democracia y volver a una dictadura. Gracias al rey Juan Carlos el golpe de estado no tuvo éxito. U3/A

AMÉRICA LATINA

LUGARES

Ciudad de México *(9 000 000 habitantes)*

Capital de México, también llamada México D.F. Fue fundada* por los aztecas en 1325 en el centro de un lago. Se encuentra a 2240 metros sobre el nivel del mar y tiene 1499 km². Sin embargo, su área metropolitana* (Zona metropolitana del valle de México) tiene 7815 km² y 20 millones de habitantes. Aunque es la octava* ciudad más rica del mundo, también hay mucha pobreza* en la ciudad. U5/A

Cuba *(11 200 000 de habitantes)*

País de las Antillas*, en el mar Caribe. Capital: La Habana. Produce azúcar, petróleo y alimentos. Su cultura es una mezcla de elementos sobre todo españoles y africanos, lo cual se refleja en su música. También es un destino turístico* muy popular del Caribe. En 1959 empezó una dictadura socialista. Debido a la dictadura muchos cubanos dejaron Cuba y emigraron a los EE.UU., sobre todo a Miami. U4/A

Bogotá *(6 800 000 habitantes)*
Capital de Colombia. Se encuentra 2625 metros sobre el nivel del mar y es la tercera capital más alta de América del Sur. Tiene 1500 km². Sin embargo, su área metropolitana* (Área Metropolitana de Bogotá) tiene 4300 km² y casi 8 millones de habitantes. En Bogotá hay un sistema* en que la gente con más dinero paga más por el agua corriente para que la gente más pobre pueda recibir agua sin tener que pagar. U5/A

Brasil *(192 376 496 habitantes)*

País de América del Sur. Capital: Brasilia. Su idioma oficial es el portugués. Tiene 8 514 215 km², por lo que es el quinto país más grande del mundo. Más de la mitad de su territorio está cubierto* por la selva amazónica. San Pablo y Río de Janeiro son las dos ciudades más grandes y pobladas del país. U5/Ac

Buenos Aires *(2 890 000 habitantes)*
Capital de Argentina y su puerto más importante. Tiene 203 km². Sin embargo, su área metropolitana* (Gran Buenos Aires) tiene 3600 km² y 14 millones de habitantes. Tiene la mejor calidad de vida* de América Latina. Se le considera uno de los centros políticos, económicos y culturales de la región. U5/A

El Salvador *(6 200 000 de habitantes)*

País de Centroamérica. Capital: San Salvador. Es el país más pequeño de Centroamérica pero con una de las densidades de habitantes* más altas de América Latina. Debido a la guerra civil que terminó en los años 90 y a catástrofes naturales* en el pasado reciente*, mucha gente ha tenido que emigrar, sobre todo a los EE.UU. Se calcula que más de un millón de salvadoreños viven allí. El dinero que estos envían a sus familias es muy importante para la economía de El Salvador. U4/C

Estado de Hidalgo

Estado de México. Limita al sur con el Estado de México y su capital es la ciudad de Pachuca. U5/A

Estado de México

Estado de México. Rodea* la Ciudad de México y su capital es la ciudad de Toluca. U5/A

Guatemala *(15 700 000 de habitantes)*

País de Centroamérica. Capital: Ciudad de Guatemala. Debido a su pasado maya, hoy en día un 40% de la población es maya. Tanto el español como 23 lenguas mayas son lenguas oficiales del país. Debido a la guerra civil que duró casi cuarenta años y a catástrofes naturales* en el pasado reciente*, mucha gente ha tenido que emigrar, sobre todo a los EE.UU. U4/C

Honduras *(8 000 000 de habitantes)*

País de Centroamérica. Capital: Tegucigalpa. La difícil situación económica del país y su inestabilidad* política han obligado a un millón de hondureños a emigrar. El turismo que visita sobre todo las ruinas mayas, es una de las principales fuentes de ingresos del país. El país exporta sobre todo café y plátanos. U4/C

el lago de Maracaibo

Lago que se encuentra en la costa venezolana. Tiene una superficie de 13 820 km² y es el lago más grande de Latinoamérica. La cuenca* del lago es una de las zonas más ricas en petróleo del país. Sin embargo la actividad petrolífera* contamina sus aguas. U5/Ac

Lima *(7 600 000 habitantes)*

Capital de Perú. Está en la costa de este país y es una de las ciudades más secas del mundo. Tiene 2673 km². Sin embargo ha crecido tanto que ahora el puerto del Callao es parte de su área metropolitana* (2819,3 km²). U5/A

México *(112 000 000 de habitantes)*

País de América del Norte. Limita al norte con los EE.UU. Capital: Ciudad de México. Es un país multicultural, en el que además del español se hablan muchas lenguas. El paisaje es muy variado: desde montañas y volcanes, hasta desiertos y selvas tropicales. La comida mexicana es muy famosa también fuera de México. Se le considera uno de los centros políticos*, económicos y culturales de la región. Muchos mexicanos intentan cruzar la frontera con los EE.UU para buscar trabajo allí. U4/A

Nicaragua *(5 400 000 de habitantes)*

País de Centroamérica. Capital: Managua. Es el primer país de América que tuvo una mujer como presidente. Fue en 1990 cuando Violeta Chamorro asumió el poder. La economía se caracteriza por la producción de café. También exporta minerales. U4/C

la provincia de Buenos Aires

Provincia de Argentina. Rodea* a la ciudad de Buenos Aires y su capital es la ciudad de La Plata. U5/A

Puerto Rico *(3 700 000 de habitantes)*

Isla de las Antillas*, en el mar Caribe. Capital: San Juan. Es un estado libre asociado* de los EE.UU, es decir, es parte de ese país pero tiene su propia constitución. En Puerto Rico se hablan dos lenguas oficiales: el español y el inglés. Muchos puertorriqueños emigran a los EE.UU., sobre todo a Nueva York. U4/A

Refinería de Paraguaná

Refinería de petróleo* que está en la costa este del lago de Maracaibo, en Venezuela. U5/Ac

República Dominicana *(9 400 000 de habitantes)*

País de las Antillas*, en el mar Caribe. Capital: Santo Domingo. Limita al oeste con Haití. Los dos países están en la isla La Española. República Dominicana es un importante destino* turístico del Caribe. En 1965 los EE.UU. y después de ese año empezó una dictadura. Debido a esto, mucha gente de la República Dominicana emigró a los EE.UU.

U4/A

Santiago (5 500 000 habitantes)

Capital de Chile. Está en un valle rodeado* por los Andes. Tiene 641,4 km^2. Sin embargo, su área metropolitana* (Gran Santiago) tiene 15 404 km^2 y 8 millones de habitantes. Santiago tiene grandes problemas por la contaminación. Se dice que tiene el peor aire de América Latina.

U5/A

Venezuela *(28 834 000 habitantes)*

País de América del Sur. Capital: Caracas. Tiene una superficie de 916 445 km^2. Su principal producto de exportación es el petróleo.

U5/Ac

PERSONAS

Amnistía Internacional

ONG internacional a favor de los derechos humanos. Tiene más de 3 millones de miembros y está en más de 150 países. Denuncia* los problemas del mundo y ayuda a la gente cuyos derechos humanos no son respetados. Organiza actividades para informar a la gente sobre estos problemas, así como manifestaciones en contra de gobiernos o empresas que no respetan los derechos humanos.

Fidel Castro *(1926)*

Revolucionario y dictador cubano. Participó en la Revolución Cubana (1953–1959) con el propósito de acabar con la Dictadura de Fulgencio Batista. Después de la Revolución se convirtió en jefe de gobierno y en 1978 fue nombrado Presidente de Cuba. En 2008 dejó el poder por problemas de salud. U4/A

Fulgencio Batista y Zaldívar *(1901–1973)*

Dictador cubano. Estuvo en el poder entre 1952 y 1959. Después de la Revolución Cubana tuvo que dejar el poder a favor de Fidel Castro. U4/A

Gael García Bernal *(1978)*

Actor de telenovelas y cine mexicano. Algunas de sus películas más importantes son «Amores perros», «Babel» y «También la lluvia». También ha trabajado como director de cine. En su documental «Los invisibles» cuenta sobre los migrantes que atraviesan* México rumbo a los EE.UU.

U1/C

Julia Álvarez *(1950)*

Escritora dominicana-estadounidense. Nació en Nueva York pero cuando era muy pequeña su familia se fue a la República Dominicana, de donde eran sus padres. A los 13 años volvió a los EE.UU. Su historia de migración se reflejan en sus libros. Algunos de sus libros más famosos son «En el tiempo de las mariposas» (1994) y «Yo» (1997).

U4/Ac

Lila Downs *(1968)*

Cantante mexicana, cuyo nombre completo es Ana Lila Downs Sánchez. Sus canciones tratan* sobre su origen mexicano y los pueblos indígenas mexicanos. Downs lucha por los derechos de los migrantes y los indígenas.

U4/Ac

Dr. Mario J. Molina *(1943)*

Científico mexicano. En 1968 se fue a estudiar a los EE.UU. En la actualidad vive allí donde trabaja como profesor de universidad. En 1995 ganó el Premio Nobel de Química por sus investigaciones* sobre la capa de ozono*.

U4/Ac

Pepón Osorio *(1955)*

Artista de Puerto Rico. A los 20 años se fue a los EE.UU. para estudiar arte en Nueva York. Allí trabajó también como trabajador social* con inmigrantes latinos que viven en los EE.UU. Esta experiencia se refleja en su arte.

U4/Ac

OTROS

la Declaración Universal de los Derechos Humanos

Derechos que tienen las personas de todos los países del mundo. Fueron aprobados por las Naciones Unidas* en 1948. Esta declaración* se hizo para asegurar que todos los humanos tienen los mismos derechos.

U4/C

los chicanos

Nombre que reciben las personas de origen mexicano que viven en los EE.UU. La mayoría de los chicanos viven en los estados de EE.UU. que limitan con México: California, Arizona, Texas y Nuevo México. Se calcula que hay 31 millones de personas de origen mexicano en los EE.UU.

U4/A

los hispanos

Nombre que reciben los hispanoamericanos que viven en los EE.UU. La mayoría de los cuales es de origen mexicano, cubano, dominicano o puertorriqueño. En la actualidad hay unos 50 millones hispanos en ese país. Por esta razón este grupo es cada vez más importante en la política y la economía de los EE.UU.

U4/A

los Invisibles
Documental producido por Marc Silver y Gael García Bernal en 2010. Trata el problema de los migrantes que quieren emigrara los EE.UU. Describe el peligroso viaje en tren que hacen los inmigrantes centroamericanos hasta los EE.UU. U4/C

los latinos
Nombre que reciben las personas de origen latinoamericano. A menudo se utiliza como sinónimo de «hispano». U4/A

el maya
Grupo de lenguas indígenas de América. Se habla principalmente en el sur de México, Belice y Guatemala. Tiene unos 5,5 millones de hablantes*. U4/Ac

el mixteco
Lengua indígena de México. Se habla en las regiones del centro del país. Tiene unos 445 000 hablantes*. U4/Ac

el náhuatl
Lengua indígena que se habla en Centroamérica y México. Ya antes de la conquista española se escribían poemas y libros en esta lengua. U4/Ac

los nuyorican
Nombre que reciben las personas de Puerto Rico que viven en Nueva York. Se calcula que son casi dos millones de personas. El nombre «nuyorican» es una mezcla entre las palabras «New York» y «Puerto Rican». U4/A

la Revolución Cubana *(1953–1959)*
Revolución que tuvo lugar en Cuba en contra de la Dictadura de Fulgencio Batista. Fidel Castro lideró* la Revolución Cubana. En 1959 Batista tuvo que dejar el país y los revolucionarios* asumieron el poder. A partir de ese momento empezó una dictadura socialista en Cuba. U4/A

el spanglish
Mezcla entre los idiomas español e inglés, que es usada por muchos de los hispanos que viven en los EE.UU. La misma palabra «spanglish» es una mezcla entre «spanish» y «english». U4/A

el purépecha
Lengua de grupo indígena que vive sobre todo en el estado de Michoacán, México.

el zapoteco
Lengua indígena de México. Se habla en las regiones del centro y sur del país. Tiene unos 777 000 hablantes*. U4/Ac

A
las **Antillas** die Antillen *(Inselgruppe in der Karibik)*
el **área metropolitana** der Ballungsraum
B
el **bando** die Seite *(Krieg)*
C
la **calidad de vida** die Lebensqualität
la **capa de ozono** die Ozonschicht
la **catástrofe natural** die Naturkatastrophe
celebrar feiern
concienciar sensibilisieren
consciente bewusst
la **cruedad** die Grausamkeit
cubierto/-a bedeckt
la **cuenca** das Becken *(Geographie)*
la **cuota mensual** der monatliche Beitrag
D
la **declaración** die Erklärung
la **densidad** de habitantes die Bevölkerungsdichte
denunciar *hier:* an die Öffentlichkeit bringen
los **derechos y deberes** die Rechte und Pflichten
el **destino turístico** der Urlaubsort
el **día festivo** der Feiertag
el **disco** die Platte *(Musik)*
E
la **escuela primaria** die Grundschule
el **estado libre asociado** der Freistaat
la **explotación petrolífera** die Erdölförderung
F
la **falta de agua** der Wassermangel
fundar gründen
H
el / la **hablante** der/die Sprecher/in
I
la **inestabilidad** die Instabilität
ingresar *hier:* aufgenommen werden
la **investigación** die Forschung *(Wissenschaft)*
L
lidiar kämpfen *(Stierkampf)*
el **limón** die Zitrone
M
el **maltrato animal** die Tierquälerei
la **manifestación** die Demonstration
la **matrícula** die Einschreibung; die Studiengebühr
N
los **nacionales** die Aufständischen
las **Naciones Unidas** die Vereinten Nationen
el **noroeste** der Nordwesten
O
octavo/-a der / die achte
oponerse dagegen sein
el / la **opositor/a** das Mitglied der Opposition
P
el **pasado reciente** die jüngste Vergangenheit
la **pesca** der Fischfang
la **pintura** die Malerei
la **plaza de toros** die Stierkampfarena
el **poema** das Gedicht
práctico/-a praxisbezogen
público/-a staatlich
R
la **refinería de petróleo** die Ölraffinerie
repartir verteilen
la **represión** die Unterdrückung
los **republicanos** *etwa:* die Loyalisten
rodear um etwas herum sein
S
suroeste der Südwesten
T
la **tonelada** die Tonne
el / la **torero/-a** der/die Stierkämpfer/in
el / la **trabajador/a social** der/die Sozialarbeiter/in
tratar behandeln
U
la **universidad pública** die staatliche Universität
V
vitalicio/-a auf Lebenszeit

LOS VERBOS

Hier findest du die Konjugationen oder Konjugationsmuster aller Verben, die du in **¡Apúntate! 1**, **¡Apúntate! 2**, **¡Apúntate! 3**, **¡Apúntate! 4** und **¡Apúntate! Paso al bachillerato** gelernt hast.

1 Die Hilfsverben | Los verbos auxiliares

infinitivo	**ser**	**estar**	**haber**	**¡OJO!**
presente	**soy** **eres** **es** **somos** **sois** **son**	**estoy** **estás** **está** estamos estáis **están**	**he** **has** **ha** **hemos** habéis **han**	 **hay**
pretérito indefinido	**fui** **fuiste** **fue** **fuimos** **fuisteis** **fueron**	**estuve** **estuviste** **estuvo** **estuvimos** **estuvisteis** **estuvieron**	**hube** **hubiste** **hubo** **hubimos** **hubisteis** **hubieron**	
pretérito imperfecto	**era** **eras** **era** **éramos** **erais** **eran**	estaba estabas estaba estábamos estabais estaban	había habías había habíamos habíais habían	
futuro simple	seré serás será seremos seréis serán	estaré estarás estará estaremos estaréis estarán	**habré** **habrás** **habrá** **habremos** **habréis** **habrán**	
imperativo	**sé**, sed	**está**, estad		
gerundio	siendo	estando	habiendo	
participio	sido	estado	habido	
presente de subjuntivo	**sea** **seas** **sea** **seamos** **seáis** **sean**	**esté** **estés** **esté** estemos estéis **estén**	**haya** **hayas** **haya** **hayamos** **hayáis** **hayan**	
imperfecto de subjuntivo	**fuera** **fueras** **fuera** **fuéramos** **fuerais** **fueran**	**estuviera** **estuvieras** **estuviera** **estuviéramos** **estuvierais** **estuvieran**	**hubiera** **hubieras** **hubiera** **hubiéramos** **hubierais** **hubieran**	

2 Die regelmäßigen Verben auf -ar/-er/-ir | Los verbos regulares en -ar/-er/-ir

2.1 Verben auf -ar

infinitivo	**charlar**	**¡OJO!**
presente	charl**o** charl**as** charl**a** charl**amos** charl**áis** charl**an**	**actuar:** act**ú**o, act**ú**as, act**ú**a, act**ú**an *ebenso:* continuar
pretérito indefinido	charl**é** charl**aste** charl**ó** charl**amos** charl**asteis** charl**aron**	**tocar:** to**qu**é, tocaste … *ebenso:* **buscar**, **comunicar**, **dedicarse**, **explicar**, **pescar**, **practicar**, **sacar**, **significar** **apagar:** apag**u**é, apagaste … *ebenso:* **agregar**, **arriesgar**, **naufragar**, **obligar**, **pagar**, **pegar** **cruzar:** cru**c**é, cruzaste … *ebenso:* **actualizar**, **alcanzar**, **cazar**, **esclavizar**, **memorizar**, **organizar**, **realizar**, **utilizar**
pretérito imperfecto	charl**aba** charl**abas** charl**aba** charl**ábamos** charl**abais** charl**aban**	
futuro simple	charlar**é** charlar**ás** charlar**á** charlar**emos** charlar**éis** charlar**án**	
imperativo	charl**a**, charl**ad**	**actuar:** act**ú**a *ebenso:* **continuar**
gerundio	charl**ando**	
participio	charl**ado**	
presente de subjuntivo	charl**e** charl**es** charl**e** charl**emos** charl**éis** charl**en**	**tocar:** to**que**, to**qu**es … *ebenso:* **buscar**, **comunicar**, **dedicarse**, **explicar**, **pescar**, **practicar**, **sacar**, **significar** **apagar:** apag**u**e, apag**u**es … *ebenso:* **agregar**, **arriesgar**, **naufragar**, **obligar**, **pagar**, **pegar** **cruzar:** cru**c**e, cru**c**es … *ebenso:* **actualizar**, **alcanzar**, **cazar**, **esclavizar**, **memorizar**, **organizar**, **realizar**, **utilizar** **actuar:** act**ú**e, act**ú**es, act**ú**e, act**ú**en *ebenso:* **continuar**
imperfecto de subjuntivo	charl**ara** charl**aras** charl**ara** charl**áramos** charl**arais** charl**aran**	

2.2 Verben auf -er

infinitivo	**comer**	**¡OJO!**
presente	com**o** com**es** com**e** com**emos** com**éis** com**en**	**recoger:** reco**j**o, recoges … *ebenso:* **acoger**, **proteger**
pretérito indefinido	com**í** com**iste** com**ió** com**imos** com**isteis** com**ieron**	**creer:** cre**y**ó, cre**y**eron **leer:** le**y**ó, le**y**eron
pretérito imperfecto	com**ía** com**ías** com**ía** com**íamos** com**íais** com**ían**	
futuro simple	comer**é** comer**ás** comer**á** comer**emos** comer**éis** comer**án**	
imperativo	com**e**, com**ed**	
gerundio	com**iendo**	**creer:** cre**y**endo **leer:** le**y**endo
participio	com**ido**	
presente de subjuntivo	com**a** com**as** com**a** com**amos** com**áis** com**an**	**recoger:** reco**j**a, reco**j**as … *ebenso:* **acoger**, **proteger**
imperfecto de subjuntivo	com**iera** com**ieras** com**iera** com**iéramos** com**ierais** com**ieran**	

2.3 Verben auf -ir

infinitivo	**vivir**	**¡OJO!**
presente	viv**o** viv**es** viv**e** viv**imos** viv**ís** viv**en**	**salir:** sal**g**o, sales … **reunir(se):** (me) re**ú**no, (te) re**ú**nes, (se) re**ú**ne, (se) re**ú**nen **dirigir(se):** diri**j**o, diriges …
pretérito indefinido	viv**í** viv**iste** viv**ió** viv**imos** viv**isteis** viv**ieron**	
pretérito imperfecto	viv**ía** viv**ías** viv**ía** viv**íamos** viv**íais** viv**ían**	
futuro simple	vivir**é** vivir**ás** vivir**á** vivir**emos** vivir**éis** vivir**án**	
imperativo	viv**e**, viv**id**	**salir: sal** **reunir(se):** re**ú**ne
gerundio	viv**iendo**	
participio	viv**ido**	**abrir: abierto** **escribir: escrito** **descubrir: descubierto**
presente de subjuntivo	viv**a** viv**as** viv**a** viv**amos** viv**áis** viv**an**	**reunir(se):** (me) re**ú**na, (te) re**ú**nas, (se) re**ú**na, (se) re**ú**nan **dirigir(se):** diri**j**a, diri**j**as …
imperfecto de subjuntivo	viv**iera** viv**ieras** viv**iera** viv**iéramos** viv**ierais** viv**ieran**	

3 Die Gruppenverben | Los grupos de verbos

3.1 Verben mit Diphthongierung: e → ie

infinitivo	**pensar**	**¡OJO!**	**entender**	**¡OJO!**
presente	p**ie**nso p**ie**nsas p**ie**nsa pensamos pensáis p**ie**nsan		ent**ie**ndo ent**ie**ndes ent**ie**nde entendemos entendéis ent**ie**nden	
pretérito indefinido	pensé pensaste pensó pensamos pensasteis pensaron	**empezar:** empe**c**é, empezaste … **fregar:** fre**gu**é, fregaste … **negar:** ne**gu**é, negaste …	entendí entendiste entendió entendimos entendisteis entendieron	**preferir:** pref**i**rió, pref**i**rieron *ebenso:* **convertir**(**se**), **divertir**(**se**), **mentir**, **sentir**(**se**) **querer: quise**, **quisiste** …
pretérito imperfecto	pensaba pensabas pensaba pensábamos pensabais pensaban		entendía entendías entendía entendíamos entendíais entendían	
futuro simple	pensaré pensarás pensará pensaremos pensaréis pensarán		entenderé entenderás entenderá entenderemos entenderéis entenderán	**querer: querré**, **querrás** …
imperativo	p**ie**nsa, pensad		ent**ie**nde, entended	
gerundio	pensando		entendiendo	**preferir:** pref**i**riendo *ebenso:* **convertir**(**se**), **divertir**(**se**), **mentir**, **sentir**(**se**)
participio	pensado		entendido	
presente de subjuntivo	p**ie**nse p**ie**nses p**ie**nse pensemos penséis p**ie**nsen		ent**ie**nda ent**ie**ndas ent**ie**nda entendamos entendáis ent**ie**ndan	**preferir:** pref**i**ramos, pref**i**ráis *ebenso:* **convertir**(**se**), **divertir**(**se**), **mentir**, **sentir**(**se**)
imperfecto de subjuntivo	pensara pensaras pensara pensáramos pensarais pensaran		entendiera entendieras entendiera entendiéramos entendierais entendieran	**preferir:** pref**i**riera, pref**i**rieras … *ebenso:* **convertir**(**se**), **divertir**(**se**), **mentir**, **sentir**(**se**) **querer: quisiera**, **quisieras** …

ebenso: **apretar**, **atravesar**, **cerrar**, **nevar**, **sentar**(**se**)

ebenso: **defender**(**se**), **encender**, **perder**(**se**), **extender**

3.2 Verben mit Diphthongierung: o → ue

infinitivo	**encontrar**	**¡OJO!**	**mover**	**¡OJO!**
presente	enc**ue**ntro enc**ue**ntras enc**ue**ntra encontramos encontráis enc**ue**ntran		m**ue**vo m**ue**ves m**ue**ve movemos movéis m**ue**ven	**torcer:** tuer**z**o, tuerces …
pretérito indefinido	encontré encontraste encontró encontramos encontrasteis encontraron	**colgar:** colg**u**é, colgaste … **esforzarse:** esfor**c**é, esforzaste	moví moviste movió movimos movisteis movieron	**poder: pude**, **pudiste** … **dormir:** d**u**rmió, d**u**rmieron *ebenso:* **morir(se)**
pretérito imperfecto	encontraba encontrabas encontraba encontrábamos encontrabais encontraban		movía movías movía movíamos movíais movían	
futuro simple	encontraré encontrarás encontrará encontraremos encontraréis encontrarán		moveré moverás moverá moveremos moveréis moverán	
imperativo	enc**ue**ntra, encontrad		m**ue**ve, moved	
gerundio	encontrando		moviendo	**dormir:** d**u**rmiendo *ebenso:* **morir(se)**
participio	encontrado		movido	**morir(se): muerto** **volver(se): vuelto** *ebenso:* **devolver**, **envolver**, **resolver(se)**
presente de subjuntivo	enc**ue**ntre enc**ue**ntres enc**ue**ntre encontremos encontréis enc**ue**ntren	**colgar:** cuelg**u**e, cuelg**u**es …	m**ue**va m**ue**vas m**ue**va movamos mováis m**ue**van	**dormir:** d**u**rmamos, d**u**rmáis *ebenso:* **morir(se)**
imperfecto de subjuntivo	encontrara encontraras encontrara encontráramos encontrarais encontraran		moviera movieras moviera moviéramos movierais movieran	
	ebenso: **acordarse**, **aprobar**, **comprobar**, **contar**, **costar**, **demostrar**, **mostrar**, **recordar**, **sonar**, **volar**		*ebenso:* **doler**, **llover**, **resolver**	

3.3 Das Verb jugar: u → ue

infinitivo	**jugar**	**¡OJO!**
presente	**jue**go **jue**gas **jue**ga jugamos jugáis **jue**gan	
pretérito indefinido	jug**u**é jugaste jugó jugamos jugasteis jugaron	
pretérito imperfecto	jugaba jugabas jugaba jugábamos jugabais jugaban	
futuro simple	jugaré jugarás jugará jugaremos jugaréis jugarán	
imperativo	**jue**ga, jugad	
gerundio	jugando	
participio	jugado	
presente de subjuntivo	**juegu**e **juegu**es **juegu**e juguemos juguéis **juegu**en	
imperfecto de subjuntivo	jugara jugaras jugara jugáramos jugarais jugaran	

3.4 Verben mit Stammvokalwechsel: e → i

	seguir	**¡OJO!**
presente	**si**go **si**gues **si**gue seguimos seguís **si**guen	**elegir:** eli**j**o, eliges …
pretérito indefinido	seguí seguiste **si**guió seguimos seguisteis **si**guieron	
pretérito imperfecto	seguía seguías seguía seguíamos seguíais seguían	
futuro simple	seguiré seguirás seguirá seguiremos seguiréis seguirán	
imperativo	**si**gue, seguid	
gerundio	**si**guiendo	
participio	seguido	
presente de subjuntivo	**si**ga **si**gas **si**ga **si**gamos **si**gáis **si**gan	**elegir:** eli**j**a, eli**j**as …
imperfecto de subjuntivo	**si**guiera **si**guieras **si**guiera **si**guiéramos **si**guierais **si**guieran	

ebenso: **despedirse**, **impedir**, **pedir**, **repetir**, **servir**

3.5 Verben des Typs **conocer: c → zc**

infinitivo	**conocer**	**¡OJO!**
presente	cono**zc**o conoces conoce conocemos conocéis conocen	
pretérito indefinido	conocí conociste conoció conocimos conocisteis conocieron	**producir: produje, produjiste** …
pretérito imperfecto	conocía conocías conocía conocíamos conocíais conocían	
futuro simple	conoceré conocerás conocerá conoceremos conoceréis conocerán	
imperativo	conoce, conoced	
gerundio	conociendo	
participio	conocido	
presente de subjuntivo	cono**zc**a cono**zc**as cono**zc**a cono**zc**amos cono**zc**áis cono**zc**an	
imperfecto de subjuntivo	conociera conocieras conociera conociéramos conocierais conocieran	

ebenso: **aparecer**, **conocerse**, **crecer**, **merecer**, **nacer**, **ofrecer**, **parecer**, **reconocer**, **reducir**

3.6 Verben des Typs **construir**

	construir	**¡OJO!**
presente	constru**y**o constru**y**es constru**y**e construimos construís constru**y**en	**huir:** huis
pretérito indefinido	construí construiste constru**y**ó construimos construisteis constru**y**eron	**huir:** hui
pretérito imperfecto	construía construías construía construíamos construíais construían	
futuro simple	construiré construirás construirá construiremos construiréis construirán	
imperativo	constru**y**e, construid	
gerundio	constru**y**endo	
participio	construido	
presente de subjuntivo	constru**y**a constru**y**as constru**y**a constru**y**amos constru**y**áis constru**y**an	
imperfecto de subjuntivo	constru**y**era constru**y**eras constru**y**era constru**y**éramos constru**y**erais constru**y**eran	

ebenso: **destruir**, **influir**

4 Die unregelmäßigen Verben | Los verbos irregulares

infinitivo	**decir**	**hacer**	**ir**	**saber**
presente	**digo** dices dice decimos decís dicen	**hago** haces hace hacemos hacéis hacen	**voy** **vas** **va** **vamos** **vais** **van**	**sé** sabes sabe sabemos sabéis saben
pretérito indefinido	**dije** **dijiste** **dijo** **dijimos** **dijisteis** **dijeron**	**hice** **hiciste** **hizo** **hicimos** **hicisteis** **hicieron**	**fui** **fuiste** **fue** **fuimos** **fuisteis** **fueron**	**supe** **supiste** **supo** **supimos** **supisteis** **supieron**
pretérito imperfecto	decía decías decía decíamos decíais decían	hacía hacías hacía hacíamos hacíais hacían	**iba** **ibas** **iba** **íbamos** **ibais** **iban**	sabía sabías sabía sabíamos sabíais sabían
futuro simple	**diré** **dirás** **dirá** **diremos** **diréis** **dirán**	**haré** **harás** **hará** **haremos** **haréis** **harán**	iré irás irá iremos iréis irán	**sabré** **sabrás** **sabrá** **sabremos** **sabréis** **sabrán**
imperativo	**di**, decid	**haz**, haced	**ve**, id	sabe, sabed
gerundio	diciendo	haciendo	**yendo**	sabiendo
participio	**dicho**	**hecho**	ido	sabido
presente de subjuntivo	**diga** **digas** **diga** **digamos** **digáis** **digan**	**haga** **hagas** **haga** **hagamos** **hagáis** **hagan**	**vaya** **vayas** **vaya** **vayamos** **vayáis** **vayan**	**sepa** **sepas** **sepa** **sepamos** **sepáis** **sepan**
imperfecto de subjuntivo	**dijera** **dijeras** **dijera** **dijéramos** **dijerais** **dijeran**	**hiciera** **hicieras** **hiciera** **hiciéramos** **hicierais** **hicieran**	**fuera** **fueras** **fuera** **fuéramos** **fuerais** **fueran**	**supiera** **supieras** **supiera** **supiéramos** **supierais** **supieran**
		ebenso: **hacerse**	*ebenso:* **irse**	

infinitivo	venir	ver	caerse	dar
presente	**vengo** v**ie**nes v**ie**ne venimos venís v**ie**nen	**veo** ves ve vemos v**e**is ven	me ca**ig**o te caes se cae nos caemos os caéis se caen	**doy** das da damos d**a**is dan
pretérito indefinido	**vine** **viniste** **vino** **vinimos** **vinisteis** **vinieron**	v**i** viste vi**o** vimos visteis vieron	me caí te ca**í**ste se ca**y**ó nos ca**í**mos os ca**í**steis se ca**y**eron	**di** **diste** **dio** **dimos** **disteis** **dieron**
pretérito imperfecto	venía venías venía veníamos veníais venían	**veía** **veías** **veía** **veíamos** **veíais** **veían**	me caía te caías se caía nos caíamos os caíais se caían	daba dabas daba dábamos dabais daban
futuro simple	**vendré** **vendrás** **vendrá** **vendremos** **vendréis** **vendrán**	veré verás verá veremos veréis verán	me caeré te caerás se caerá nos caeremos os caeréis se caerán	daré darás dará daremos daréis darán
imperativo	**ven**, venid	ve, ved	cáete, caeos	da, dad
gerundio	v**i**niendo	vi**e**ndo	ca**y**endo	dando
participio	venido	**visto**	ca**í**do	dado
presente de subjuntivo	**venga** **vengas** **venga** **vengamos** **vengáis** **vengan**	**vea** **veas** **vea** **veamos** **veáis** **vean**	**me caiga** **te caigas** **se caiga** **nos caigamos** **os caigáis** **se caigan**	d**é** des d**é** demos d**e**is den
imperfecto de subjuntivo	**viniera** **vinieras** **viniera** **viniéramos** **vinierais** **vinieran**	viera vieras viera viéramos vierais vieran	me ca**y**era te ca**y**eras se ca**y**era nos ca**y**éramos os ca**y**erais se ca**y**eran	**diera** **dieras** **diera** **diéramos** **dierais** **dieran**
	ebenso: **provenir, venirse**			*ebenso:* **darse**

infinitivo	**oír**	**poner**	**reír**	**traer**	**tener**
presente	**oigo** o**y**es o**y**e o**í**mos o**í**s o**y**en	**pongo** pones pone ponemos ponéis ponen	r**í**o r**í**es r**í**e re**í**mos reís r**í**en	**traigo** traes trae traemos traéis traen	**tengo** t**ie**nes t**ie**ne tenemos tenéis t**ie**nen
pretérito indefinido	oí o**í**ste o**y**ó o**í**mos o**í**steis o**y**eron	**puse** **pusiste** **puso** **pusimos** **pusisteis** **pusieron**	reí re**í**ste r**io** re**í**mos re**í**steis r**ie**ron	**traje** **trajiste** **trajo** **trajimos** **trajisteis** **trajeron**	**tuve** **tuviste** **tuvo** **tuvimos** **tuvisteis** **tuvieron**
pretérito imperfecto	oía oías oía oíamos oíais oían	ponía ponías ponía poníamos poníais ponían	reía reías reía reíamos reíais reían	traía traías traía traíamos traíais traían	tenía tenías tenía teníamos teníais tenían
futuro simple	oiré oirás oirá oiremos oiréis oirán	**pondré** **pondrás** **pondrá** **pondremos** **pondréis** **pondrán**	reiré reirás reirá reiremos reiréis reirán	traeré traerás traerá traeremos traeréis traerán	**tendré** **tendrás** **tendrá** **tendremos** **tendréis** **tendrán**
imperativo	o**y**e, o**í**d	**pon**, poned	r**í**e, re**í**d	trae, traed	**ten**, tened
gerundio	o**y**endo	poniendo	**riendo**	tra**y**endo	teniendo
participio	o**í**do	**puesto**	re**í**do	tra**í**do	tenido
presente de subjuntivo	**oiga** **oigas** **oiga** **oigamos** **oigáis** **oigan**	**ponga** **pongas** **ponga** **pongamos** **pongáis** **pongan**	r**í**a r**í**as r**í**a r**ia**mos r**ia**is r**í**an	**traiga** **traigas** **traiga** **traigamos** **traigáis** **traigan**	**tenga** **tengas** **tenga** **tengamos** **tengáis** **tengan**
imperfecto de subjuntivo	o**y**era o**y**eras o**y**era o**y**éramos o**y**erais o**y**eran	**pusiera** **pusieras** **pusiera** **pusiéramos** **pusierais** **pusieran**	**riera** **rieras** **riera** **riéramos** **rierais** **rieran**	**trajera** **trajeras** **trajera** **trajéramos** **trajerais** **trajeran**	**tuviera** **tuvieras** **tuviera** **tuviéramos** **tuvierais** **tuvieran**
		ebenso: **disponer**, **oponer**, **ponerse**, **proponer**, **suponer**	*ebenso:* **sonreír**	*ebenso:* **atraer**	*ebenso:* **contener**, **detenerse**, **entretener**, **mantener**, **sostener**

VERBOS CON PREPOSICIONES

a

acostumbrarse a a/c	sich an etw. gewöhnen
dedicarse a a/c	sich etw. widmen
emigrar a	auswandern nach
empezar a + *inf.*	anfangen (etw. zu tun)
enseñar a + *inf.* a alg.	jdm. etw. zeigen / beibringen
jugar a a/c	etw. spielen
mudarse a	umziehen
pegarse a a/c	sich hängen an
ponerse a + *inf.*	anfangen etw. zu tun
prepararse a a/c	sich auf etw. vorbereiten
presentarse a a/c	sich für etw. bewerben
prestar atención a a/c	etw. beachten
volver a	zurückkommen
volver a + *inf.*	etw. wieder / noch einmal tun

de

acabar de + *inf.*	gerade etw. getan haben
acordarse de alg., a/c	sich (an jdn. / etw.) erinnern
alegrarse de a/c	sich (über etw.) freuen
alejarse de alg., a/c	sich von jdm. / etw. entfernen
beneficiarse de + *sust.*	profitieren von
burlarse de alg.	jdn. auslachen
dar de comer a alg. a/c	jdn. etw. zu Essen geben, jdn. füttern
darse cuenta de a/c	etw. realisieren, bemerken
dejar de	aufhören zu + *Inf.*
despedirse de alg.	sich von jdm. verabschieden
disfrutar de a/c	etw. genießen
disponer de a/c	über etw. verfügen
encargarse de alg., a/c	sich um jdn. / etw. kümmern
enterarse de a/c	etw. mitbekommen
esperar de alg. (que)	von jdm. erwarten, (dass)
estar lleno de a/c	satt sein
examinarse de	geprüft werden
huir de a/c	vor etw. fliehen
morirse de hambre *fam.*	vor Hunger sterben
parar de + *inf.*	aufhören etw. zu tun
pasar de moda	aus der Mode kommen
quejarse de alg., a/c	sich über jdn. / etw. beklagen
sufrir de a/c	an etw. leiden
terminar de + *inf.*	etw. beenden
tratarse de a/c	sich um etw. handeln

en

alojarse en	sich einquartieren in
bajar en a/c	mit etw. hinunterfahren
concentrarse en a/c	sich auf etw. konzentrieren
convertir a alg., a/c en a/c	jdn. / etw. zu etw. machen
criarse en	aufwachsen
envolver a/c en a/c	etw. einpacken in
estar concentrado en a/c	auf etw. fixiert sein
fijarse en a/c	die Aufmerksamkeit auf etw. richten
guardar en a/c	auf etw. speichern, aufbewahren
influir en a/c	etw. beeinflussen
insistir (en) a/c	auf etw. beharren, bestehen
inspirarse en a/c	sich von etw. inspirieren lassen
meter a/c (en a/c)	etw. (in etw.) (hinein) stecken / legen
meterse en a/c	sich (in etw.) einmischen
participar en a/c	an etw. teilnehmen
pensar en alg., a/c	an jdn. / etw. denken

como

trabajar como a/c	arbeiten als etw.

con

acabar con alg., a/c	ein Ende setzen, etw. beenden
casarse con alg.	jdn. heiraten
conformarse con a/c	sich mit etw. zufrieden geben
competir con alg., a/c	mit jdn. / etw. konkurrieren
contar con alg.	auf jdn. rechnen, sich auf jdn. verlassen
enfadarse con alg.	sich ärgern, böse werden auf jdn.
entretenerse con	sich vergnügen
limitar con a/c	angrenzen
llevarse bien / mal con alg.	sich mit jdm. gut / schlecht verstehen
meterse con alg.	sich mit jdm. anlegen
quedarse con a/c	etw. behalten, bei etw. bleiben
seguir con a/c	mit etw. weitermachen

por

bajar por (una calle)	hinuntergehen, entlang gehen (eine Straße)
caracterizarse por	charakterisiert sein durch etw.
felicitar a alg. por a/c	jdn. zu etw. beglückwünschen
luchar (por alg., a/c)	(um jdn. / etw.) kämpfen
morirse por + *inf. fam.*	unbedingt etw. tun wollen
pasar por a/c	durch etw. durchgehen, an etw. vorbeigehen
preocuparse por alg.	sich um jdn. kümmern

para

servir para a/c	dienen als

LISTA CRONOLÓGICA

Die unter den Lektionstexten annotierten Wörter dienen dem Leseverstehen. Den Lernwortschatz findest du in der chronologischen Wortliste.

Symbole und Abkürzungen

~ bezeichnet die Lücke, in die das neue Wort einzusetzen ist.
1 bezeichnet ein Wort, das angeglichen werden muss. Die richtige Form steht am Ende des Teilkapitels.
= bezeichnet Wörter und Wendungen mit gleicher oder ähnlicher Bedeutung.
≠ bezeichnet Wörter und Wendungen mit gegensätzlicher Bedeutung.
◆ bezeichnet Wörter und Wendungen aus derselben Wortfamilie.
■ bezeichnet Wörter und Wendungen, die zu ähnlichen Kontexten gehören (Sachgruppen).
! bezeichnet eine sprachliche Besonderheit, auf die du aufpassen musst.
Die blaugedruckten Verben sind unregelmäßig oder haben eine Besonderheit.

Grundschrift = obligatorischer Wortschatz		*inf.*	infinitivo / Infinitiv
adj.	adjetivo / Adjektiv	***ing.***	inglés / Englisch
adv.	adverbio / Adverb	*lat. am.*	latinoamericano / lateinamerikanisch
alg.	alguien / jemand / en/-m	*m.*	masculino / Maskulinum (männlich)
a/c	alguna cosa / algo / etwas	*n.*	neutro / Neutrum (sächlich)
arg.	argentino / argentinisch	*pl.*	plural / Plural
f.	femenino / Femininum	*sg.*	singular / Singular
fam.	familiar / umgangssprachlich	*subj.*	subjuntivo / Subjuntivo
fig.	figurativo / figurativ	*sust.*	sustantivo / Nomen
ger.	gerundio / Gerundium	*umg.*	umgangssprachlich

1 TU MUNDO Y TÚ

¡ACÉRCATE!

perder el autobús (e → ie)	den Bus verpassen	Luis llegó tarde porque ~1.

! Unterscheide:

Pedro ha perdido su móvil.

Los turistas se han perdido en la montaña.

El taxista se ha perdido en la ciudad.

Ana ha perdido su autobús.

en realidad	in Wirklichkeit	◆ la realidad
tener importancia (e → ie)	von Bedeutung sein	◆ (ser) importante
¡Estoy flipando! *fam.*	Ich flipp' aus!	
controlar a alg., a/c	jdn. / etw. kontrollieren, überprüfen	Pablo siempre ~2 el coche antes de los viajes.
la policía	die Polizei	◆ policíaco/-a
convenir a alg. a/c (e → ie)	jdm. etw. passen	

¡Qué pintas llevas!	*etwa:* Wie du rumläufst!	Luis sólo lleva ropa negra. Su padre siempre le dice: «¡~[3]!»
llevar unas pintas *fam.*	*etwa:* auffällige Kleidung tragen	
comerse el tarro	sich den Kopf zerbrechen	
¡No os comáis el tarro! *fam.*	Zerbrecht euch nicht den Kopf!	= ¡No os preocupéis!
cualquier	irgendein/e	¡Tenemos prisa! Lara, ponte ~ blusa.
¡Ni de broma! *fam.*	Auf keinen Fall!	
la broma	der Witz, Scherz	
personal *adj.*	persönlich, Personen- + *Nomen*	Ana habla con su amiga sobre cosas ~[4].
molar	gefallen	= gustar
la calculadora	der Taschenrechner	Luis necesita una ~ para el ejercicio de Mates.
(ser) chungo/-a *fam.*	mies *hier:* knifflig sein	= (ser) bastante difícil
armarse un lío	ein Durcheinander verursachen	= armarse un caos
(ser) complicado/-a	kompliziert sein	= (ser) difícil
flipar *fam.*	ausflippen	Pedro ~[5] porque ha ganado el concurso.
la peña *fam.*	die Clique	Por la tarde la ~ de jóvenes queda en el parque para charlar.
echar una mano a alg.	jdm. zur Hand gehen	= ayudar / Lisa necesitaba ayuda con Mates, por eso su amigo ~[6].
entrenar	trainieren	◆ el entrenamiento
catear + *asignatura fam.*	in + *Schulfach* durchfallen	
pringar *fam.*	schuften	= trabajar / Pedro ~[7] demasiado. Ya está muy cansado.
catear un examen *fam.*	durchfallen, durchrasseln	≠ aprobar el examen

A ¿AMIGAS PARA SIEMPRE?

desde que	seit, seitdem	

! Unterscheide:
Hago deporte los martes desde las dos hasta las tres de la tarde.
Desde la playa escucho los coches de la avenida.
Toco en un grupo desde hace tres semanas.
Estoy estudiando para el examen desde el domingo.
Desde hace poco voy en bici al instituto.
Desde que te conozco, soy muy feliz.

totalmente *adv.*	total, völlig	Luis es ~ feliz. Ha aprobado el examen.
(ser) horrible *adj.*	schrecklich sein	***ing.:*** horrible
venirse abajo (e → ie)	einstürzen *Welt, Gebäude*	El techo de la casa ~[8] por la tormenta.
completamente *adv.*	völlig	***ing.:*** completely = totalmente
estar fuera de lugar	fehl am Platz sein	En la fiesta nadie habla español. Ana siente que ~[9].
de casualidad	zufällig	◆ la casualidad
el orden	die Reihenfolge	◆ sin orden
alfabético/-a	alphabetisch	En la lista ~[10] faltan los nombres con «p».
por orden alfabético	in alphabetischer Reihenfolge	

partirse de risa	sich vor Lachen biegen	Cuando Lisa ve una comedia, siempre ~[11].
tanto/-a	so viel/e	¡Hombre!, hay ~[12] gente en la fiesta que no veo a Juan.

! Unterscheide:

No llores, no es para tanto.
Papá, ¡no trabajes tanto!

El vuelo no dura tanto, solo un una hora.
Tengo tanto tiempo que quiero aprender cosas nuevas.

el / la famoso/-a	der Star	◆ (ser) (super)famoso/-a
transmitir a alg. a/c	jdm. etw. übertragen	***ing.:*** to transmit
la sensación (*pl.* **sensaciones**)	das Gefühl	◆ sentir
sacar **de quicio a alg.**	jdn. auf die Palme bringen	

! Unterscheide:

Ana siempre saca buenas notas.

Luis está sacando el móvil del bolsillo de su pantalón.

Claudia saca la basura una vez por semana.

Luisa saca de quicio a su padre cuando habla por teléfono todo el día.

dar **celos a alg.**	jdn. eifersüchtig machen	Luisa le quiere ~ a su novio porque no le presta atención.
hacerse **el / la interesante**	sich interessant machen	
inventarse a/c	sich etw. ausdenken	
estar **concentrado/-a en a/c**	auf etw. fixiert sein	Tomás ~[13] resolver la tarea de Mates.
dejar de + *inf.*	aufhören zu + *Inf.*	María no puede dormir porque su hermano no ~[14] hablar.
alejarse de alg., a/c	sich von jdm. / etw. entfernen	
acercarse a alg., a/c	sich jdm. / etw. nähern	≠ alejarse
besarse	sich küssen	◆ el beso
la confianza	das Vertrauen	Lidia le tiene mucha ~ a su amiga. Se lo puede contar todo.
acostumbrarse a alg., a/c	sich an jdn. / etw. gewöhnen	◆ la costumbre
a fin de cuentas	schließlich, letzten Endes	= finalmente

1B NO LO ENTIENDO

el cuerpo	der Körper	■ la cabeza, el brazo, el pie
la percha	die Kleiderstange	■ la ropa
la cazadora	die Jacke	= la chaqueta
fijarse en alg., a/c	auf jdn. / etw. die Aufmerksamkeit richten	= prestar atención
la libreta	das Notizbuch	■ el libro

lo más probable	am wahrscheinlichsten	◆ probablemente
la chorrada *fam.*	der Unsinn *hier:* unnützes Zeug	= la tontería
un rato	ein kurzer Augenblick	= el momento
menos	außer	

! Unterscheide:
He decidido salir menos y estudiar más.
Quedé con Luis a las dos menos cuarto.
Menos mal que traje la chaqueta porque está frío.
¿Sabes más o menos dónde está el cine?
Está frío, pero por lo menos hace sol.
Aprobé todas las asignaturas menos Mates.

raro/-a	komisch, seltsam	
burlarse de alg.	jdn. auslachen	
tener relación con alg.	*hier:* mit jdm. befreundet sein	
estar de pie	stehen	≠ estar sentado/-a
la cremallera	der Reißverschluss	■ el botón
anterior *adj.*	vorig(e,r,s)	
contener a/c (e → ie)	etw. beinhalten	◆ el contenedor
(ser) privado/-a	privat sein	No leas mi diario, por favor. Hay cosas muy ~[15] allí.
aparecer (c → zc)	erscheinen *hier:* auftauchen	≠ desaparecer
la actitud	die Einstellung, die Haltung	***ing.:*** attitude
cada uno/-a	jeder, jede	

! Unterscheide:
Juan tiene dos hermanos. Uno juega al fútbol conmigo.
Jugué a la videoconsola con unos amigos.
Ayer recibí unos veinte e-mails.
Con mi grupo de teatro ganamos veinte euros. Cada uno recibió cinco.

con razón	zu Recht	◆ tener razón
la gripe	die Grippe	■ la vacuna
tener que ver con a/c (e → ie)	mit etw. zu tun haben	
el robo	der Diebstahl	◆ robar a/c
la barbaridad	die Grausamkeit	

PARA COMUNICARSE

1

Du bist von etwas / jemandem überrascht.	**¡Estoy flipando!**
Du bist verwundert, wie jemand gerade aussieht.	**¡Qué pintas llevas!**
Etwas / Jemand bringt dich auf die Palme.	**(Esta sensación) me saca de quicio.**
Du hast den Eindruck, dass …	**Tengo la sensación de que (se aleja cada vez más).**

1. perdió el autobús 2. controla 3. qué pintas llevas 4. personales 5. flipa / está flipando 6. le echó una mano 7. ha pringado 8. se vino abajo 9. está fuera de lugar 10. alfabética 11. se parte de risa 12. tanta 13. está concentrado en 14. deja de 15. privadas

2 ¿A QUÉ TE QUIERES DEDICAR?

¡ACÉRCATE!

dedicarse a a/c	sich etw. widmen *hier:* beruflich	Luisa es médica. ~[1] investigar vacunas.
estar por + *inf.*	gleich etw. tun	Ana ~[2] terminar sus deberes.
después de que + *subj.*	nachdem	Después de que termine la ESO, voy a viajar.
darse tiempo	sich Zeit lassen	Luis ~[3] para saber qué quiere estudiar.
algo de provecho	etwas Nützliches	
aún no	(immer) noch nicht	
decidir a/c	etw. entscheiden	
volverse un tío aburrido	ein langweiliger Typ werden	◆ aburrido/-a

> **!** Unterscheide:
> Aquella mañana, Nicolás se puso nervioso porque tenía una cita muy importante.
> Todos sus sueños se hicieron realidad.
> No quiero volverme un tío aburrido en el futuro.

la empresa	die Firma	
tener todo planeado	alles geplant haben	
antes de que + *subj.*	bevor	Antes de que termine el curso, hay un examen.
estar decidido/-a a + *inf.*	entschlossen sein, etw. zu tun	◆ decidir / Ana ~[4] participar en el concurso.
luchar por alg., a/c	um jdn./etw. kämpfen	
enviar a alg., a/c	jdn./etw. schicken	= mandar
para que + *subj.*	damit	Pablo me acompañará para que no me sienta sola.
hasta que + *subj.*	bis	Voy a luchar por mis sueños hasta que los consiga.
conformarse con a/c	sich mit etw. zufrieden geben	
el puesto (de trabajo)	die (Arbeits)- Stelle	■ la empresa
ir tirando *fam.*	*etwa:* über die Runden kommen	El salario de Pedro es suficiente para ~.
el tiempo libre	die Freizeit	
continuar + *ger.*	fortfahren, weitermachen	= seguir / ***ing.:*** to continue
grabar a/c	etw. aufnehmen *Musik*	Lisa es cantante. Está a punto de ~ su primer cedé.
(ser) realista *adj.*	realistisch sein	◆ la realidad, realmente
al máximo	aufs Beste	
tratarse de a/c	sich um etw. handeln	
disfrutar de a/c	etw. genießen	Ana quiere ~[5] buen tiempo, por eso sale a pasear.

2A LA HORA DE LA VERDAD

el mal humor	die schlechte Laune	◆ (estar) de buen / mal humor
(ser) desagradable *adj.*	unangenehm sein	≠ (ser) agradable
dejar a alg. con la palabra en la boca	jdn. nicht ausreden lassen	

> **!** Unterscheide:
> Se fue y dejó la puerta abierta.
> María no pudo hablar con Rafa, pero le dejó un mensaje.
> Mis padres me dejan salir esta noche.
> No quiero dejar de escribir cartas.
> Salió muy rápido y dejó a todos con la palabra en la boca.
> Dejé mi pueblo para ir a estudiar a la ciudad.

la cita	der Termin	■ el encuentro, la reunión
el sonido	der Ton, Klang *hier:* das Türknallen	***ing.:*** sound
impedir a alg. + *inf.* (e → i)	jdn. daran hindern, etw. zu tun	A José le ~[6] trabajar el ruido.
el / la orientador/a escolar	der / die Berufsberater/in	Un ~[7] ayuda a jóvenes que tienen que decidir sobre su futuro.
bajar las escaleras	die Treppe hinuntergehen	≠ subir las escaleras
a gran velocidad	mit großer Geschwindigkeit *hier:* eilig	= muy rápido
a todo volumen	in voller Lautstärke	■ bajar el volumen
debido a (que)	aufgrund von	= como
creerse con el derecho de + *inf.*	glauben, das Recht zu haben + *Inf.*	
tocar + *inf.*	soweit sein, an der Zeit sein zu + *Inf.*	

! Unterscheide:

María toca la guitarra desde los seis años.

Tú ya has visto las fotos. Ahora me toca a mí.

Luis tocó el timbre, pero nadie abrió la puerta.

Prohibido tocar los cuadros.

A Nicolás le tocaba decidir qué hacer en el futuro.

de camino a	auf dem Weg nach / zum / zur	
vivir + *ger.*	*etwa:* ständig etw. tun	
ignorar a alg., a/c	jdn. / etw. ignorieren	
pasar por delante de alg., a/c	an jdm. / etw. vorbeigehen	
sudar	schwitzen	Hace mucho calor. Luis ~[8].
insoportable *adj.*	unerträglich	≠ agradable
esforzarse (o → ue)	sich bemühen	= ponerse las pilas *fam.*
abandonar a/c	etw. aufgeben	
la posibilidad	die Möglichkeit	◆ posible
el motivo	der Grund	
(ser) injusto/-a	ungerecht sein	≠ ser justo/-a
memorizar a/c (z → c)	sich etw. merken, sich etw. einprägen	◆ la memoria
(ser) inútil *adj.*	nutzlos sein	≠ ser útil
darse bien a alg. a/c	etw. gut können	
la pérdida de tiempo	die Zeitverschwendung	

! Unterscheide:
Si tuviera más tiempo, me gustaría aprender otro idioma.
Hará buen tiempo el fin de semana.
Me gusta salir con amigos en mi tiempo libre.
Para Pablo, ver la tele es una pérdida de tiempo.

el caso	der Fall	*ing.:* case
apasionar a alg. a/c	jdn. etw. begeistern	= fascinar
poco antes de	kurz bevor, kurz vor	
el precio	der Preis	El ~ de los libros ha subido mucho este año.
pensar + *inf.* (e → ie)	vorhaben zu + *Inf.*	
ser igual de + *adj.*	genauso sein wie + *Adj.*	Juan ~[9] listo que su hermana.
aclarar a/c	etw. erhellen *hier:* klarer werden	La luz de la calle ~[10] la habitación.
dar un paso	einen Schritt machen	

2B CAMINO A LA UNIVERSIDAD

el truco	der Trick	Juan siempre gana el juego. Conoce muchos ~[11].
(ser) constante *adj.*	konstant *hier:* ausdauernd sein	Juan es una persona ~: estudia todos los días.
quedarse con a/c	etw. behalten, bei etw. bleiben	

! Unterscheide:
Con Pablo quedamos frente al cine.
Me quedé en casa para estudiar Lengua.
Cuando recibió la libreta, se quedó con la boca abierta.
No comí mucho y me quedé con hambre.
Cuando terminé la ESO, me quedé con un promedio de 8.5.

la (nota) media	der Durchschnitt, die Durchschnittsnote	
(ser) brillante *adj.*	hervorragend, prächtig sein	En el último examen de Mates, Ana tuvo un resultado ~.
examinarse de + *asignatura*	in + *Schulfach* geprüft werden	◆ el examen
Derecho	Rechtswissenschaften *Studiengang*	
admitir a alg.	jdn. zulassen *Studium*	■ el acceso
la facultad	die Fakultät *Universität*	Juan quiere estudiar en la ~ de Derecho.
las Ciencias Económicas y Empresariales	die Wirtschaftswissenschaften	
al + *inf.*	dadurch, dass	
comunicar a alg. a/c	jdm. etw. mitteilen	◆ la comunicación
influir en a/c	etw. beeinflussen	*ing.:* to influence
a la hora de	in dem Augenblick	
basta con + *inf.*	es genügt zu + *Inf.*	
(ser) diario/-a	täglich sein	■ semanal

! Unterscheide:
Todos los días escribía en su diario cómo se sentía.
El truco para sacarse buenas notas es el estudio diario.

resolver a/c (o → ue)	etw. lösen	= solucionar
la duda	der Zweifel	↔ dudar que + *subj.*
felicitar a alg. por a/c	jdm. zu etw. beglückwünschen	
estar orgulloso/-a de alg., a/c	auf jdn. / etw. stolz sein	Ana ~[12] su hermana. Ha ganado el concurso de Música.
merecerse a/c (c → zc)	etw. verdienen *Lob, Tadel*	
mantener a/c (e → ie)	etw. aufrechterhalten, bewahren	***ing.:*** to maintain
dentro de + *tiempo*	in, innerhalb von + *Zeitangabe*	
prepararse para a/c	sich auf etw. vorbereiten	↔ preparar
el / la notario/-a	der / die Notar/in	Paola ha estudiado Derecho porque quiere ser ~[13].

C ENTRANDO EN EL MERCADO LABORAL

el mercado laboral	der Arbeitsmarkt	
el empleo	die Arbeit	= el trabajo
el desempleo	die Arbeitslosigkeit	≠ el empleo
confirmar a/c	etw. bestätigen	***ing.:*** to confirm
especialmente *adv.*	besonders	↔ la especialidad
realizar a/c (z → c)	etw. machen, durchführen	
la búsqueda	die Suche	↔ buscar
(ser) eficaz (*pl.* eficaces) *adj.*	wirksam *hier:* erfolgreich sein	
la planificación (*pl.* planificaciones)	die Planung	↔ el plan, planear
el currículum vitae	der Lebenslauf	
la carta de presentación	das Bewerbungsschreiben	
la entrevista (de trabajo)	das Vorstellungsgespräch	
reflejarse	sich widerspiegeln	***ing.:*** to reflect
cometer a/c	etw. begehen / machen	
el error	der Fehler	***ing.:*** error
mentir (e → ie)	lügen	↔ la mentira, ¡Mentira!
pillar a alg.	jdn. erwischen	
el interés	das Interesse	↔ interesante
la calidad	die Qualität	
el contacto	der Kontakt *hier:* die Kontaktdaten	
(ser) breve *adj.*	kurz sein	= corto/-a ≠ largo/-a
poner la fuente	die Quelle angeben	
la fuente	die Quelle	
la fecha de publicación	das Datum der Veröffentlichung	
el anuncio	die Anzeige *Zeitung*	José lee los ~[14] para encontrar trabajo.
tener en cuenta a/c	etw. beachten, berücksichtigen	
el compromiso	das Engagement *hier:* die Verbindlichkeit	
evitar a alg., a/c	jdn. meiden, etw. vermeiden	
la seguridad	die Sicherheit	↔ seguramente, estar seguro/-a
ensayar a/c	etw. üben, proben	= practicar
el gesto	die Geste	

las prácticas *pl.*	das Praktikum	
acerca de	über, in Bezug auf	= sobre

PARA COMUNICARSE

2

Du möchtest dich mit etwas beschäftigen.	**Me quiero dedicar a (algo de provecho).**
Du bist kurz davor, etwas zu tun.	**Estoy por (terminar el instituto).**
Du möchtest nichts überstürzen.	**Me quiero dar tiempo para (pensar).**
Du möchtest sagen, wie du (nicht) werden möchtest.	**(No) Quiero volverme un/a (tío/-a aburrido/-a).**
Du hast alles durchdacht und geplant.	**Ya lo tengo todo planeado.**
Du bist fest entschlossen, etwas zu tun.	**Yo estoy decidido/-a a (luchar por lo que quiero).**
Du gibst dich mit etwas zufrieden.	**Me conformo con (un puesto para ir tirando).**
Du denkst, man muss realistisch sein.	**Hay que ser realistas.**
Du bist der Meinung, dass man jeden Tag in vollen Zügen genießen sollte.	**Deberíamos vivir cada día al máximo.**
Du möchtest dich darüber beklagen, dass alle meinen, sie hätten das Recht, (dir zu sagen was du tun sollst.)	**Todos se creen con el derecho de (decirme lo que tengo que hacer).**
Du kannst etwas wirklich gut.	**Se me da realmente bien (dibujar).**
Du möchtest den Trick von etwas verraten.	**El truco es (que soy muy constante).**
Du bist stolz auf etwas / jemanden.	**Estoy orgulloso/-a de (mi hermano/-a).**

1. Se dedica a 2. está por 3. se quiere dar tiempo 4. está decidida a 5. disfrutar del 6. impide 7. orientador escolar 8. está sudando 9. es igual de 10. aclara 11. trucos 12. está orgullosa de 13. notaria 14. anuncios

3 ¿CÓMO ES LA ESPAÑA DE HOY?

¡ACÉRCATE!

la energía eólica	die Windenergie	■ la energía solar
utilizar a/c (z → c)	etw. benutzen, etw. nutzbar machen	= usar
la cantidad	die Menge	■ la calidad
por detrás de	nach, hinter	≠ delante de
fabricar a/c	etw. herstellen	= producir
contar con a/c (o → ue)	über etw. verfügen	= tener

! Unterscheide:
Ha pasado mucho tiempo. ¡Tengo tanto para contar!
España cuenta con la plataforma solar más grande de Europa.

el banco	die Bank	■ el dinero, ahorrar
la moda	die Mode	◆ pasar de moda
a nivel internacional	auf internationaler Ebene	
la industria textil	die Textilindustrie	■ la industria del calzado
el éxito	der Erfolg	◆ (ser) exitoso/-a
el sector inmobiliario	der Immobiliensektor	■ la industria del calzado, la industria textil

la Constitución española	die spanische Verfassung	
la monarquía parlamentaria	die parlamentarische Monarchie	
el gobierno	die Regierung	***ing.:*** government
formar a/c	etw. bilden	El profe les dice a los chicos: «Para hacer esta tarea, ~[1] dos grupos».
el parlamento	das Parlament	
caracterizarse por a/c (z → c)	durch etw. charakterisiert sein	El clima en España ~[2] el buen tiempo: casi siempre hace sol.
la combinación	die Kombination	
el elemento	das Element	
conservar a/c	etw. bewahren, etw. erhalten	***ing.:*** to conserve
la tradición (*pl.* tradiciones)	die Tradition	◆ (ser) tradicional
la corrida de toros	der Stierkampf	Las ~[3] nacieron en el siglo XVIII en España.
la costumbre	der Brauch	■ la tradición

! Unterscheide:
Tengo la costumbre de viajar a Cataluña todos los veranos.
Las corridas de toros son unas de las costumbres más antiguas de España.

(ser) controvertido-/a	umstritten sein	Mucha gente no está de acuerdo con las corridas de toros. Por eso son muy ~[4].

A ESPAÑA: UN PAÍS «REAL»

(ser) capaz de (*pl.* capaces) + *inf.*	fähig sein, etw. zu tun	Juan es muy deportista. ~[5] correr una hora sin pausa.
la República	die Republik	■ la monarquía
pero sí	und dennoch	
el sistema de gobierno	das Regierungssystem	La monarquía parlamentaria es el ~ de España.
el/la ciudadano/-a	der/die Bürger/in	= el/la habitante
votar	abstimmen	***ing.:*** to vote
el/la dirigente	die Führungskraft *hier:* die politische Führungskraft	= el jefe/la jefa
la representación diplomática	die diplomatische Vertretung	
(ser) actual *adj.*	gegenwärtig, aktuell sein	◆ actualizar
el/la dictador/a	der/die Diktator/in	
la Guerra Civil Española	der Spanische Bürgerkrieg *(1936–1939)*	
estar en el poder	an der Macht sein	Franco ~[6] desde 1939 hasta 1975.
la muerte	der Tod	◆ morir
la dictadura	die Diktatur	◆ el/la dictador/a
el/la príncipe/princesa	der/die Prinz/essin *hier:* der Fürst	El ~[7] será el futuro rey.
el/la sucesor/a	der/die Nachfolger/in	***ing.:*** successor
asumir el poder	die Regierungsverantwortung übernehmen	

! Unterscheide:
Hay muchos tipos de poder: el económico, el político, etc.
No creo en los poderes mágicos.
El pueblo elige al nuevo presidente y este asume el poder.

la democracia	die Demokratie	↔ (ser) democrático/-a
elegir a alg., a/c (e → i)	jdn. / etw. wählen	***ing.:*** to elect

! Unterscheide:
He elegido el tema «energía eólica» para mi presentación porque me interesa mucho.
En 1977, los españoles volvieron a elegir a sus representantes después de mucho tiempo.

el / la representante	der / die Vertreter/in *pol.*	↔ representar
aprobar (o → ue)	verabschieden *Verfassung*	

! Unterscheide:

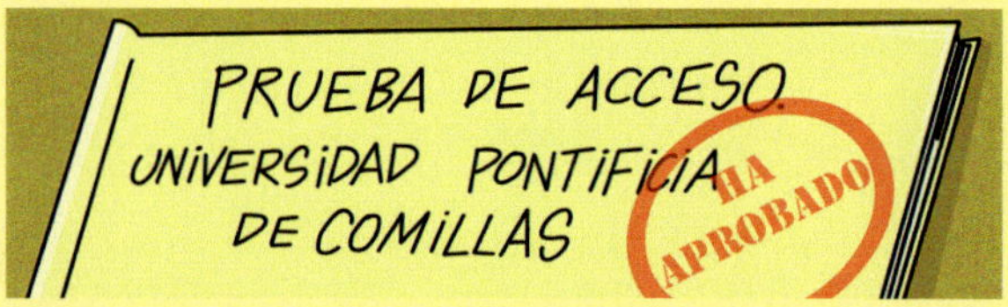

Como María estudió mucho, aprobó la prueba de acceso a la universidad.

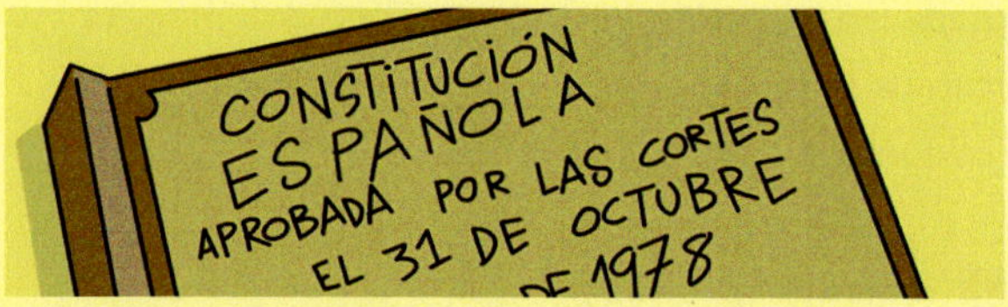

Después de muchas discusiones, el parlamento finalmente aprobó la Constitución.

el / la militar	der / die Soldat/in	Los ~[8] luchan en la guerra.
las Cortes	*Bezeichnung für das spanische Parlament*	= el Parlamento de España
el Golpe de Estado	der Putsch, der Staatsstreich	El ~ de 1981 casi acaba con la democracia en España.
el discurso	die Rede	■ la presentación
casarse con alg.	jdn. heiraten	↔ (estar) casado/-a
el / la periodista	der / die Journalistin	Muchos ~[9] que trabajan para un periódico, escriben textos.
(estar) divorciado/-a	geschieden sein	≠ (estar) casado/-a
divorciarse	sich scheiden lassen	≠ casarse
el marido	der Ehemann	
el / la empleado/-a	der / die Angestellte	↔ el empleo, el desempleo
(ser) social *adj.*	sozial sein	
gracias a	dank	~[10] la ayuda de Luis, María aprobó el examen.
tras	nach *temporal*	~[11] largas semanas de estrés, Juan decidió irse de vacaciones.
nombrar a alg. a/c	jdn. zu etw. ernennen	Franco ~[12] al príncipe de España su sucesor.
asegurar a/c	etw. versichern	↔ seguro/-a
el franquismo *sg.*	der Franquismus	↔ Franco

3B UNA SOCIEDAD MULTICULTURAL

(ser) multicultural *adj.*	multikulturell sein	En España viven muchas personas extranjeras. Por eso es un país ~.
el África subsahariana	Schwarzafrika	
la escena	die Szene	↔ el escenario

(ser) cultural *adj.*	kulturell sein	◆ la cultura
la riqueza	der Reichtum	
adaptar a/c	etw. adaptieren, anpassen	
reflejar a/c	etw. widerspiegeln	***ing.:*** to reflect

C EL VALOR DEL AGUA

la existencia	die Existenz	
el consumo	der Verbrauch	Como en el mundo no hay mucha agua, hay que controlar su ~.
el periodo de sequía	die Trockenperiode	En los ~[13] no llueve nada.
la agricultura	die Landwirtschaft	***ing.:*** agriculture
el cultivo de regadío	der Anbau mit Bewässerungssystemen	
afectar a alg. a/c	jdn. etw. betreffen	***ing.:*** to affect
los alimentos *pl.*	die Nahrungsmittel	Tengo que comprar ~ para preparar la cena.
los vestidos *pl.*	die Kleidung, Bekleidung	■ la ropa
el grifo	der Wasserhahn	¡Cierra el ~ para ahorrar agua!

PARA COMUNICARSE

3

Du bist dir bzgl. einer Sache sehr sicher.	**Os puedo asegurar que (no es así).**
Du findest etwas sehr umstritten.	**Pienso que eso es muy controvertido.**
Du möchtest sagen, wozu du fähig bist.	**Soy capaz de (leer un libro en un día).**
Du passt dich leicht an etwas an.	**Me adapto fácilmente a (nuevas costumbres).**
Jemand hat dir etwas möglich gemacht.	**Gracias a (mis padres, pude viajar).**

1. formad 2. se caracteriza por 3. corridas de toros 4. controvertidas 5. Es capaz de 6. estuvo en el poder 7. príncipe 8. militares 9. periodistas 10. Gracias a 11. Tras 12. nombró 13. periodos de sequía

4 LAS CARAS DE LA MIGRACIÓN

¡ACÉRCATE!

la migración (*pl.* migraciones)	die Migration	
(ser) hispano/-a	spanischsprachig sein	
(ser) estadounidense *adj.*	US-amerikanisch sein	Los habitantes de Estados Unidos se llaman ~[1].
representar a alg., a/c	jdn./etw. repräsentieren	
el/la migrante	der/die Ein- oder Auswanderer/in	◆ la migración
los EE. UU. = los Estados Unidos	die USA	◆ (ser) estadounidense
el lugar de residencia	der Wohnsitz	■ vivir
la emigración (*pl.* emigraciones)	die Auswanderung	◆ la migración
la fuente de inspiración	die Inspirationsquelle	

! Unterscheide:
No olvides poner las fuentes al final de tu presentación.
Para muchos artistas, la fuente de inspiración es la cultura.

el / la trabajador/a social	der / die Sozialarbeiter/in	
tematizar a/c (z → c)	etw. thematisieren	◆ el tema
la comunidad	die Gemeinschaft	***ing.:*** comunity
(ser) puertorriqueño/-a	puerto-ricanisch sein	◆ Puerto Rico
la manera	die Art und Weise	
el / la puertorriqueño/-a	der / die Puerto-Ricaner/in	
el / la caribeño/-a	der / die Einwohner/in der Karibik	◆ Caribe
el lugar de nacimiento	der Geburtsort	Ana nació en España. Su ~ es Madrid.
el / la investigador/a	der / die Forscher/in	◆ investigar
el equipo	das Team	
el / la futbolista	der / die Fußballer/in	◆ el fútbol
el / la director/a	der / die Regisseur/in	■ rodar una película
la actuación *sg.*	die Schauspielkunst	Ana quería ser actriz. Por eso estudió ~.
el documental *m.*	der Dokumentarfilm	Ayer miramos un ~ sobre la vida de los latinos en los EE. UU.
(ser) invisible *adj.*	unsichtbar sein	Las cosas ~[2] no se pueden ver.
la inmigración *sg.*	die Einwanderung	≠ la emigración
los derechos humanos *pl.*	die Menschenrechte	
la República Dominicana	die Dominikanische Republik	
la dictadura militar	die Militärdiktatur	De 1939 a 1975 hubo una ~ en España.
si bien	obwohl, auch wenn	= aunque
(ser) dominicano/-a	dominikanisch sein	◆ la República Dominicana
reconocer a alg., a/c (c → zc)	jdn. / etw. anerkennen *hier:* etw. zugestehen	
(ser) inmigrante *adj.*	Migrations- + *Nomen*	◆ la migración, el / la inmigrante

! Unterscheide:

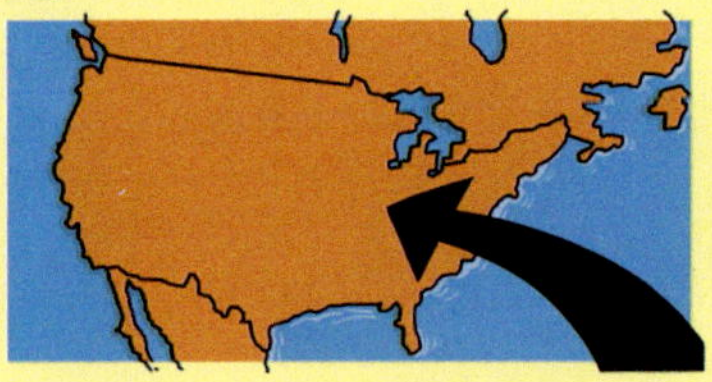

el / la inmigrante → inmigrar
→ la inmigración

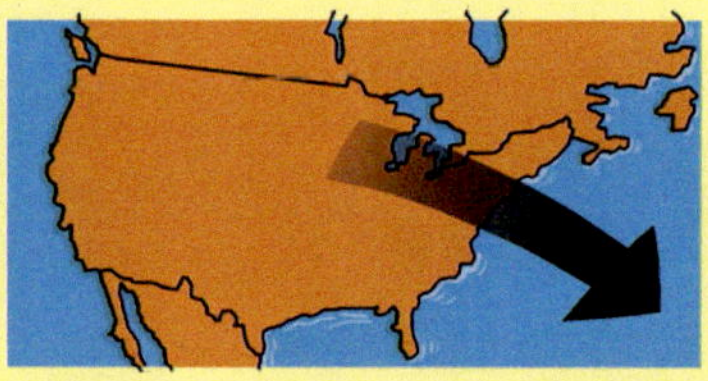

el / la emigrante → emigrar
→ la emigración

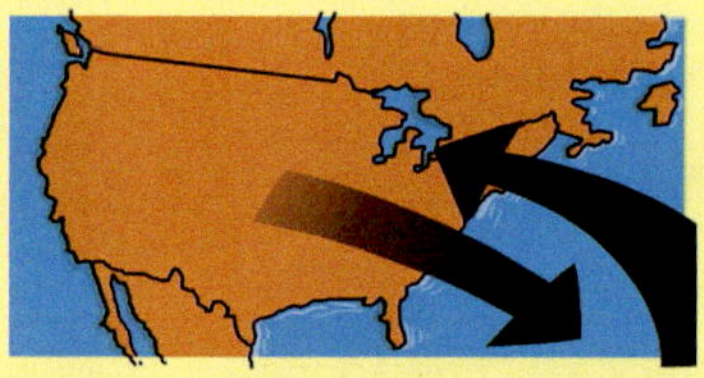

el / la migrante → migrar
→ la migración

el / la escritor/a	der / die Schriftsteller/in	Ayer el ~[3] presentó su última novela.
la escritura creativa	das kreative Schreiben	José va a clases de ~ para aprender a escribir mejor.

4A UNA FAMILIA GALLEGO-CUBANA EN NUEVA YORK

Nueva York	New York	■ los EE. UU.
el raíz (*pl.* raíces)	die Wurzel	Andrés tiene ~[4] italianas porque sus abuelos nacieron allí.
la sociedad	die Gesellschaft	◆ (ser) social

llamativamente *adv.*	beachtlich, nennenswert	
los hispanos	die spanischsprachige Bevölkerung	
prometer a alg. a/c	jdm. etw. versprechen	
así es que	daher, folglich	Mañana va a llover. ~[5] no iremos a la playa.
cruzar el charco *fig.*	über den großen Teich fahren	= cruzar el océano

! Unterscheide:

Está verde, Cristina ya puede cruzar la calle.

Cuando Ana está nerviosa, cruza los brazos.

Camila cruza los dedos para que todo vaya bien.

Muchos europeos cruzan el charco para visitar el Caribe.

de a poco	bald darauf	
la sonrisa	das Lächeln	■ reír
natal *adj.*	Geburts- + *Nomen*	La ciudad ~ de Pablo es Quito porque él nació allí.
morirse (o → ue)	sterben	≠ nacer
la comida rápida *sg.*	Fast Food	La ~ no es sana para la salud.
huir de alg., a/c	vor jdm./etw. fliehen	La familia de Pedro tuvo que ~[6] país por la dictadura militar.
el régimen (*pl.* regímenes)	das Regime	Durante el ~ del dictador, no había libertad de expresión.
de modo que	so dass …, damit	
la isla	die Insel	Mallorca es una ~ del Mar Mediterráneo.
salir con lo puesto *fig.*	fluchtartig fortgehen *hier:* das Land verlassen	= salir rápido
(ser) cubano/-a	kubanisch sein	◆ Cuba
celebrar a/c	etw. feierlich begehen	Muchas familias españolas ~[7] la Navidad el 25 de diciembre.
el acento	der Akzent	Habla inglés con ~ alemán.
ser sí/uno mismo	man selbst sein	Para tener éxito en una entrevista de trabajo hay que ~[8].
de niño/-a	als Kind	
incluso (con) + *sust.*	sogar (mit) + *Nomen*	Todos los equipos del campeonato recibieron un premio, ~ el último.
el/la latino/-a	der/die Lateinamerikaner/in	◆ Latinoamérica
siempre y cuando	nur wenn …	
tanto … como	sowohl … als auch	A Luis le gusta ~ la carne ~ el pescado.
(estar) integrado/-a	integriert sein	◆ integrarse
darse cuenta de a/c	sich einer Sache bewusst werden	

4B LA PRIMA *POESÍA*

la poesía	die Poesie	
comenzar (e → ie)	beginnen	= empezar
marcharse	fortgehen	= irse
comportarse como + *sust.*	sich aufführen wie + *Nomen*	Aunque Pablo ya tiene 15 años, ~[9] un niño.
extraño/-a	eigenartig	= raro/-a
suceder	geschehen	= pasar
caerle bien a alg.	jdm. sympathisch sein	

❗ Unterscheide:
Me caí jugando al fútbol.
A mí Juan me cae muy bien. Es muy divertido y majo.

tratar de + *inf.*	versuchen zu + *Inf.*	

❗ Unterscheide:
Mi país siempre me ha tratado muy bien, pero tengo ganas de vivir en otros lugares.
El libro se trata de la migración en el continente americano.
Para ahorrar agua, trata de ducharte más rápido.

nada por el estilo	*etwa:* nichts Ähnliches	
el código de vestir	die Kleidervorschrift	
la blusa	die Bluse	■ la ropa
los zapatos de cordones *pl.*	Schuhe mit Schnürsenkel	Cuando va a la ópera, Pablo siempre lleva ~.
el traje de té	*Art Bekleidung für die Teezeit*	
(estar) supervisado/-a	überwacht sein	
intercambiarse a/c	etw. untereinander austauschen	Los alumnos ~[10] sus textos para corregirlos.
tal vez	vielleicht	= quizás
lucir como (c → zc) + *sust.*	wie + *Nomen* aussehen	María estaba tan guapa que ~[11] una actriz.
llevar a/c	etw. mitbringen	Para la fiesta de Laura, tengo que ~ los cedés de música.
hacer pensar	glauben machen	
sensible *adj.*	sensibel	◆ la sensación
(ser) poético/-a	poetisch sein	◆ la poesía
(ser) profundo/-a	tief sein, *hier:* tiefgründig sein	
finalmente *adv.*	letztendlich	◆ el final
la elección (*pl.* elecciones)	die Wahl	■ votar
la presidencia	die Präsidentschaft	
(ser) modesto/-a	bescheiden sein	
la celebridad	die Berühmtheit	***ing.:*** celebrity
el / la presidente/-a	der Präsident	El ~[12] del gobierno se entrevistó con los periodistas.
la posición (*pl.* posiciones)	die Position	
titularse	*hier:* heißen	El documental que Luis quiere ver ~[13] «Los Invisibles».
algo así	so etwas	

la estrofa	die Strophe	La canción tiene tres ~[14].
la patria	die Heimat	Muchos migrantes dejan su ~ para ir a vivir a otro país.
el himno	die Hymne	Antes de empezar el partido de fútbol, tocaron el ~ de España.

C LA OTRA CARA DE LA MIGRACIÓN

el individuo	das Individuum	
el derecho a a/c	das Recht auf etw.	

> **!** Unterscheide:
> Me duele el brazo derecho.
> David quiere estudiar Derecho en la universidad.
> Todos tenemos derecho a la vida.

ante la ley	vor dem Gesetz	
la ley	das Gesetz	■ Derecho, el derecho
la distinción (*pl.* distinciones)	die Unterscheidung	
la protección (*pl.* protecciones)	der Schutz	◆ proteger
miles de + *sust.*	Tausende von + *Nomen*	Había ~ personas viendo el partido de fútbol.
atravesar a/c (e → ie)	etw. durchqueren	Ana y Luis ~[15] el bosque para llegar al castillo.
el permiso legal	die Aufenthaltserlaubnis	Algunos migrantes no tienen el ~ para viajar a los EE. UU.
(ser) irregular *adj.*	unregelmäßig *hier:* illegal sein	Los migrantes ~[16] no tienen permiso legal para entrar en un país.
el / la centroamericano/-a	der / die Mittelamerikaner/in	◆ Centroamérica
dirigirse a	gehen nach	= ir a
la esperanza	die Hoffnung	Miguel tiene la ~ de aprobar el examen.
la pobreza	die Armut	◆ pobre
el estado	der Staat, das Bundesland	La Unión Europea tiene 27 ~[17].
el tren de carga	der Güterzug	El ~ transporta azúcar a los EE. UU.
el nivel de vida	der Lebensstandard	
(ser) adecuado/-a	angemessen sein	Todos tenemos derecho a un nivel de vida ~[18].
el bienestar *m.*	das Wohl, der Wohlstand	
tener necesidad de + *inf.*	die Notwendigkeit haben zu + *Inf.*	Miguel ~[19] emigrar porque en su país no tenía trabajo.
(ser) culpable *adj.*	schuldig sein	María no es ~ porque no hizo nada.
negar (e → ie) con la cabeza	den Kopf schütteln	
estar dispuesto/-a a + *inf.*	bereit sein zu + *Inf.*	Ana ~[20] volver a España para estar con su familia.
arriesgar a/c	etw. riskieren	
(ser) incuestionable *adj.*	unumstritten sein	Es ~ que Luis es el mejor. Todos pensamos lo mismo.
mejorar a/c	etw. verbessern	◆ mejor
el flujo migratorio	der Migrationsstrom	

circular	sich bewegen	= moverse
la residencia	der Aufenthaltsort	= el lugar de residencia
el territorio	das Gebiet	
el padre + *apellido*	*hier:* der Priester + *Familienname*	El ~ Solalinde lucha por los derechos de los migrantes.
la defensa	die Verteidigung	
la estrategia	die Strategie	La ~ del entrenador no fue buena y por eso perdieron el partido.
bilateralmente *adv.*	gegenseitig	
(ser) **visible** *adj.*	sichtbar sein	≠ (ser) invisible
(ser) **legal** *adj.*	legal sein	
(ser) **alegal** *adj.*	illegal sein	≠ (ser) legal
(ser) **moral** *adj.*	moralisch sein	
(ser) **inmoral** *adj.*	unmoralisch sein	≠ (ser) moral / Es ~ que haya niños que tengan que trabajar.
(ser) **sofisticado/-a**	hochentwickelt sein	El móvil de Juan es muy ~[21]. Hace muchas cosas.
el muro	die Mauer	El ~ de Berlín cayó en 1989.
detenerse (e → ie)	stoppen	El coche ~[22] en el semáforo porque está rojo.
la ida	der Hinweg	≠ la vuelta
el presente	die Gegenwart	≠ el futuro

PARA COMUNICARSE

4

Du hast eine Inspirationsquelle.	**Mi fuente de inspiración es / son (los inmigrantes).**
Du sagst, was deine Wurzeln sind.	**Tengo raíces (españolas y cubanas).**
Jemand ist dir sympathisch.	**Me caes muy bien.**
Du vergleichst das Aussehen von jemandem mit etwas.	**Ana luce como (un/a estudiante de la academia).**
Du hast ein Recht auf etwas.	**Tengo derecho a (la vida y a viajar libremente).**
Du bist bereit, etwas für einen Zweck zu riskieren.	**Estoy dispuesto/-a a arriesgarlo todo por (un futuro mejor).**

1. estadounidenses 2. invisibles 3. escritor 4. raíces 5. Así es que 6. huir del 7. celebran 8. ser uno mismo 9. se comporta como 10. se intercambian 11. lucía como 12. presidente 13. se titula 14. estrofas 15. atravesaron 16. irregulares 17. estados 18. adecuado 19. tuvo necesidad de 20. está dispuesta a 21. sofisticado 22. se detiene

5 AMÉRICA LATINA EN EL CONTEXTO GLOBAL

¡ACÉRCATE!

el contexto	der Kontext	
(ser) **global** *adj.*	global sein	
la extensión (*pl.* **extensiones**)	die Ausdehnung	= la superficie
incluir a/c	etw. einschließen	***ing.:*** to include
la variedad	die Vielfalt	En la selva vive una gran ~ de animales.
el recurso natural	die natürliche Ressource	El petróleo es un ~ muy importante para la economía.

el / la exportador/a	der / die Exporteur/in	◆ exportar
el metal	das Metall	
la refinería	die Raffinerie	La ~ produjo millones de litros de petróleo.
el / la importador/a	der / die Importeur/in	◆ importar

! Unterscheide:

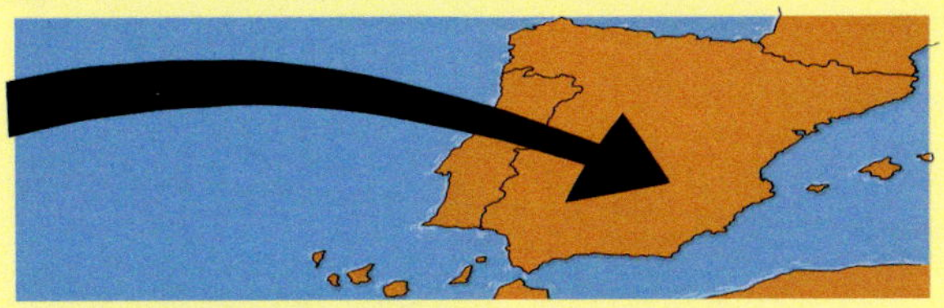

el / la importador → importar → la importación

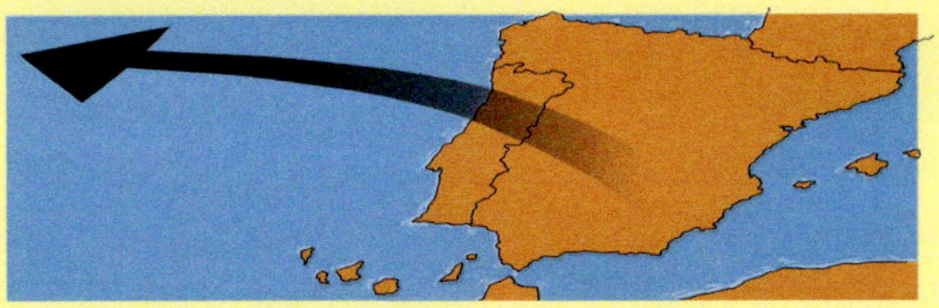

el / la exportador → exportar → la exportación

(ser) venezolano/-a	venezolanisch sein	◆ Venezuela
la soja	das Soja	Ayer comí verduras con salsa de ~. ¡Estaban riquísimas!
la hectárea	der Hektar	
la alimentación *sg.*	die Ernährung	◆ el alimento
la semilla	der Samen	■ la planta
(ser) transgénico/-a	transgen sein	***ing.:*** transgenic
competir con alg., a/c (e → i)	mit jdm. / etw. konkurrieren	El aceite español ~[1] los de otros países en el mercado internacional.
(ser) asiático/-a	asiatisch sein	■ el continente
la mina	das Bergwerk	Los bomberos rescataron a los trabajadores que estaban en la ~.
el hierro	das Eisen	■ el metal
la industria automotriz	die Autoindustrie	La ~ alemana exporta millones de coches cada año.
el / la consumidor/a	der / die Verbraucher/in	◆ el consumo
la colonia	die Kolonie	
la caña de azúcar	das Zuckerrohr	La ~ sirve para producir azúcar.
el reto	die Herausforderung	Es un ~ muy difícil, pero lo va a conseguir.
la materia prima	der Rohstoff	■ la industria
de esta forma *adv.*	auf diese Weise, dadurch	
generar a/c	*hier* etw. schaffen	
reducir a/c (c → zc)	etw. reduzieren, etw. abbauen	Hay que ~ el consumo de agua.
la desigualdad social	die soziale Ungleichheit	La ~ en el mundo ha crecido en los últimos años.

A MEGACIUDADES: CADA VEZ MÁS GRANDES

la megaciudad	die Megastadt	En las ~[2] viven millones de personas.
el camión (de carga) (*pl.* camiones)	der LKW	Los ~[3] transportan productos a las tiendas.
el humo	*hier:* Abgase, der Rauch	El ~ de los coches contamina el aire.
el / la vendedor/a ambulante	der / die Straßenhändler/in	◆ vender

regularmente *adv.*	regelmäßig	De esta estación sale un metro ~: cada cinco minutos.
el cristal	*hier* die Fensterscheibe	¡Limpia los ~[4] de la ventana!
el / la cambista informal	der / die Geldwechsler/in	■ el dinero
el dólar	der Dollar	■ la moneda
la hora punta (*pl.* **las horas punta**)	die Hauptverkehrszeit	En las ~[5], el metro está llenísimo.
definirse como a/c	*hier* verstehen unter etw.	
el área metropolitana	*etwa* städtisches Ballungsgebiet	
el crecimiento	das Wachstum	◆ crecer
alrededor de + *sust.*	um + *Nomen* + herum	~[6] la ciudad hay un bosque muy grande.
extenderse (e → ie)	sich ausbreiten	
más allá de + *sust.*	über + *Nomen* + hinaus	
la densidad de población	die Bevölkerungsdichte	◆ la población
la causa	die Ursache	***ing.:*** cause
causar a/c	etw. verursachen	El mal tiempo ~[7] el accidente de avión.
la concentración (*pl.* **concentraciones**)	die Konzentration, die Verdichtung	***ing.:*** concentration
la infraestructura	die Infrastruktur	El gobierno prometió la construcción de más ~ en la zona.
(**ser**) **masivo/-a**	massiv, massenhaft sein	
la tierra	die Erde	Esta ~ es adecuada para la plantación de café.
etc. = etcétera	usw. = und so weiter	La excursión incluye visitas a la plaza, a los museos, ~.
en pocas palabras	kurz und gut, in wenigen Worten	
negar a alg. a/c (e → ie)	jdm. etw. verwehren	A Ana le ~[8] la entrada y no pudo visitar el museo.
(**ser**) **evidente** *adj.*	offensichtlich sein	Es ~ que va a llover. El cielo está muy gris.
el atasco	der Stau	Había un ~ en la calle y por eso llegó tarde a la reunión.
a tiempo	rechtzeitig	
la economía	die Wirtschaft	***ing.:*** economy
calcular a/c	etw. schätzen	Mucha gente vio el partido de tenis: se ~[9] que unas 20.000 personas.
los servicios básicos *pl.*	die Grundversorgung	
la electricidad *sg.*	der Strom	***ing.:*** electricity
al mismo tiempo	gleichzeitig	

! Unterscheide:

Como no pude llegar a tiempo a la estación, perdí el tren.

Martín puede hacer sus deberes y escuchar música al mismo tiempo.

igual que + *sust.*	genauso wie + *Nomen*	Ana es ~ su madre. Tienen el mismo carácter.
Europa *f.*	Europa	Juan planea viajar por ~. Quiere conocer España, Alemania y Francia.
considerar a alg., a/c como + *sust.*	jdn. / etw. für + *Nomen* halten	***ing.:*** to consider
el aspecto	der Aspekt	
positivo/-a	positiv	≠ negativo/-a
concentrar a/c	etw. konzentrieren	Las megaciudades ~[10] muchos habitantes.
la mano de obra *sg.*	die Arbeitskraft	■ el trabajo
formar parte de a/c	zu etw. gehören	Chile ~[11] América del Sur.
(estar) poblado/-a	bewohnt sein	◆ la población
ya en tiempos de + *sust.*	bereits zu + *Nomen*-Zeiten	
recorrer a/c	etw. durchfahren	Ellos ~[12] todo el país. De norte a sur y de este a oeste.
(estar) contaminado/-a	verunreinigt sein	◆ contaminar

B LA FIESTA AJENA

tranquilizar a alg. (z → c)	jdn. beruhigen	◆ tranquilo/-a
(estar) enojado/-a	sauer sein	Elena no ayudó en casa y por eso su madre ~[13].
(estar) invitado/-a	eingeladen sein	~[14] a la fiesta, pero no fui porque tenía que estudiar.
Y se acabó.	Und basta.	No voy a ir a la fiesta ~[15]. No quiero discutir más.
Oíme. *arg.*	Hör mir zu.	= Escúchame.
la sirvienta	das Hausmädchen	◆ servir
murmurar	murmeln	
el labio	die Lippe	■ la boca
la Navidad	die Weihnachten	El 25 de diciembre es ~.
mirarse en el espejo	sich im Spiegel anschauen	Ella ~[16] para ver su nuevo vestido.
acercar a/c a a/c	etw. einer Sache nähern	◆ cerca
la oreja	das Ohr	Tenía el pelo tan largo que no se le veían las ~[17].
susurrar en la oreja	ins Ohr flüstern	

! Unterscheide:

Dijo lo que pensaba.
Contó todo sobre sus vacaciones.
Repitió lo que ya había dicho.
Comentó el libro.
Explicó el tema nuevo.
Gritó todo lo que pudo.
«Estoy cansado», murmuró él.
«Te he echado de menos», le susurró ella en la oreja.

Discutimos sobre el proyecto.
Charlamos hasta muy tarde.

meditar sobre a/c	über etw. nachdenken	= pensar
la jaula	der Käfig	Metió el pájaro en la ~ y le dio comida.
(ser) cómico/-a	lustig sein	= divertido/-a
quedarse + *ger.*	weiter etw. tun	El cuadro le gustó tanto que ~[18] mirándolo media hora.
un buen rato	eine ganze Weile	Estuve esperando ~, pero al final me fui.
a escondidas *adv.*	heimlich	Comió chocolate ~ para que su madre no pudiera verlo.
tener permiso para + *inf.*	etw. tun dürfen	Los turistas no ~[19] para tomar fotos en el museo.
romper a/c	etw. kaputt machen	Raquel estaba ordenando los platos y ~[20] uno.
parecer a alg. a/c (c → zc)	etw. meinen	¿Te ~[21] que vas a terminar para el martes?
serio/-a	ernst sein	◆ en serio
encogerse de hombros	die Achseln zucken	
hondo *adv.*	tief	¡Respira ~!
la empleada	*hier:* das Hausmädchen	◆ el empleo
A mucha honra.	Ich bin sehr stolz darauf.	= estar orgulloso/-a
animarse a + *inf.*	sich trauen zu + *Inf.*	No ~[22] hablar en la discusión porque me daba mucha vergüenza.
con disimulo *adv.*	unauffällig	Paula se fue ~ a su habitación para que nadie la escuchara llorar.
patear a alg., a/c	jdn./etw. treten	El futbolista ~[23] a otro y tuvo que ser cambiado.
el tobillo	der Knöchel	Le dolía el ~ y no pudo jugar al fútbol.
la corona	die Krone	El rey se puso la ~ sobre su cabeza.
salir primero/-a	erste/r/s werden	

! Unterscheide:
Los fines de semana me gusta salir con mis amigas.
Un familiar salió por la tele.
Durante la dictadura, muchos salieron con lo puesto del país.
Él era el más rápido, por eso salió primero en la carrera.

la torta *arg.*	der Kuchen, *auch:* die Torte	= el pastel
venirse encima a alg.	sich auf jdn. stürzen	
flaco/-a	dünn	= delgado/-a
No se me escape.	Laufen Sie mir nicht weg.	~. No hemos terminado aún.
el horario de trabajo	die Arbeitszeit	Mi ~ es de 8 de la mañana a 4 de la tarde.
(ser) emocionante *adj.*	spannend sein	El partido de fútbol fue muy ~. Terminó 5 – 5.
sostener a alg., a/c (e → ie)	jdn./etw. halten	¡~[24] esto un momento, por favor!
palpitar	schlagen *das Herz*	Cuando me dijo que me quería, me empezó a ~ el corazón.
señalar a alg., a/c	etw. zeigen *hier* mit dem Finger auf jdn./etw. zeigen	El profe ~[25] a Isabel para que respondiera la pregunta.

ondular	*hier:* etw. schwenken	
aplaudir a rabiar	tosenden Beifall spenden	El concierto fue tan bueno que el público ~[26].
el asiento	der Sitzplatz	Ningún ~ del tren estaba libre y no pude sentarme.
señorita condesa	*etwa:* gnädige Gräfin *Anrede*	
(estar) **preocupado/-a**	besorgt sein	Ella está ~[27] porque no sabe dónde está su gato.
el / la gordito/-a	das Pummelchen	■ el aspecto físico
la trenza	der Zopf	Su madre le hizo unas ~[28] muy bonitas en el pelo.
el yoyó	das Jo-jo	Cuando estoy aburrido, me gusta jugar con el ~.
capaz *arg.*	womöglich	= a lo mejor
pedazo de sonso/-a	*etwa:* Du Dumme/r! *Anrede*	
distinto/-a	verschieden, anders	= diferente
(ser) **celeste** *adj.*	hellblau sein	■ el color
(ser) **rosa** *adj.*	rosa sein	Si mezclas el blanco con el rojo, formarás el color ~.
llenar de orgullo a alg.	jdn. mit Stolz erfüllen	A sus padres les ~[29] que su hijo sacara tan buenas notas.
iniciar a/c	etw. beginnen	= empezar, comenzar
el movimiento	die Bewegung	◆ mover
adelantar a/c	etw. vorstrecken	◆ delante de
completar a/c	etw. ergänzen *hier:* etw. vollenden	◆ (estar) completo/-a
la cartera *lat. am.*	die Handtasche	■ el bolso
extender **la mano** (e → ie)	die Hand ausstrecken	

! Unterscheide:
La ciudad se extiende cada vez más, por eso se necesita más tiempo para cruzar de un punto a otro.
Pedro extiende la mano para darle la carta a su padre.

querido/-a	*etwa:* mein Lieber, meine Liebe *Anrede*	
rígido/-a	steif	Después del accidente, Ana estaba muy ~[30]: su cuerpo no se movía.
el hombro	die Schulter	Tenía frío, por eso se puso el jersey encima de los ~[31].
instintivamente *adv.*	instinktiv	
la mirada	der Blick	◆ mirar
frío/-a	kalt	
fijo/-a	fest *hier:* starr	
seguir **con a/c** (e → i)	etw. immer noch haben	Después de sus vacaciones ~[32] ganas de viajar.
(ser) **leve** *adj.*	leicht sein	Hizo un ~ movimiento para levantarse, pero al final se quedó en la silla.
desbaratar a/c	etw. zerstören	= destruir
delicado/-a	*hier:* zerbrechlich	***ing.:*** delicate
el equilibrio	das Gleichgewicht *hier:* die Atmosphäre	

5C TU HUELLA ECOLÓGICA

la huella ecológica *sg.*	der ökologische Fußabdruck	Tengo que ahorrar más agua para que mi ~ sea más pequeña.
el concepto	das Konzept, *auch:* der Begriff	
los restos *pl.*	die Reste *hier:* der Abfall	Tiró los ~ de la cena a la basura.
el recurso	die Ressource	***ing.:*** resource
(estar) encendido/-a	an sein, angeschaltet sein	La luz está ~33. ¡Apágala!
la hectárea global	der globale Hektar *Maßeinheit für die Fußabdrucksfläche.*	
la unidad de medida	die Maßeinheit	El kilogramo es la ~ para saber cuánto pesan las cosas.

PARA COMUNICARSE

5

Du möchtest den Grund für etwas angeben.	**(El incendio) fue causado por (una fogata).**
Du bist sauer auf jemanden.	**Estoy enojado/-a con (mi padre) porque (no me deja ir a la fiesta).**
Du möchtest verraten, dass jemand heimlich etwas macht.	**(Ana come chocolate) a escondidas.**
Du möchtest sagen, dass jemand etwas tun darf.	**(Mi mejor amiga) tiene permiso para (venir a mi casa todos los días).**

1. compite con 2. megaciudades 3. camiones de carga 4. cristales 5. horas punta 6. Alrededor de 7. causó 8. fue negada 9. calcula 10. concentran 11. forma parte de 12. recorrieron 13. estaba enojada 14. estaba invitado 15. y se acabó 16. se miró en el espejo 17. orejas 18. se quedó 19. tienen permiso 20. rompió 21. parece 22. me animé a 23. pateó 24. Sostén 25. señaló 26. aplaudió a rabiar 27. preocupada 28. trenzas 29. llenó de orgullo 30. rígida 31. hombros 32. seguía con 33. encendida

LISTA ALFABÉTICA

Hier findest du alle Wörter, die du in ¡Apúntate ! 1 bis ¡Apúntate! Paso al bachillerato gelernt hast.
Bei blaugedruckten Verben handelt es sich um Verben, die unregelmäßig sind oder bei denen auf orthografische Besonderheiten zu achten ist.
Grundschrift = obligatorischer Wortschatz *kursiv* = fakultativer Wortschatz

A

a nach, zu, an
a fin de cuentas schließlich, letzten Endes 1A
a mí no mir nicht
a mí también/tampoco mir auch (nicht)
a partir de + *tiempo* von + *Zeit* + an
a pesar de trotzdem
a propósito absichtlich
a todo volumen in voller Lautstärke 2A
a través de mittels, durch
a veces manchmal
a ver mal sehen
abajo unten, hinunter; **venirse ~ (e → ie)** einstürzen *Welt, Gebäude* 1A
abandonar a/c etw. aufgeben 2A
el **abrigo** der Mantel
abrir a/c etw. öffnen, aufmachen
absolutamente *adv.* absolut, durchaus
el/la **abuelo/-a** der/die Großvater/-mutter
los **abuelos** die Großeltern
aburrido/-a (ser) langweilig
aburrirse sich langweilen; **~ como una ostra** *fam.* sich zu Tode langweilen
acá *lat. am.* hier
acabar con a/c etw. vernichten, ein Ende setzen; **~ de** + *inf.* etw. gerade getan haben; **~se** zu Ende sein
la **academia de danza** die Tanzschule
el **acceso** die Zulassung *Schule, Universität*
el **accidente** der Unfall
la **aceituna** die Olive
el **acento** der Akzent 4A
aceptar a/c etw. akzeptieren
acerca de über, in Bezug auf 2C
acercar a/c a a/c etw. einer Sache nähern 5B; **~se** sich annähern *örtlich und zeitlich*; **~se a alg., a/c** sich jdm./etw. nähern 1A
aclarar a/c etw. erhellen *hier:* klarer werden 2A
acoger a alg. jdn. aufnehmen
acompañar a alg. jdn. begleiten
acordarse de alg., a/c (o → ue) sich (an jdn./etw.) erinnern
acostumbrarse a alg., a/c sich an jdn./etw. gewöhnen 1A
la **actitud** die Einstellung, die Haltung 1B
activar(se) aktivieren, (sich) anschalten
la **actividad** die Beschäftigung, *auch:* die Veranstaltung
activo/-a aktiv
el **actor** der Schauspieler
la **actriz** (*pl.* **actrices**) die Schauspielerin
la **actuación** *sg.* die Schauspielkunst 4AC
actual (ser) *adj.* gegenwärtig, aktuell sein 3A
la ***actualización (pl. actualizaciones)*** die Aktualisierung
actualizar a/c etw. aktualisieren
actuar schauspielern, handeln
adaptar a/c etw. adaptieren, anpassen 3B
adecuado/-a (ser) angemessen sein 4C
adelantar a/c etw. vorstrecken 5B
además außerdem
además de + *sust.* außer + *Nomen*
¡Adiós! Auf Wiedersehen!
administrar a/c etw. einteilen
la **admisión** (*pl.* **admisiones**) die Zulassung
admitir a alg. jdn. zulassen *Studium* 2B
¿Adónde? Wohin?
afectar a alg. a/c nahegehen; **~ a alg., a/c** jdn./etw. betreffen 3C
la **afición** (*pl.* **aficiones**) die Neigung, die Vorliebe
el/la **aficionado/-a (a)** der Fan
África Afrika
el **África subsahariana** Schwarzafrika 3B
africano/-a (ser) afrikanisch
afuera *adv.* draußen
agotado/-a (estar) erschöpft sein
agradable *adj.* angenehm
agregar a/c etw. hinzufügen
agresivo/-a aggressiv
agrícola (ser) *adj.* Agrar- + *Nomen*
la **agricultura** die Landwirtschaft 3C
el **agua** das Wasser; el **~ corriente** fließend Wasser, das Leitungswasser; el **~ mineral** das Mineralwasser; las **~s sucias** das Schmutzwasser
el **aguacate** die Avocado
aguantar a/c etw. ertragen
el **agujero** das Loch
ahí dort
ahora jetzt
ahorrar sparen
el **aire** die Luft; **al ~ libre** + *sust.* Freiluft- + *Nomen*
al + *inf.* dadurch, dass 2B; **~ principio** am Anfang
la **alarma** der Alarm
el **albergue juvenil** die Jugendherberge
el/la **alcalde/alcadesa** der/die Bürgermeister/in
alcanzar (aus)reichen
alegal (ser) *adj.* illegal sein 4C
alegrarse de a/c sich (über etw.) freuen
alegre *adj.* fröhlich
la **alegría** die Freude

alejarse de alg., a/c sich von jdm./etw. entfernen 1A
el **alemán** Deutsch *Sprache*
Alemania Deutschland
por orden alfabético in alphabetischer Reihenfolge 1A
alfabético/-a alphabetisch 1A
el **alfabeto** das Alphabet
algo etwas; ~ **así** so etwas 4B; ~ **de provecho** etwas Nützliches 2AC
alguien jemand
algún día irgendwann
algún / alguna + *sust.* (*pl.* **algunos/-as**) irgendein/e + *Nomen*, irgendwelche + *Nomen*
alguno/-a irgendeiner/-e
la **alimentación** *sg.* die Ernährung 5AC
alimentado/-a gut versorgt *Nahrung*
los **alimentos** *pl.* die Nahrungsmittel 3C
allá *lat. am.* dort
allí dort
alojarse en sich einquartieren in
el **alpinismo** das Bergsteigen *Alpen*
alrededor de + *sust.* um + *Nomen* + herum 5A
alto/-a groß *Menschen*, hoch *Berge / Gebäude*, laut *Geräusche*
la **altura** die Höhe
alucinante (ser) *adj.* klasse, unglaublich
alumbrar a/c etw. beleuchten
el / la **alumno/-a** der / die Schüler/in
amar a alg. jdn. lieben
amarillo/-a gelb
amazónico/-a Amazonas- + *Nomen*
América Amerika; ~ **del Norte** Nordamerika; ~ **Latina** Lateinamerika
americano/-a (ser) amerikanisch
el / la **amigo/-a** der / die Freund/in
la **amistad** die Freundschaft
el **amor** die Liebe
ampliar a/c etw. vergrößern
el **ancho** die Breite
ancho/-a (ser) breit
el / la **anciano/-a** der ältere Mensch
Andalucía Andalusien
andaluz/-a (*pl.* **andaluces**) *adj.* andalusisch

el / la **andaluz/a** (*pl.* **los andaluces**) der / die Andalusier/in
los **Andes** die Anden *Gebirgskette in Südamerika*
el **andinismo** das Bergsteigen *Anden*
el **animal** das Tier
animar a alg. jdn. ermuntern; **~se** sich entschließen; **~se a** + *inf.* sich trauen zu + *Inf.* 5B
el **año** das Jahr
anoche gestern Abend
anónimo/-a anonym; ***de manera ~a*** auf anonyme Art
los **años sesenta** die sechziger Jahre
anteayer vorgestern
anterior *adj.* vorige/r/s 1B
antes vorher, davor; früher; ~ **de** + *sust.* vor + *Nomen*; + *inf.* bevor; ~ **de que** + *subj.* bevor 2AC
antiguo/-a alt
anunciar a/c etw. ankündigen
el **anuncio** die Anzeige *Zeitung* 2C
apagar a/c etw. ausschalten
el **aparcamiento** der Parkplatz
aparecer (**c → zc**) erscheinen *hier:* auftauchen 1B
apasionar a alg. a/c jdn. etw. begeistern 2A
apenas kaum, gerade so
aplaudir a rabiar tosenden Beifall spenden 5B
aportar einbringen
apoyar a/c etw. unterstützen, stützen
apreciar a alg., a/c jdn. / etw. schätzen, achten
aprender lernen
apretar (**e → ie**) drücken
el **aprobado** bestanden *Schulnote*
aprobar (**o → ue**) verabschieden *Verfassung* 3A; ~ **a/c** (**o → ue**) etw. bestehen
aprovechar a/c etw. nutzen; ~ **la oportunidad** die Gelegenheit nutzen
apuntar a/c etw. notieren, aufschreiben; **~se** mitmachen, *auch:* sich anmelden, sich eintragen
los **apuntes** die Notizen
aquel / aquella + *sust.* jene/r/es + *Nomen*
aquella vez *adv.* damals

aquí hier
Aquí tiene. Bitte. *beim Bezahlen*
árabe (ser) *adj.* arabisch
los **árabes** die Araber
el **árbol** der Baum
el ***área*** der Bereich; el ~ **metropolitana** *etwa* städtisches Ballungsgebiet 5A
el / la **argentino/-a** der / die Argentinier/in
argentino/-a (ser) argentinisch
el **argumento** das Argument
armar una bronca *fam.* Zoff machen
el **armario** der Schrank
armarse *fam.* entstehen; ~ **un lío** ein Durcheinander verursachen 1AC
arqueológico/-a (ser) archäologisch
el / la **arquitecto/-a** der / die Architekt/in
arriba oben, darauf, darüber
arriesgar a/c etw. riskieren 4C
arrogante *adj.* arrogant
el **arroz** (*pl.* **arroces**) der Reis
el **arte** die Kunst; el ~ **contemporáneo** die zeitgenössische Kunst
la **artesanía** das Kunsthandwerk
artificial *adj.* gekünstelt, unecht
el / la **artista** der / die Künstler/in
el **asado** gegrilltes Fleisch, *auch:* Grillparty
asegurar a/c etw. versichern 3A
así so; ~ **es que** daher, folglich 4A; ~ **que** also
asiático/-a (ser) asiatisch sein 5AC
el **asiento** der Sitzplatz 5B
la **asignatura** das Schulfach
la ***asistencia médica*** die medizinische Betreuung
la **asociación juvenil** (*pl.* **asociaciones**) die Jugendorganisation; la ~ **protectora de animales** der Tierschutzverein
el **aspecto** der Aspekt 5A; el ~ **físico** das Aussehen
asumir el poder die Regierungsverantwortung übernehmen 3A
el **asunto** der Betreff *E-Mail*, die Angelegenheit
asustar a alg. jdn. erschrecken; **~se** sich erschrecken
el **atasco** der Stau 5A

atento/-a aufmerksam
la **atracción (cultural)** (*pl.* **atracciones)** die (kulturelle) Attraktion
el **atraco** der Überfall
atraer a/c etw. anziehen, anlocken
atravesar a/c (e → ie) etw. durchqueren 4C
el **aula** *f.* das Klassenzimmer
aún no immer noch nicht 2AC; ~ **así** trotzdem
aunque obwohl
el **autógrafo** das Autogramm
el / la **autor/-a** der / die Autor/in
el **ave** *f.* (*pl.* **aves)** der Vogel; **el ~ migratoria** *f.* der Zugvogel
la **avenida** die Allee
la **aventura** das Abenteuer
el **avión** (*pl.* **aviones)** das Flugzeug; ***el ~ a escala*** der Modellflieger
avisar (a alg.) jdn. benachrichtigen, jdm. Bescheid sagen
ayer gestern
la **ayuda** die Hilfe
ayudar en a/c (bei etw.) helfen
el **ayuntamiento** der Stadtrat, das Rathaus
azteca (ser) *adj.* aztekisch
el / la **azteca** der / die Azteke/-in
el **azúcar** *f.* der Zucker
azul *adj.* blau

B

el **bachillerato** das Abitur
el **baile** der Tanz
bajar (de) absteigen, aussteigen, herunterklettern, herunterkommen; **~ (por una calle)** hinuntergehen, entlanggehen (eine Straße); **~ a/c** etw. verringern, senken; **~ las escaleras** die Treppe hinuntergehen 2A; **bajar en a/c** mit etw. hinunterfahren; **~se** aussteigen;
bajo/-a (ser) klein *Menschen*, niedrig *Sachen*
el **baloncesto** der Basketball
el **balonmano** der Handball; **jugar al ~** Handball spielen
el **banco** die Bank 3AC
la **banda** die Band *Musik*
el **baño** das Badezimmer
el **bar** die Bar
barato/-a billig
la **barbaridad** die Grausamkeit 1B
la **barca** das Boot; **ir en ~** mit dem Boot fahren
el / la **barcelonés/-esa** Einwohner/in von Barcelona
el **barco** das Schiff
el **barrio** das Stadtviertel
el ***barro*** *lat. am.* der Schlamm
basta con + *inf.* es genügt zu + *Inf.* 2B
bastante *adv.* ziemlich
la **basura** der Müll
la **batería** das Schlagzeug
el **batido** das Mixgetränk, der Shake
beber trinken
la **bebida** das Getränk
el **béisbol** der Baseball
beneficiarse de a/c + *sust.* von etw. profitieren
besarse sich küssen 1A
el **beso** der Kuss
la **biblioteca** die Bibliothek
la **bicicleta** das Fahrrad; la **bici** *fam.* = ~; **ir en ~** mit dem Fahrrad fahren
bien *adv.* gut; **darse ~ a alg. a/c** etw. gut können 2A
el **bienestar** *m.* das Wohl, der Wohlstand 4C
¡Bienvenido/-a! Willkommen!
bilateralmente *adv.* gegenseitig 4C
el **billete** die Fahrkarte, *auch:* der Geldschein; el **~ combinado** das Kombi-Ticket; el **~ sencillo** die einfache Fahrkarte
el / la **biólogo/-a** der / die Biologe/-in
el **bisonte** das Bison *Wildrind*
blanco/-a weiss
el **blog** der Blog *Internet*
la **blusa** die Bluse 4B
la **boca** der Mund
el **bocadillo** das belegte Brötchen; **el ~ de queso** das Käsebrötchen
el **boli** der Kuli
la **bolsa** die Tüte, der Beutel; la **~ de plástico** die Plastiktüte
el **bolsillo del pantalón** die Hosentasche
el **bolso** die Tasche
el / la **bombero/-a** der / die Feuerwehrmann/-frau
los **bomberos** die Feuerwehr
bonito/-a schön, hübsch
el **bono de diez** *etwa:* die Zehnerkarte
el **bosque** der Wald
la **botella (de)** die Flasche
el **botón** (*pl.* **botones)** der Knopf
el **brazo** der Arm
breve (ser) *adj.* kurz sein 2C
brillante (ser) *adj.* hervorragend, prächtig sein 2B
la **broma** der Witz, Scherz 1AC; **¡Ni de ~!** *fam.* Auf keinen Fall! 1AC
la **bronca** der Ärger, der Streit; **armar una ~** *fam.* Zoff machen
brutal (ser) *adj.* brutal, gewaltsam
bucear tauchen
bueno O.K., gut
bueno/-a gut; **~ (estar)** lecker sein
la **bufanda** der Schal
burlarse de alg. jdn. auslachen 1B
el **bus** *fam.* = **el autobús** der Bus
buscar a/c etw. suchen
ir a buscar jdn. / etw. abholen
la **búsqueda** die Suche 2C

C

el **caballo** das Pferd
la **cabaña** die Hütte
la **cabeza** der Kopf
el **cabezón, la cabezona** stur, dickköpfig
la **cabina telefónica** die Telefonzelle
cacarear gackern *Tier*
cada jede/r/s; **~ uno/-a** jeder, jede 1B
caerle bien a alg. jdm. sympathisch sein 4B
caerse (hin)fallen
el **café** der Kaffee
la **cafetería** die Cafeteria
la **caja de cartón** der Pappkarton
la **calculadora** der Taschenrechner 1AC
calcular a/c etw. schätzen 5A
la **calefacción** die Heizung
la **calidad** die Qualität 2C
callado/-a *adj.* ruhig, schweigsam
callarse den Mund halten, *auch:* schweigen
la **calle** die Straße
la **calma** die Ruhe; **con ~** in Ruhe
calmar a alg. jdn. beruhigen
el **calor** die Hitze, die Wärme
caluroso/-a (ser) heiß
el **calzado** das Schuhwerk

la **cama** das Bett; irse **a la ~** ins Bett gehen
la **cámara** der (Kühl)raum, die Lagerhalle; la **~ de fotos** der Fotoapparat
el / la **camarero/-a** der / die Kellner/in
cambiando de tema *etwa:* Themawechsel
cambiar umsteigen *Verkehrsmittel*; **~ a/c** (etw.) wechseln, ändern; **no ~ por nada a alg., a/c** jdn./etw. gegen nichts tauschen
el **cambio** die Veränderung; **el ~ climático** der Klimawandel
el / la **cambista informal** der / die Geldwechsler/in 5A
caminar laufen
el **camino** der Weg; **de ~ a** auf dem Weg nach / zum / zur 2A
el **camión (de carga)** (*pl.* **camiones**) der LKW 5A
la **camisa** das Hemd
la **camiseta** das T-Shirt
el **campamento** das Ferienlager
el / la **campeón/-ona** (*pl.* **campeones/-as**) der / die Sieger/in
el ***Campeonato mundial*** die Weltmeisterschaft
el / la **campesino/-a** der Bauer, die Bäuerin
el **campo** das Land
la **caña de azúcar** das Zuckerrohr 5AC
el **canal** der Kanal *Geografie*; der Sender, der Kanal *Fernsehen*
la **canasta** der Korb *Sport*
la **canción** (*pl.* **canciones**) das Lied
el / la **candidato/-a** der / die Kandidat/in
el / la **canguro** der / die Babysitter/in
la **canoa** das Kanu
cansado/-a (de) (**estar**) müde sein (von)
el / la **cantante** der / die Sänger/in
cantar singen
la **cantidad** die Menge 3AC
el **caos** das Chaos
capaz *arg.* womöglich 5B; **~** (**ser**) **de** + *inf.* (*pl.* **capaces**) fähig sein, etw. zu tun 3A
la **capital** die Hauptstadt
la **cara** das Gesicht
la **carabela** die Karavelle *Schiff*

caracterizarse por a/c (z → c) durch etw. charakterisiert sein 3AC
el **caramelo** das Bonbon
el **cargador del móvil** das Ladegerät *Handy*
el **Caribe** die Karibik
el / la **caribeño/-a** der / die Einwohner/in der Karibik 4AC
el **cariño** die Zärtlichkeit, Zuneigung, Liebe
cariñoso/-a liebevoll, zärtlich, zutraulich
la **carne** das Fleisch
caro/-a teuer
la **carpeta** die Mappe
la **carpintería** die Tischlerei
la ***carrera*** die Karriere *auch:* der Studiengang
la **carta (de presentación)** das (Bewerbungs)Schreiben 2C; **a la ~** *hier:* auf Bestellung, nach Wunsch
el **cartel** das Poster
la **cartera** *lat. am.* die Handtasche 5B
la **casa** das Haus; **en ~** zu Hause
llegar a casa nach Hause kommen
casado/-a (**estar**) verheiratet (sein)
casarse con alg. jdn. heiraten 3A
casi fast; **~ nunca** fast nie
el **caso** der Fall 2A
castaño/-a braun *Haar- und Augenfarbe*
el **castigo** die Strafe
el **castillo** die Burg, das Schloss
el **casting** das Casting
la **casualidad** der Zufall; **de ~** zufällig 1A
el **catalán** das Katalanisch *Sprache*; **el / la ~/catalana** der / die Katalane/-in
Cataluña *f.* Katalonien
catear + *asignatura fam.* in + *Schulfach* durchfallen 1AC; **~ un examen** *fam.* durchfallen, durchrasseln 1AC
católico/-a (**ser**) katholisch
la **causa** die Ursache 5A
causar a/c etw. verursachen 5A
el / la **cazador/a** der / die Jäger/in
la **cazadora** die Jacke 1B
cazar a/c etw. jagen
el **cedé** die CD

celebrar a/c etw. feierlich begehen 4A
la **celebridad** die Berühmtheit 4B
celeste (**ser**) *adj.* hellblau sein 5B
la **célula** die Zelle *Biologie*
el **cemento** der Beton
la **cena** das Abendessen
cenar zu Abend essen
el **centro** das Zentrum, die Mitte
Centroamérica Mittelamerika
el / la **centroamericano/-a** der / die Mittelamerikaner/in 4C
centroamericano/-a (**ser**) mittelamerikanisch
el **cepillo de dientes** die Zahnbürste
cerca in der Nähe, nah; **~ de** in der Nähe von
cercano/-a (**estar**) nahe von
los **cereales** das Müsli
la **cerilla** das Streichholz
cero null
la **cerradura** das Schloss *Tür*
cerrar a/c (**e → ie**) etw. schließen
el **césped** der Rasen
el **chalet** das Landhaus
el **chándal** der Trainingsanzug
la **chaqueta** die Jacke
charlar plaudern, schwatzen
el **chat** *fam.* das Chat *Internet*
el **chicle** der Kaugummi
el / la **chico/-a** der Junge, das Mädchen
la ***China*** China
chino Chinesisch *Sprache*
el / la **chino/-a** der / die Chinese/-in
el **chiste** der Witz
el **chocolate** die Schokolade
la **chorrada** *fam.* der Unsinn *hier:* unnützes Zeug 1B
la **chuleta** *fam.* der Spickzettel
chungo/-a (**ser**) *fam.* mies *hier:* knifflig sein 1AC
el **cibercafé** das Internetcafé
ciego/-a (**ser**) blind
el **cielo** der Himmel
cien hundert
la **ciencia** die Wissenschaft; **la ~ ficción** die Science-Fiction; **la ~ genética** die Genwissenschaft
las **Ciencias de la Naturaleza** Naturwissenschaften *Schulfach*
las **Ciencias Económicas y Empresariales** die Wirtschaftswissenschaften 2B

el / la **científico/-a** der / die Wissenschaftler/in
cientos de + *sust.* Hunderte von + *Nomen*
cierto/-a gewisse/r
el **cine** das Kino
circular sich bewegen 4C
la **cita** der Termin 2A
la **ciudad** die Stadt
el / la **ciudadano/-a** der / die Bürger/in 3A
la **clase** das Klassenzimmer, der Unterricht, die Unterrichtsstunde, die Klasse; **en la ~** im Klassenzimmer, im Unterricht
el **clima** das Klima
la **cobertura de móvil** der Empfang *Handy*
cobrar a/c etw. kassieren, verdienen *Geld*
el **cobre** das Kupfer
el **coche** das Auto; **ir en ~** mit dem Auto fahren
la **cocina** die Küche
el **cocodrilo** das Krokodil
el **código de vestir** die Kleidervorschrift 4B
el **codo** der Ellbogen
coger a/c abbiegen, *auch:* etw. nehmen
la **cola** die Warteschlange, die Reihe
colarse (o → ue) sich vordrängeln
el **colegio** die Schule; **el cole** *fam.* = **el ~**
colgar (o → ue) hängen, aufhängen, hochladen *Internet*
la **colmena** der Bienenstock
el / la **colombiano/-a** der / die Kolumbianer/in
la **colonia** die Kolonie 5AC
colonial *adj.* Kolonial- + *Nomen*
el **color** die Farbe
colorido/-a (ser) bunt
la **combinación** die Kombination 3AC
el **combustible** der Brennstoff
la **comedia** die Komödie
el **comedor** der Speisesaal
comentar a/c etw. besprechen
comenzar (e → ie) beginnen 4B
comer essen; **¡A ~!** Komm(t) essen!; **~se el tarro** sich den Kopf zerbrechen 1AC
cometer a/c etw. begehen / machen 2C
el **cómic** der Comic
cómico/-a (ser) lustig sein 5B
la **comida** das Essen; la **~ rápida** *sg.* Fast Food 4A
como *conj.* da *Konj.*; wie; **~ de costumbre** wie gewöhnlich
¿Cómo? Wie?
el / la **compañero/-a** der / die Mitschüler/in, Klassenkamerad/in, der / die Mitbewohner/in, der / die Lebensgefährte/-in; **el / la ~ de trabajo** der / die Arbeitskollege/-in
comparar a/c etw. vergleichen
competir con alg., a/c (e → i) mit jdm. / etw. konkurrieren 5AC
completamente *adv.* völlig 1A
completar a/c etw. ergänzen *hier:* etw. vollenden 5B
completo/-a ganz, vollständig
complicado/-a (ser) kompliziert sein 1AC
comportarse como + *sust.* sich aufführen wie + *Nomen* 4B
la **compra** der Kauf; **hacer la ~** einkaufen gehen; **ir de ~s** einkaufen gehen; **la lista de las ~s** die Einkaufsliste
comprar a/c etw. kaufen
comprender verstehen
comprobar a/c (o → ue) etw. überprüfen
el **compromiso** das Engagement *hier:* die Verbindlichkeit 2C
la **comunicación** die Kommunikation
comunicar a alg. a/c jdm. etw. mitteilen 2B
la **comunidad** die Gemeinschaft 4AC; **la ~ autónoma** die Autonome Gemeinschaft
la ***Comunidad Económica Europea*** die Europäische Wirtschaftsgemeinschaft *im Jahr 2009 mit Vertrag von Lissabon abgelöst*
con mit; **~ calma** in Ruhe; **~ frecuencia** häufig, öfters; **~ disimulo** *adv.* unauffällig 5B; **~ razón** zu Recht 1B
la **concentración** (*pl.* **concentraciones**) die Konzentration, die Verdichtung 5A
concentrado/-a en (estar) auf etw. fixiert sein 1A
concentrar a/c etw. konzentrieren 5A; **~se en a/c** sich (auf etw.) konzentrieren
el **concepto** das Konzept, *auch:* der Begriff 5C
el **concierto** das Konzert
concreto/-a konkret
el **concurso** der Wettbewerb
la **condición** (*pl.* **condiciones**) die Bedingung
el / la **conductor/a** der / die Fahrer/in
conectarse a internet ins Internet / Netz gehen
el **conejo** das Kaninchen; **el ~ de Indias** das Meerschweinchen
la **conexión** (*pl.* **conexiones**) die Verbindung *Internet*
la **confianza** das Vertrauen 1A
confirmar a/c etw. bestätigen 2C
conformarse con a/c sich mit etw. zufrieden geben 2AC
el **congelador** der Gefrierschrank
conmigo mit mir
conocer a alg. (c → zc) jdn. kennenlernen, kennen; **darse a ~ como** bekannt werden als; **~se** sich kennen
la **conquista (de América)** die Eroberung (Amerikas)
el / la **conquistador/a** der / die Eroberer/in
conseguir a/c (e → i) etw. bekommen, erlangen
conservar a/c etw. bewahren, etw. erhalten 3AC
el **conservatorio** das Konservatorium
considerar a alg., a/c como + *sust.* jdn. / etw. für + *Nomen* halten 5A
constante (ser) *adj.* konstant *hier:* ausdauernd sein 2B
la **Constitución española** die spanische Verfassung 3AC
la **construcción** (*pl.* **construcciones**) der Bau
el / la **constructor/a** der / die Konstrukteur/in
construir a/c (i → y) etw. bauen
el / la **consumidor/a** der / die Verbraucher/in 5AC
consumir a/c etw. verbrauchen, konsumieren

el **consumo** der Konsum; der Verbrauch 3C
el **contacto** der Kontakt *hier:* die Kontaktdaten 2C
la ***contaminación*** *sg.* die Verschmutzung
contaminado/-a (**estar**) verunreinigt sein 5A
contaminar a/c etw. verunreinigen
contar a/c (o → ue) etw. erzählen; **~ con a/c (o → ue)** über etw. verfügen 3AC
contemporáneo/-a zeitgenössisch
el **contenedor** der Container
contener a/c (e → ie) etw. beinhalten 1B
contento/-a (**estar**) zufrieden
contestar (be)antworten, erwidern
el **contexto** der Kontext 5AC
contigo mit dir
el **continente** der Kontinent
continuar + *ger.* fortfahren, weitermachen 2AC
contra gegen
el **contrario** das Gegenteil; **al ~ que** im Gegensatz zu
el **contraste** der Kontrast
el **contrato de trabajo** der Arbeitsvertrag
controlar a alg., a/c jdn./etw. kontrollieren, überprüfen 1AC
controvertido-/a (**ser**) umstritten sein 3AC
convencer a alg. (c → z) jdn. überzeugen
convenir a alg. a/c (e → ie) jdm. etw. passen 1AC
convertir a alg., a/c en (e → ie) etw./jdn. zu etw. machen
la **copia** die Kopie
copiar a/c etw. abschreiben, kopieren
el **corazón** (*pl.* **corazones**) das Herz
la **cordillera** die Gebirgskette
la **corona** die Krone 5B
el **corral** der Hof *veraltet*, das Gehege
correcto/-a richtig
el ***correo electrónico*** die E-Mail
correr rennen
la **corrida de toros** der Stierkampf 3AC
corriente *adj.* fließend
corte (**dar un ~ a alg. a/c**) *fam.* jdm. etw. peinlich sein
corto/-a (**ser**) kurz
la **cosa** die Sache
la **costa** die Küste
costar a alg. a/c (o → ue) schwer fallen (jdm. etw.); **~ (o → ue)** kosten
costeño/-a (**ser**) Küsten- + *Nomen*
la **costumbre** die Gewohnheit; der Brauch 3AC
el **cotilleo** *fam.* der Klatsch
el **coyote** el Kojote
crecer (c → zc) wachsen, aufwachsen
el **crecimiento** das Wachstum 5A
creer glauben; **~se con el derecho de** + *inf.* glauben, das Recht zu haben + *Inf.* 2A
la **cremallera** der Reißverschluss 1B
criarse en + *lugar* aufwachsen (in)
el **cristal** *hier* die Fensterscheibe 5A
el **cruasán** das Croissant
cruzar a/c etw. überqueren; **~ el charco** *fig.* über den großen Teich fahren 4A; **~ los brazos** die Arme verschränken; **~ los dedos** die Daumen drücken
el **cuaderno** das Heft
el **cuadro** das Gemälde
¿Cuál? Welcher? Welches?
¿Cuáles? Welche?
cualquier irgendein/e 1AC
cuando (immer) wenn, als
¿Cuándo? Wann?
¿Cuánto/-a? Wie viel/e?
el **cuarto de kilo (de)** das viertel Kilo (von)
el/la **cuarto/-a** + *sust.* der/die/das vierte + *Nomen*
cuatro vier
cubano/-a (**ser**) kubanisch sein 4A
el **cubierto** das Besteck
el **cubo** der Eimer
la **cuenta** die Rechnung; **darse ~ de a/c** feststellen, dass; sich einer Sache bewusst werden 4A
el **cuento** die Erzählung, das Märchen
el **cuerpo** der Körper 1B
la **cuesta** die Steigung
cuidadosamente *adv.* sorgfältig
cuidar a alg. aufpassen (auf), sorgen (für)
culpable (**ser**) *adj.* schuldig sein 4C
cultivar a/c etw. anbauen
el **cultivo de regadío** der Anbau mit Bewässerungssystemen 3C
la **cultura** die Kultur
cultural (**ser**) *adj.* kulturell sein 3B
el **cumpleaños** der Geburtstag
cumplir [...] años [...] Jahre alt werden
el **currículum vitae** der Lebenslauf 2C
el **curso** das Schuljahr; der Kurs
el **cursor** der Cursor
cuyo/-a dessen, deren

D

el **dado** der Würfel
dar a alg. a/c jdm. etw. geben; **~ celos a alg.** jdn. eifersüchtig machen 1A; **~ de comer a alg. a/c** jdm. etw. zu Essen geben, füttern; **~ la pata** Pfötchen geben *Hund;* **~ una pista a alg.** jdm. einen Tipp geben *Spiel;* **~se por vencido/-a** aufgeben
el **dato** die Information
de von, aus, über; **~ a poco** bald darauf 4A; **~ esta forma** *adv.* auf diese Weise, dadurch 5AC; **~ modo que** so dass ..., damit 4A; **~ de repente** plötzlich; **~ sobra** mehr als genügend; **~ todas maneras** auf alle Fälle
¿De dónde? Woher?
¿De qué? Über was?, Worüber?
debajo de unter
deber a/c + *inf.* etw. müssen
los **deberes** die Hausaufgaben
debido a (que) aufgrund von 2A
decidido/-a a (**estar**) + *inf.* entschlossen sein, etw. zu tun 2AC
decidir a/c etw. entscheiden 2AC
decir a/c (e → i) etw. sagen
dedicarse a a/c sich etw. widmen *hier:* beruflich machen 2AC
el **dedo** der Finger; **no mover ni un ~** keinen Finger regen/krumm machen

defender a alg., a/c (e → ie) etw. / jdn. verteidigen; **~se (e → ie)** sich verteidigen
la **defensa** die Verteidigung 4C
definirse como a/c *hier* verstehen unter etw. 5A
definitivamente *adv.* definitiv, letztendlich
dejar + *inf.* jdn. etw. tun lassen, jdm. erlauben, etw. zu tun; **~ a alg. a/c** jdm. etw. hinterlassen; **~ a/c** etw. lassen; **~ a/c** etw. verlassen; **~ a alg. con la palabra en la boca** jdn. nicht ausreden lassen 2A; **~ de** + *inf.* aufhören zu + *Inf.* 1A; **~ en paz a alg.** jdn. in Ruhe lassen 1B
del revés umgekehrt linksherum
delante (de) vor, davor
delgado/-a schlank
delicado/-a (ser) zerbrechlich 5B
lo **demás** *adj.* das Übrige
demasiado *adv.* zu viel
demasiado/-a *adj.* zu viel
la **democracia** die Demokratie 3A
democrático/-a **(ser)** demokratisch
demostrar a/c (o → ue) etw. beweisen
la **densidad de población** die Bevölkerungsdichte 5A
dentro de + *tiempo* in, innerhalb von + *Zeitangabe* 2B
el **departamento** das Department, der Stadtteil
depende Das kommt darauf an., je nach dem
el **deporte** der Sport
deportista *adj.* sportlich
deprisa *adv.* schnell
a la **derecha (de)** rechts (von)
Derecho Rechtswissenschaften *Studiengang* 2B
el **derecho a a/c** das Recht (auf etw.) 4C; los **~s humanos** *pl.* die Menschenrechte 4AC
el / la *sust.* + **derecho/-a** (der / die / das) rechte + *Nomen*
desagradable (ser) *adj.* unangenehm sein 2A
desaparecer (c → zc) verschwinden
desayunar frühstücken
el **desayuno** das Frühstück

desbaratar a/c etw. zerstören 5B
el **descubrimiento** die Entdeckung
descubrir a/c etw. entdecken
desde von … aus *örtlich*; + *tiempo* seit + *Zeitangabe;* **~ donde** von wo aus; **~ hace** + *tiempo* seit + *Zeitangabe;* **~ hace poco** seit kurzem; **~ la / las […] hasta la / las […]** von / seit […] bis […] *Uhrzeit;* **~ que** seit, seitdem 1A
el **desempleo** die Arbeitslosigkeit 2C
desesperado/-a (estar) hoffnungslos, verzweifelt
el **desierto** die Wüste; **el ~ de cemento** die Steinwüste
la **desigualdad social** die soziale Ungleichheit 5AC
desordenado/-a unordentlich
despacio *adv.* langsam
despedirse (de alg.) (e → i) sich (von jdm.) verabschieden
despertarse (e → ie) aufwachen
despreciar a alg. jdn. verachten
después danach, später; **~ de** + *sust.* nach + *Nomen*; ~ + *inf.* nachdem; **~ de que** + *subj.* nachdem 2AC
destruir a/c etw. zerstören
el / la **detective** der / die Detektiv/in
detenerse (e → ie) stoppen 4C
detrás (de) hinterher, hinten
devolver a/c (o → ue) etw. zurückgeben
el **día** der Tag; **el otro ~** letztens, neulich; **por ~** am Tag, pro Tag
diariamente *adv.* täglich
el **diario** das Tagebuch, das Logbuch *Seefahrt*
diario/-a (ser) täglich sein 2B
el / la **dibujante** der / die Zeichner/in; **el / la ~ de cómics** der / die Comiczeichner/in
dibujar a/c etw. zeichnen
el **dibujo** die Zeichnung
el **diccionario** das Wörterbuch
diciembre Dezember
el / la **dictador/a** der / die Diktator/in 3A
la **dictadura** die Diktatur 3A; **la ~ militar** die Militärdiktatur 4AC
el **diente** der Zahn
la **dieta** die Nahrung, die Kost

la **diferencia** der Unterschied; **a ~ de** im Unterschied zu
diferente *adj.* verschieden, anders
difícil schwer, schwierig
digital *adj.* digital, Digital- + *Nomen*
el **dinero** das Geld; **ni por todo el ~ del mundo** für kein Geld der Welt
la **dirección** (*pl.* **direcciones**) die Richtung; **en ~ a** in Richtung
directo (en ~) live *TV*
el / la **director/a** der / die Regisseur/in 4AC
el / la **dirigente** die Führungskraft *hier:* die politische Führungskraft 3A
dirigirse a gehen nach 4C
la **discoteca** die Diskothek
disculpar entschuldigen, verzeihen
el **discurso** die Rede 3A
la **discusión** (*pl.* **discusiones**) die Diskussion
discutir diskutieren
diseñar a/c etw. zeichnen, entwerfen
disfrutar de a/c etw. genießen 2AC
disponer de a/c über etw. verfügen
dispuesto/-a + *inf.* **(estar)** + *inf.* bereit sein zu + *Inf.* 4C
la **distancia** die Entfernung
la **distinción** (*pl.* **distinciones**) die Unterscheidung 4C
distinto/-a verschieden, anders 5B
la ***diversidad*** die Vielfalt
diverso/-a verschieden(artig), vielfältig
divertido/-a (ser) lustig
divertirse (e → ie) Spaß haben, sich amüsieren
divorciado/-a (estar) geschieden sein 3A
divorciarse sich scheiden lassen 3A
doblemente *adv.* doppelt
doce zwölf
el **documental** *m.* der Dokumentarfilm 4AC
el **documento** das Dokument
el **dólar** der Dollar 5A
doler (o → ue) weh tun, schmerzen

el **dolor** der Schmerz; el ~ **de cabeza** das Kopfweh, die Kopfschmerzen
dominar a/c etw. beherrschen
el **domingo** der Sonntag
dominicano/-a (**ser**) dominikanisch sein 4AC
donar a/c etw. spenden
donde wo *Relativpronomen*
¿Dónde? Wo?
dormir (**o → ue**) schlafen; ~ **la siesta** (**o → ue**) Mittagsruhe halten
dos zwei
el **dragón** (*pl.* **dragones**) der Drache
ducharse sich duschen
la **duda** der Zweifel 2B
dudar que + *subj.* (be)zweifeln, dass
el/la **dueño/-a** der/die Besitzer/in
dulce süß
durante + *sust.* während + *Nomen*
durar dauern
duro/-a hart
el **DVD** die DVD

E

e und (*vor* i + hi)
echar (una bronca a alg.) *fam.* jdn. ausschimpfen; ~ **una mano a alg.** jdm. zur Hand gehen 1AC; ~ **de menos a alg., a/c** jdn./etw. vermissen; **~se a llorar** in Tränen ausbrechen; **~se a reír** loslachen
el/la **ecologista** der/die Umweltschützer/in
la **economía** die Wirtschaft 5A
económico/-a Wirtschafts- + *Nomen*, wirtschaftlich
la **edad** das Alter; **la ~ media** das Durchschnittsalter
el **edificio** das Gebäude
la **educación** die Erziehung, die (Aus)bildung; **la ~ secundaria** die weiterführende Schule
Educación Plástica y Visual Kunst *Schulfach*
Educación Física Sport *Schulfach*
los **EE. UU. = los Estados Unidos** die USA 4AC
eficaz (*pl.* **eficaces**) (**ser**) *adj.* wirksam *hier:* erfolgreich sein 2C
ejemplo (por) zum Beispiel
el/la der/die (*m./f./Sg.*)
él er (*m./Sg.*)
la **elección** (*pl.* **elecciones**) die Wahl 4B
la **electricidad** *sg.* der Strom 5A
eléctrico/-a elektrisch
elegante *adj.* elegant
elegir a alg., a/c (**e → i**) jdn./etw. auswählen; ~ **a alg., a/c** (**e → i**) jdn./etw. wählen 3A
el **elemento** das Element 3AC
ella sie (*f./Sg.*)
ellos/-as sie (*m./f./Pl.*)
el **e-mail** die E-Mail
el **embutido** die Wurst
la **emigración** die Auswanderung 4AC
emigrar a auswandern nach
emocionante (**ser**) *adj.* spannend sein 5B
empacar a/c etw. (ver)packen
empezar (**e → ie**) anfangen, beginnen; ~ **a** + *inf.* (**e → ie**) anfangen, beginnen (etw. zu tun)
la **empleada** *hier:* das Hausmädchen 5B
el/la **empleado/-a** der/die Angestellte/r 3A
el **empleo** die Arbeit 2C
empollar a/c *fam.* etw. pauken *umg.*
el/la **empollón/-ona** (*pl.* **empollones/-as**) *etwa:* der/die Streber/in
la **empresa** die Firma 2AC
empujar a alg., a/c jdn. schubsen, jdn./etw. schieben
en in, auf, an; ~ **pocas palabras** kurz und gut, in wenigen Worten 5A; ~ **busca de** (**estar**) auf der Suche nach; ~ **cambio** stattdessen
enseguida sofort
encantar gefallen (sehr)
el/la **encargado/-a** der/die Verantwortliche
encargarse de alg., a/c sich um jdn./etw. kümmern
encender a/c (**e → ie**) etw. anschalten, anmachen
encendido/-a (**estar**) an sein, angeschaltet sein 5C
encima de über
encogerse de hombros die Achseln zucken 5B
encontrar a/c (**o → ue**) etw. finden
encontrarse con alg. (**o → ue**) sich treffen (mit jdm.)
encorvado/-a *adj.* krumm
el ***encuentro*** das Treffen
la **energía** die Energie; **la ~ eólica** die Windenergie 3AC; **la ~ solar** die Solarenergie
enfadarse con alg. sich ärgern, böse werden (auf jdn.)
la **enfermedad** die Krankheit
enfermo/-a (**estar**) krank
enfrente de gegenüber von
enfurruñarse ärgerlich werden
enojado/-a (**estar**) sauer sein 5B
enorme *adj.* enorm
la **ensaladilla rusa** Kartoffelsalat mit Thunfisch und Erbsen
ensayar a/c etw. üben, proben 2C
enseñar (a alg. a + *inf.*) jdm. beibringen, etw. zu tun (jdn. etw.) lehren, (jdm. etw.) zeigen
entender a/c (**e → ie**) etw. verstehen
entender(se) (**e → ie**) (sich) verstehen
enterarse de a/c etw. mitbekommen
entonces damals, dann, also
la ***entrada*** der Eingang, der Eintritt, die Eintrittskarte, der Eingang
entrar hereinkommen
entre zwischen
el/la **entrenador/a** der/die Trainer/in
el ***entrenamiento*** das Training
entrenar trainieren 1AC
entretener a alg. (**e → ie**) jdn. unterhalten, belustigen
entretenerse (con) (**e → ie**) sich vergnügen
la **entrevista** das Interview; **la ~ (de trabajo)** das Vorstellungsgespräch 2C
hacer entrevista/s interviewen
entrevistar interviewen
entusiasmado/-a (**estar**) begeistert sein
el **envase** der Behälter
enviar a alg., a/c jdn./etw. schicken 2AC
la **envidia** der Neid; **¡Me da una ~!** Ich bin neidisch.
el ***envío*** der Versand

envolver a/c (en) (o → ue) etw. einpacken (in)
el **episodio** die Episode *Fernsehen*
la **época** die Epoche
el **equilibrio** das Gleichgewicht *hier:* die Atmosphäre 5B
el **equipo** das Team 4AC
equivocarse verwechseln, sich irren
el **error** der Fehler 2C
es decir das heißt
es que denn, nämlich, eigentlich
esa + *sust.* diese + *Nomen* (da)
esas + *sust.* diese + *Nomen* (da)
el **escándalo** der Lärm, der Krach
la **escena** die Szene 3B
el **escenario** die Bühne
esclavizar a alg. jdn. versklaven
esconderse sich verstecken
escondidas (a ~) *adv.* heimlich 5B
escribir a/c etw. schreiben
el/la **escritor/a** der/die Schriftsteller/in 4AC
el **escritorio** der Schreibtisch
la **escritura creativa** das kreative Schreiben 4AC
escuchar a/c etw. hören, zuhören
la **escuela** *lat. am.* die Grundschule
la **escuela infantil** *etwa:* Vorschule
ese + *sust.* dieser + *Nomen* (da)
esforzarse (o → ue) sich bemühen 2A
eso das
esos + *sust.* diese + *Nomen* (da)
España Spanien
el **español** Spanisch *Sprache*
el **espárrago** der Spargel
la **especialidad** die Spezialität
especialmente *adv.* besonders 2C
la **especie** *f.* die Sorte, die Art
el **espectáculo** das Schauspiel, Ereignis
el/la **espectador/a** der/die Zuschauer/in
la **esperanza** die Hoffnung 4C
esperar a alg., a/c auf jdn./etw. warten, jdn./etw. erwarten; **~ que** + *subj.* erwarten dass, hoffen dass
esquiar Ski fahren
la **esquina** die Ecke
esta + *sust.* diese + *Nomen*
está bien O.K., in Ordnung
ésta es das ist (*f./Sg.*)
la **estación** (*pl.* **estaciones**) die Station; **la ~ de trenes** (*pl.* **estaciones**) der Bahnhof
el **estadio** das Stadion
el **estado** der Staat, das Bundesland 4C
los **Estados Unidos** die Vereinigten Staaten
estadounidense (ser) *adj.* US-amerikanisch sein 4AC
estallar de risa *fam.* sich kaputtlachen
el **estanque** der Teich
la **estantería** das Regal
estar sein, da sein, sich befinden; **~ de acuerdo** einverstanden sein; **~ de moda** modern sein; **~ de pie** stehen 1B; **~ de vacaciones** in den Ferien sein, im Urlaub sein; **~ de visita (en)** zu Besuch sein (bei); **~ en el poder** an der Macht sein 3A; **~ hasta las narices** *fam.* die Nase voll haben; **~ a la cabeza en** an der Spitze stehen; **~ por** + *inf.* gleich etw. tun 2AC
estas + *sust.* diese + *Nomen* (hier)
éstas son das sind (*f./Pl.*)
la **estatua** das Standbild, die Statue
el **este** der Osten; + *sust.* dieser + *Nomen*
éste es das ist (*m./Sg.*)
el **estilo** der Stil
esto das (hier)
estos + *sust.* diese + *Nomen* (hier)
éstos son das sind (*m./Pl.*)
la **estrategia** die Strategie 4C
la **estrella** der Stern
el **estrés** der Stress
la **estrofa** die Strophe 4B
estropearse sich verschlechtern (Augen), *auch:* verderben
la **estructura** die Struktur
el **estuche** das Mäppchen
el/la **estudiante** der/die Student/in, der/die Schüler/in
estudiar lernen
el **estudio** die Studie
los **estudios** *pl.* das Studium, die Ausbildung
estupendamente *adv.* wunderbar
estupendo/-a wunderbar, toll
etc. = etcétera usw. = und so weiter 5A
eterno/-a (ser) endlos, unendlich
Ética Ethik *Schulfach*
el **euro** der Euro
Europa *f.* Europa 5A
europeo/-a (ser) europäisch
evidente (ser) *adj.* offensichtlich sein 5A
evitar a alg., a/c jdn. meiden, etw. vermeiden 2C
exagerado/-a (ser) übertrieben
exagerar übertreiben
el **examen** die Prüfung; **catear un ~** *fam.* durchfallen, durchrasseln 1AC
examinarse de + *asignatura* in + *Schulfach* geprüft werden 2B
la **excursión** (*pl.* **excursiones**) der Ausflug; **hacer una ~** einen Ausflug machen
la **existencia** die Existenz 3C
existir existieren
el **éxito** der Erfolg 3AC
exitoso/-a erfolgreich
la **expedición** (*pl.* **expediciones**) die Expedition
la **experiencia** die Erfahrung
el/la **experto/-a en a/c** der/die Experte/-in (für etw.)
explicar a alg. a/c jdm. etw. erklären
la **exportación** (*pl.* **exportaciones**) der Export
el/la **exportador/a** der/die Exporteur/in 5AC
la **exposición** (*pl.* **exposiciones**) die Ausstellung
extender la mano (e → ie) die Hand ausstrecken 5B; **~se (e → ie)** sich ausbreiten 5A
la **extensión** (*pl.* **extensiones**) die Ausdehnung 5AC
extrañar a alg. a/c sich über etw. erstaunen, über etw. staunen
extranjero/-a (ser) fremd, ausländisch
extraño/-a eigenartig 4B

F

fabricar a/c etw. herstellen 3AC
fabuloso/-a (ser) großartig
fácil leicht
fácilmente *adv.* leicht, mühelos

la **facultad** die Fakultät *Universität* 2B
la **faena** *etwa:* die harte Arbeit
la **falda** der Rock
faltar fehlen, brauchen *zeitlich*
la **fama** der Ruf, der Ruhm
la **familia** die Familie
el **familiar** der / die Familienangehörige
el / la **famoso/-a** der Star 1A
famoso/-a (**ser**) berühmt
fantástico/-a (**ser**) fantastisch
fascinar faszinieren
fatal *adv.* schrecklich
el **favor** die Bitte
favorito/-a + *sust.* Lieblings- + *Nomen*
la **fecha** das Datum; **la ~ de publicación** das Datum der Veröffentlichung 2C
felicitar a alg. por a/c jdm. zu etw. beglückwünschen 2B
feliz (*pl.* **felices**) glücklich; **¡Feliz cumpleaños!** Herzlichen Glückwunsch zum Geburtstag!
feo/-a hässlich
la **ficha** der Spielstein *Spiel*
la **fiesta** die Party, das Fest; **la ~ de cumpleaños** die Geburtstagsparty; **la ~ nacional** der Nationalfeiertag
la **figura** die Figur
fijarse en alg., a/c auf jdn. / etw. die Aufmerksamkeit richten 1B
fijo/-a fest *hier:* starr 5B
el **fin de semana** das Wochenende
el **fin del mundo** das Ende der Welt
el **final** das Ende; **al ~** am Ende; **a ~es de** + *tiempo* Ende + *Zeitangabe*
finalmente *adv.* letztendlich 4B
financiar a/c etw. finanzieren
Física *f.* Physik *Studienfach*
flaco/-a dünn 5B
flipar *fam.* ausflippen 1AC
la **flor** die Blume, die Blüte
fluidamente *adv.* fließend
el **flujo migratorio** der Migrationsstrom 4C
la **fogata** das Lagerfeuer
la ***forma de gobierno*** die Regierungsform
la **formación** (*pl.* **formaciones**) die Ausbildung; **la ~ profesional** die Berufsausbildung; **la ~ profesional de grado superior** die höhere Berufsausbildung
formar a/c etw. bilden 3AC; **~ parte de a/c** zu etw. gehören 5A
el **foro** das Forum *Internet*
la **foto** das Foto
el / la **fotógrafo/-a** der / die Fotograf/in
Francia Frankreich
el **franquismo** *sg.* der Franquismus 3A
la **frase** der Satz
la **frecuencia** die Häufigkeit; **con ~** häufig, öfters
fregar a/c (e → ie) etw. abwaschen *Geschirr*
frente a + *sust.* vor + *Nomen*
fresco/-a frisch
el **frijol** die Bohne
el **frío** die Kälte
frío/-a kalt 5B
la **frontera** die Grenze
la **fruta** die Frucht, das Obst
el **fuego** das Feuer; **los ~s artificiales** *pl.* das Feuerwerk
la **fuente** die Quelle 2C; **la ~ de inspiración** die Inspirationsquelle 4AC
fuera draußen; **~ de** außerhalb von; **~ de lugar** (**estar**) fehl am Platz sein 1A
fuerte *adj.* stark
la **función** (*pl.* **funciones**) die Funktion
funcionar funktionieren
el / la **funcionario/-a** der / die Beamte/-in
la **fundación** (*pl.* **fundaciones**) die Stiftung
el **funicular** die Bergbahn
furioso/-a (**estar**) wütend
el **fútbol** der Fußball *Sportart*
el / la **futbolista** der / die Fußballer/in 4AC
el **futuro** die Zukunft

G

las **gafas** die Brille; **las ~ de sol** die Sonnenbrille
la **galleta** der Keks
la **gallina** das Huhn; **la ~ de los huevos de oro** das Huhn, das goldene Eier legt *Metapher*
el **gallinero** der Hühnerstall
el **gallo** der Hahn
el / la **ganador/a** der / die Gewinner/in
ganar a/c etw. gewinnen *Spiel*, verdienen *Geld*
gastar dinero ausgeben *Geld*
el **gasto** die Ausgabe *Geld*
gastronómico/-a gastronomisch, Gastronomie- + *Nomen*
el **gato** die Katze
de ***nueva generación*** der neuen Generation
general *adj.* allgemein; (**ser**); **en ~** im Allgemeinen
generalmente *adv.* normalerweise
generar a/c *hier* etw. schaffen 5AC
genético/-a genetisch, Gen- + *Nomen*
genial *adj.* genial
la **gente** die Leute
la **geografía** die Geographie
Geografía e Historia Geographie und Geschichte *Schulfach*
geográfico/-a (**ser**) geographisch
el **gesto** die Geste 2C
global (**ser**) *adj.* global sein 5AC
el **globo** der (Luft-)ballon
el **gobierno** die Regierung 3AC
el **Golpe de Estado** der Putsch, der Staatsstreich 3A
la **goma** der Radiergummi
el / la **gordito/-a** das Pummelchen 5B
la **gorra** die Mütze
el **gorro** die Mütze
grabar a/c etw. aufnehmen *Musik* 2AC
¡Gracias! Danke!
gracias a dank 3A
gracioso/-a witzig
el **gráfico** die Grafik *Computer*
el **gramo** das Gramm
grande *adj.* groß
la **granja** der Bauernhof
la **grasa** das Fett
gratuito/-a (**ser**) kostenlos
el **grifo** der Wasserhahn 3C
la **gripe** die Grippe 1B
gritar a/c etw. rufen, schreien
el **grupo** die Gruppe; **el ~ de socorristas** das Erste-Hilfe-Team; **el ~ de teatro** die Theatergruppe
guapo/-a hübsch

Guapo./Guapa. *fam. etwa:* Süßer./Süße. *liebevolle Anrede*
guardar (en) aufbewahren, speichern (auf) *Computer*
la **guardería** die Kinderkrippe
guay toll
la **Guerra Civil Española** der Spanische Bürgerkrieg *(1936–1939)* 3A
el/la **guía** der/die Museumsführer/in; **la ~ turística** der Reiseführer *Buch*
la **guitarra** die Gitarre
gustar gefallen
el **gusto** der Geschmack; **a ~** wohl *(angenehm)*

H

h = hora/s Uhr
la **habitación** (*pl.* **habitaciones**) das Zimmer
el/la **habitante** der/die Einwohner/in, der/die Bewohner/in
hablar sprechen, reden; **~ hasta por los codos** *fam. etwa:* reden wie ein Wasserfall; **~ por teléfono** telefonieren
hace + *tiempo* vor + *Zeitangabe*; **~ cientos de años** vor Hunderten von Jahren
hacer a/c etw. machen; **~ andinismo** *lat. am.* klettern; **~ entrevista/s** interviewen; **~ la cama** das Bett machen; **~ la compra** einkaufen gehen; **~ payasadas** Blödsinn machen; **~ pensar** glauben machen 4B; **~ trampa** schummeln; **~ un trato** ein Abkommen schließen; **~ una excursión** einen Ausflug machen; **~se el/la interesante** sich interessant machen 1A; **~se realidad** sich erfüllen, wahr werden
hacia nach, in Richtung von
el **hambre** der Hunger
la **hamburguesa** der Hamburger
el **hámster** der Hamster
harto/-a de a/c (estar) (etw.) satt haben
hasta bis; sogar; **~ el sábado** bis Samstag; **~ finales de** bis Ende; **~ la/las [...]** + *hora* bis um [...] + *Uhrzeit;* **~ que** + *subj.* bis 2AC
¡Hasta luego! Bis dann! Bis nachher!
¡Hasta mañana! Bis morgen!
hay es gibt
hay que + *inf.* man muss + *Inf.*
la **hectárea** der Hektar 5AC; la **~ global** der globale Hektar *Maßeinheit für die Fußabdrucksfläche.* 5C
la **heladería** die Eisdiele
el **helado** das Eis
el/la **hermano/-a** der Bruder, die Schwester
los **hermanos** die Geschwister
hermoso/-a schön, hübsch
el **hielo** das Eis *Eiswürfel*
el **hierro** das Eisen 5AC
el/la **hijo/-a** der Sohn, die Tochter
los **hijos** die Kinder (*Söhne und Töchter*)
el **himno** die Hymne 4B
hispano/-a (ser) spanischsprachig sein 4AC
los **hispanos** die spanischsprachige Bevölkerung 4A
la **historia** die Geschichte
el/la **historiador/a** der/die Historiker/in
las **historias** die Ausrede
el **hogar de ancianos** das Seniorenheim
hojear a/c etw. überfliegen
el **hombre** der Mann
el **hombro** die Schulter 5B
hondo *adv.* tief 5B
la **honestidad** die Ehrlichkeit
honra (A mucha ~.) Ich bin sehr stolz darauf. 5B
la **hora** die Stunde; **la ~ de comer** die Mittagszeit; die Essenszeit; **la ~ punta** (*pl.* **las ~s punta**) die Hauptverkehrszeit 5A; **a la ~ de** in dem Augenblick 2B; **¿A qué ~ ...?** Um wieviel Uhr?; **¿Hasta qué ~?** Bis wann/wie viel Uhr?; **~s (y ~)** stundenlang
preguntar la ~ nach der Uhrzeit fragen
el **horario (de clase)** der Stundenplan; **el ~ de trabajo** die Arbeitszeit 5B
el **horizonte** der Horizont
el **hormiguero** der Ameisenhaufen
el **horno** der Ofen
horrible (ser) *adj.* schrecklich sein 1A
el **hospital** das Krankenhaus
el **hotel** das Hotel
hoy heute; **~ en día** heutzutage
la **huella ecológica** *sg.* der ökologische Fußabdruck 5C
el **huevo** das Ei
huir de alg., a/c vor jdm./etw. fliehen 4A
humano/-a (ser) menschlich, Menschen- + *Nomen*
húmedo/-a feucht
el **humo** der Rauch 5A; **el detector de ~** der Rauchmelder
humor (de mal/buen ~) (estar) schlecht/gut gelaunt sein

I

la **ida** der Hinweg 4C
la **idea** die Idee; **no tener ni ~** überhaupt keine Ahnung haben
ideal *adj.* ideal
el **idioma** die Sprache
el **ídolo** das Idol
la **iglesia** die Kirche
ignorar a alg., a/c jdn./etw. ignorieren 2A
igual (dar ~ a alg. a/c) jdm. etw. egal sein
igual que + *sust.* genauso wie + *Nomen* 5A
iluminar a/c etw. beleuchten, anstrahlen
imaginar(se) sich vorstellen
impedir a alg. (e → i) + *inf.* jdn. daran hindern, etw. zu tun 2A
el **imperio** das Imperium, das Reich
el/la **importador/a** der/die Importeur/in 5AC
importante (ser) *adj.* wichtig sein; **es ~ que** + *subj.* es ist wichtig, dass
importar a alg. a/c jdm. (etw.) wichtig sein; **~ a/c** etw. importieren
la **impresión** (*pl.* **impresiones**) der Eindruck
impresionante *adj.* beeindruckend
la **impresora** der Drucker
imprimir a/c etw. (aus)drucken
imprudente (ser) *adj.* unvorsichtig
inacabado/-a unvollendet

la **inauguración** (*pl.* **inauguraciones**) die Eröffnung, die Einweihung
el/la **inca** der/die Inka
incluir a/c etw. einschließen 5AC
incluso (con) + *sust.* sogar (mit) + *Nomen* 4A
increíble (ser) *adj.* unglaublich
incuestionable (ser) *adj.* unumstritten sein 4C
la **independencia** die Unabhängigkeit
el/la **indígena** der/die Ureinwohner/in
el **individuo** das Individuum 4C
la **industria** die Industrie; **la ~ automotriz** die Autoindustrie 5AC; **la ~ textil** die Textilindustrie 3AC
influir en a/c etw. beeinflussen 2B
la **información** (*pl.* **informaciones**) die Information
el **informativo** die Nachrichtensendung *Fernsehen*
el ***informe*** der Bericht
la **infraestructura** die Infrastruktur 5A
Inglés Englisch *Schulfach*
el **inglés** Englisch *Sprache*
el **ingrediente** die Zutat
el **ingreso** das Einkommen; **el ~ medio por mes** das monatliche Durchschnittseinkommen
iniciar a/c etw. beginnen 5B
injusto/-a (ser) ungerecht sein 2A
inmenso/-a riesig
la **inmigración** die Einwanderung 4AC
el/la **inmigrante** der/die Einwanderer/-in; **~ (ser)** *adj.* Migrations- + *Nomen* 4AC
inmigrar immigrieren
inmoral (ser) *adj.* unmoralisch sein 4C
inquieto/-a lebhaft, unruhig
insistir (en) beharren, bestehen (auf)
insoportable *adj.* unerträglich 2A
inspirarse en a/c sich inspirieren lassen von
instintivamente *adv.* instinktiv 5B
integrado/-a (estar) integriert sein 4A
integrarse sich integrieren
inteligente *adj.* intelligent, klug

la **intención** (*pl.* **intenciones**) die Absicht
intentar + *inf.* versuchen, etw. zu tun
intercambiarse a/c etw. untereinander austauschen 4B
el **interés** das Interesse 2C
interesante *adj.* interessant
interesar a alg. a/c jdn. etw. interessieren
interminable (ser) unendlich
el **internet** das Internet; **por ~** im Internet
interpretar a/c etw. darstellen, ausdrücken
interrumpir a alg., a/c jdn./etw. unterbrechen
la **introducción** (*pl.* **introducciones**) die Einführung
inútil (ser) *adj.* nutzlos sein 2A
inventarse a/c sich etw. ausdenken 1A
el **invernadero** das Gewächshaus
el/la **investigador/a** der/die Forscher/in 4AC
investigar a/c etw. untersuchen
el **invierno** der Winter
(ser) invisible *adj.* unsichtbar sein 4AC
la **invitación** (*pl.* **invitaciones**) die Einladung
el/la **invitado/-a** der Gast
(estar) invitado/-a eingeladen sein 5B
invitar (a alg. a + *inf.***)** jdn. einladen (etw. zu tun)
ir (a) gehen (zu, nach); **~ a** + *inf.* etw. tun werden; **~ a buscar** jdn./etw. abholen; **~ a pie** zu Fuß gehen; **~ bien con** gut passen zu; **~ de compras** einkaufen gehen; **~ de paso** vorbeigehen; **~ de tiendas** *etwa:* shoppen gehen; **~ en barca** mit dem Boot fahren; **~ en coche/bici** mit dem Auto/Fahrrad fahren; **~ tirando** *fam. etwa:* über die Runden kommen 2AC
el/la ***irlandés/-esa*** der/die Ire/-in
irregular (ser) *adj.* unregelmäßig *hier:* illegal sein 4C
irse weggehen; **~ a la cama** ins Bett gehen; **~ por ahí** *fam.* unterwegs sein, ausgehen

la **isla** die Insel 4A
italiano/-a italienisch
a la **izquierda (de)** links

J

el **jaguar** der Jaguar
el **jaleo** *etwa:* der Krach, das Durcheinander
el **jamón** (*pl.* **jamones**) der Schinken
el **jardín** (*pl.* **jardines**) der Garten
la **jaula** der Käfig 5B
el/la **jefe/-a** der/die Chef/in
el **jersey** der Pullover
joven *adj.* jung
el/la **joven** (*pl.* **jóvenes**) der/die Jugendliche
la ***jubilación (pl. jubilaciones)*** die Rente
jubilado/-a (estar) pensioniert (sein)
el **juego** das Spiel; **el ~ de llaves** das Schlüsselbund; **el ~ de ordenador** das Computerspiel
el **jueves** der Donnerstag
el/la **jugador/a** der/die Spieler/in
jugar (a) a/c (u → ue) etw. spielen; **~ al balonmano** Handball spielen
julio *m.* Juli
junio *m.* Juni
junto a + *sust.* neben + *Nomen*
juntos/-as zusammen
el **jurado** die Jury *Wettbewerb*
justo genau, gerade; **no es ~ que** + *subj.* Es ist nicht gerecht, dass
justo/-a (ser) gerecht, fair sein
la ***juventud*** die Jugend(zeit)

K

el **karaoke** das Karaoke
el **kilo** das Kilo
el **kilómetro** der Kilometer
el **kiosco** der Kiosk

L

el **labio** die Lippe 5B
el ***laboratorio*** das Labor
lácteo/-a (ser) Milch- + *Nomen*
el **lado** die Seite, der Ort; **al ~ de** neben; por **ningún ~** nirgends; **por un ~ y por otro ~** einerseits und andererseits
el **ladrillo** der Ziegel(-stein)
el **lago** der See

lamentable (**ser**) *adj.* bedauerlich
lamentablemente *adv.* leider
la **lámpara** die Lampe
el **lápiz** (*pl.* **lápices**) der Stift/Bleistift; **el ~ de color** der Buntstift
largarse *fam.* abhauen
el **largo** die Länge
largo/-a (**ser**) lang
la **lata (de)** die Dose; **dar la ~ a alg.** *fam.* jdn. belästigen, nerven *umg.*
el/la **latino/-a** der/die Lateinamerikaner/in 4A
Latinoamérica Lateinamerika
la **lavadora** die Waschmaschine
lavar a/c etw. waschen
el **lavavajillas** die Spülmaschine
la **leche** die Milch
la **lechuga** der Kopfsalat
la **lectura** die Lesung, die Lektüre
leer a/c etw. lesen
legal (**ser**) *adj.* legal sein 4C
lejos *adv.* weit
el ***lema*** das Motto
el **lémur** der Lemur *Tier*
la **lengua** die Sprache; ***la ~ cooficial*** die zweite Amtssprache; **la ~ materna** die Muttersprache; **la ~ oficial** die Amtssprache
Lengua y Literatura Sprache und Literatur (= Spanisch) *Schulfach*
les ihnen *indirektes Objektpronomen*
levantar (la mano) sich melden *im Unterricht;* **~se** aufstehen
leve (**ser**) *adj.* leicht sein 5B
la **ley** das Gesetz 4C; **ante la ~** vor dem Gesetz 4C
la **leyenda** die Legende
liarse durcheinander kommen
la **libertad** die Freiheit
libre *adj.* frei
libremente *adv.* frei
la **libreta** das Notizbuch 1B
el **libro** das Buch; **el ~ (de español)** das (Spanisch-)Buch; **el ~ de Ciencias** das Naturkundebuch *Schule*; **el ~ de historia** das Geschichtsbuch
el **libro electrónico** das elektronische Buch
limitar con angrenzen an
limpiar a/c etw. sauber machen, putzen
limpio/-a sauber sein
lindo/-a (**ser**) *lat. am.* schön
la **línea** die Linie; **en ~** online
el **lío** das Durcheinander
armarse un lío ein Durcheinander verursachen 1AC
la **lista de las compras** die Einkaufsliste
listo/-a (**ser**) klug, schlau; **~** (**estar**) fertig sein
el **litro (de)** der Liter
la **llamada** der Anruf
llamar anrufen, rufen; **~ a alg., a/c** jdn., etw. nennen; **~ la atención de alg.** die Aufmerksamkeit von jdm. wecken; **~ por teléfono** anrufen; **~se** heißen
llamativamente *adv.* beachtlich, nennenswert 4A
la **llave** der Schlüssel; **la ~ del coche** der Autoschlüssel
llegar (a) kommen, ankommen; **~ a** + *inf.* **a/c** schaffen, etw. zu tun; **~ a casa** nach Hause kommen; **~ tarde** zu spät kommen
llenar de orgullo a alg. jdn. mit Stolz erfüllen 5B
llenarse satt werden
lleno/-a (de) (**estar**) voll sein
llevar a alg. jdn. bringen, mitnehmen *Auto*; **~ a/c** etw. tragen *Kleidung*; **~ a/c** etw. mitbringen 4B; **~ unas pintas** *fam. etwa:* auffällige Kleidung tragen 1AC; **~se bien/mal con alg.** sich mit jdm. gut/schlecht verstehen
llorar weinen
llover (**o → ue**) regnen
lo es *Pronomen;* **~ que** was *Relativpronomen*
loco/-a (**estar**) verrückt; **~ por a/c** (**estar**) + *inf.* sich auf etw. total freuen
el/la **locutor/a** der/die Sprecher/in
Londres London
la **longitud** die Länge
el **loro** der Papagei
los/las die (*m./f./Pl.*)
los demás die Anderen, die Restlichen
los/las dos beide
luchar por alg., a/c um jdn./etw. kämpfen 2AC
lucir como (**c → zc**) + *sust.* wie + *Nomen* aussehen 4B
luego dann, nachher, danach
el **lugar** der Ort; **el ~ de nacimiento** der Geburtsort 4AC; **el ~ de residencia** der Wohnsitz 4AC; **en ~ de** + *sust.* anstatt + *Nomen;* **fuera de ~** (**estar**) fehl am Platz sein 1A
la **Luna** der Mond
el **lunes** der Montag; **los ~** montags
la **luz** (*pl.* **luces**) das Licht; **la ~ eléctrica** das elektrische Licht

M

la **macedonia** der Obstsalat
la **madre** die Mutter
el/la **madrileño/-a** der/die Madrider/in
madurar reifen
el ***magazine*** das Magazin *Fernsehen*
mágico/-a magisch
el **maíz** der Mais
majo/-a *fam.* nett, sympathisch
mal *adv.* schlecht; **~** (**estar**) jdm. schlecht gehen; **de ~ humor** (**estar**) schlecht gelaunt
el **mal humor** die schlechte Laune 2A
la **malaria** die Malaria
la **maleta** der Koffer
malo/-a schlecht
malo/-a (**estar**) krank; **~/-a** (**ser**) schlecht, *auch:* böse sein
la **mamá** die Mama
mañana morgen; der Morgen; *hora* + **de la ~** Uhrzeit + morgens; **esta ~** heute morgen; **por la ~** morgens; **¡Hasta ~!** Bis morgen!
mandar a alg. a/c jdm. etw. schicken, etw. verschicken
la **manera** die Art und Weise 4AC
la **manga** der Ärmel; **de ~ corta** kurzärmelig; **de ~ larga** langärmelig
manipular a alg. jdn. manipulieren
la **mano** die Hand; **de ~ en ~** von Hand zu Hand; **echar una ~ a alg.** jdm. zur Hand gehen 1AC; **la ~ de obra** *sg.* die Arbeitskraft 5A
mantener a/c (**e → ie**) etw. aufrechterhalten, bewahren 2B
la **mantequilla** die Butter
la **manzana** der Apfel

el **mapa** die (Land)karte
el **mar** das Meer; **un ~ de gente** eine Menschenmenge
marcharse fortgehen 4B
el **marido** der Ehemann 3A
el **marinero** der Seemann, der Matrose
el **marisco** die Meeresfrucht
el / la **marroquí** der / die Marrokaner/in
Marte der Mars
el **martes** der Dienstag
más mehr; **~ al este** östlichste/r; **~ al norte** nördlichste/r; **~ al oeste** westlichste/r; **~ al sur** südlichste/r; **~ allá de** + *sust.* über + *Nomen* + hinaus 5A; **~ de** + *número* mehr als + *Zahl;* **~ o menos** mehr oder weniger
la **mascota** das Haustier
masivo/-a (**ser**) massiv, massenhaft sein 5A
matar a alg. jdn. töten
Matemáticas Mathematik *Schulfach*
la **materia** der Lernstoff; **la ~ prima** der Rohstoff 5AC
Mates *fam.* = **Matemáticas** Mathe *Schulfach*
matricularse en a/c sich einschreiben (in etw.)
máximo (al ~) aufs Beste 2AC
el / la **maya** der / die Maya
maya (**ser**) *adj.* Maya- + *Nomen*
mayo *m.* der Mai
mayor (que) älter (als)
la **mayoría (de** + *sust.*) die Mehrheit (von + *Nomen*)
la **medalla** die Medaille
la **(nota) media** der Durchschnitt, die Durchschnittsnote 2B
la **medicina** Medizin
médico/-a medizinisch
el / la **médico/-a** der / die Arzt / Ärztin
la **medida** das Maß; **a ~** nach Maß
medio/-a halb
el **medio de transporte** das Transportmittel
el **medio ambiente** die Umwelt
medio dormido/-a (**estar**) halb verschlafen
medio kilo (de) halbes Kilo
medio loco/-a (**estar**) verrückt
el **mediodía** der Mittag
medir a/c (e → i) etw. messen

meditar sobre a/c über etw. nachdenken 5B
mediterráneo/-a mediterran, Mittelmeer- + *Nomen*
la **megaciudad** die Megastadt 5A
mejor *adv.* besser; **a lo ~** *fam.* womöglich; **[...] es ~ que nada** *fam.* [...] ist besser als gar nichts
el / la **mejor** der / die / das Beste
mejorar a/c etw. verbessern 4C
el **melocotón** der Pfirsich
el **melón** (*pl.* **melones**) die Melone
la **memoria** das Gedächtnis, der Speicher *Computer;* **la ~ USB** der Memory-Stick
memorizar a/c (z → c) sich etw. merken, sich etw. einprägen 2A
menor (que) jünger (als)
menos weniger; außer 1B; **~ +** *adj.* **(que)** weniger + *Adj.* (als); **~ mal que** zum Glück
el **mensaje** die SMS, Nachricht; **el ~ de texto** die SMS
la **mente** der Geist, der Verstand
mentir (e → ie) lügen 2C
la **mentira** die Lüge
menudo/-a winzig, klein
el **mercadillo** der Flohmarkt; **el ~ de Navidad** der Weihnachtsmarkt
el **mercado** der Markt; **el ~ laboral** der Arbeitsmarkt 2C
merecerse a/c (c → zc) etw. verdienen *Lob, Tadel* 2B
la **merienda** der Imbiss
la **mermelada** die Marmelade
el **mes** der Monat
la **mesa** der Tisch
el **metal** das Metall 5AC
meter a/c en a/c etw. (in etw.) (hinein) stecken / legen; **~ una canasta** einen Korb werfen *Sport*
meterse con *fam.* sich anlegen mit; **~ en a/c** sich Gedanken machen um, sich einmischen in; **~ en una pelea** *fam.* in Streit geraten
el **metro** die U-Bahn; der Meter *Längeneinheit*; **un ~ de largo** ein Meter Länge
el / la **mexicano/-a** der / die Mexikaner/in
la **mezcla** die Mischung
mezclar a/c etw. vermischen
mi mein/e (*m./f./n./Sg.*)

el **miedo** die Angst; **dar ~ a alg. (que)** jdm. Angst machen, befürchten
el **miembro** das Mitglied
mientras während
el **miércoles** Mittwoch
la **migración** die Migration 4AC
el / la **migrante** der / die Ein- oder Auswanderer/in 4AC
migratorio/-a Zug-, Wander- + *Nomen*
miles de + *sust.* Tausende von + *Nomen* 4C
el / la **militar** der / die Soldat/in 3A
el **millón** (*pl.* **millones**) die Million
la **mina** das Bergwerk 5AC
el **mineral** das Mineral
el **ministerio** das Ministerium
el **minuto** die Minute
la **mirada** der Blick 5B
mirar schauen
mirarse a/c sich etw. angucken; **~ en el espejo** sich im Spiegel anschauen 5B
mis meine (*m./f./n./Pl.*)
el / la **mismo/-a** der / die / das gleiche, derselbe, dieselbe, dasselbe; **¡Me da lo ~!** *fam.* Das ist mir egal!
la **mitad** die Hälfte
la **mochila** der Rucksack
la **moda** die Mode 3AC
el **modelo** das Modell
el / la **moderador/a** der / die Moderator/in
moderno/-a modern
modesto/-a (**ser**) bescheiden sein 4B
un **mogollón** *fam.* der Haufen, sehr viele; **un ~ (de gente)** *fam.* eine Menge (Leute)
mojarse nass werden
molar gefallen 1AC
el **momento** der Moment; **por el ~** im Moment, zur Zeit
la **monarquía parlamentaria** die parlamentarische Monarchie 3AC
la **moneda** die Währung *auch:* die Münze
el **monedero** das Portmonee
el / la **monitor/a** der / die Betreuer/in
mono/-a *fam.* niedlich, schön
el **monopatín** (*pl.* **monopatines**) das Skateboard

el **monstruo** das Ungeheuer, das Monster
la **montaña** der Berg
montar a/c etw. aufbauen; **~ a caballo** reiten
el **monte** der Berg
moral (ser) *adj.* moralisch sein 4C
morir (o → ue) sterben; **~se (o → ue)** sterben 4A; **~se de hambre** verhungern; **~se por a/c** *fam. etwa:* etw. heiß ersehnen
mostrar (o → ue) a alg. a/c jdm. etw. zeigen
el **motivo** der Grund 2A
mover a/c (o → ue) etw. bewegen
el **móvil** das Handy
el **movimiento** die Bewegung 5B
la ***mozzarella*** Mozzarella *Käsesorte*
el **mp3** das MP3 Audioformat
el **(reproductor) mp3** der MP3-Player
mucho viel; **~ más** viel mehr
mucho/-a viel/e
mudarse (a) umziehen *Ortswechsel*
el **mueble** das Möbelstück
la **muerte** der Tod 3A
el/la **muerto/-a** der/die Tote
la **mujer** die Frau, die Ehefrau
la **muleta** die Krücke
multicolor *adj.* mehrfarbig
multicultural (ser) *adj.* multikulturell sein 3B
el **mundo** die Welt
la **muralla** die Stadtmauer, die Mauer
murmurar murmeln 5B
el **muro** die Mauer 4C
el **museo** das Museum
la **música** die Musik
el/la **músico/-a** der/die Musiker/in
muy sehr

N

nacer (c → zc) geboren werden
el ***nacionalismo*** der Nationalismus
nacionalizar verstaatlichen
nada nichts; **[...] es mejor que ~** *fam.* [...] ist besser als gar nichts; **~ más** sonst nichts, *auch:* nichts mehr; **~ por el estilo** *etwa:* nichts Ähnliches 4B
Nada de nada. Es ist nichts passiert.
nadar schwimmen
nadie niemand
la **naranja** die Orange
el **naranjo** der Orangenbaum
la **nariz** (*pl.* **narices**) die Nase
natal *adj.* Geburts- + *Nomen* 4A
la **naturaleza** die Natur
naufragar Schiffbruch erleiden
el **naufragio** der Schiffbruch
navegable *adj.* schiffbar
navegar (en) surfen *Internet*
la **Navidad** die Weihnachten 5B
necesario/-a (ser) *adj.* wichtig, notwendig; **es ~ que** + *subj.* es ist wichtig, dass
necesitar + *inf.* etw. tun müssen; **~ a/c** etw. brauchen
negar a alg. a/c (e → ie) jdm. etw. verwehren 5A; **~ con la cabeza (e → ie)** den Kopf schütteln 4C
negativo/-a negativ
el **negocio** das Geschäft, die Verhandlung
negro/-a schwarz
nervioso/-a nervös
nevar (e → ie) schneien
la **nevera** der Kühlschrank
ni = no gar nicht; **~ por todo el dinero del mundo** für kein Geld der Welt; **~ nada** noch sonst was; **~ siquiera** *adv.* nicht einmal; **~ un solo/ni una sola** + *sust.* *etwa:* gar kein + *Nomen*
la **nieve** der Schnee
niguno/-a keiner/-e
por **ningún lado** nirgends
ningún/ninguna + *sust.* kein/e + *Nomen*
el/la **niño/-a** das Kind; **de ~** als Kind 4A
el **nivel (de vida)** der (Lebens) Standard 4C; **el ~ del mar** der Meeresspiegel; **a ~ internacional** auf internationaler Ebene 3AC; ***a ~ mundial*** weltweit
no nein, nicht; **~ [...] nada** nichts; **~ [...] nadie** niemand; **~ [...] ni [...] ni [...]** weder [...] noch [...] noch [...]; **~ [...] nunca** nie; **~ es justo que** + *subj.* Es ist nicht gerecht, dass; **~ mover ni un dedo** keinen Finger regen/krumm machen; **~ obstante** trotzdem
¿No? Nicht wahr?
la **noche** die Nacht/der (späte) Abend; **de ~** nachts; *hora* + **de la ~** (*Uhrzeit*) + abends, nachts; **por la ~** nachts, spät abends
nombrar a alg. a/c jdn. zu etw. ernennen 3A
el **nombre** der Name
normal *adj.* normal
normalmente *adv.* normalerweise
el **norte** der Norden
nos uns *indirektes Objektpronomen*
nosotros/-as wir (*m./f./Pl.*)
nostálgico/-a nostalgisch
la **nota** der Zettel, die Notiz; die Note
el **notable** Gut *Schulnote*
el/la **notario/-a** der/die Notar/in 2B
la **noticia** die Nachricht
noviembre *m.* November
el/la **novio/-a** der/die feste Freund/in
la **nube** die Wolke
nuestro/-a unser/e (*m./f./n./Sg.*)
Nueva York New York 4A
el **Nuevo Mundo** die Neue Welt
nuevo/-a neu
el **número** die Zahl, die Telefonnummer
nunca nie

O

o oder; **~ sea** *fam.* also, mit anderen Worten
O [...], o [...]. Entweder [...], oder [...].
el **obelisco** der Obelisk
obligar a + *inf.* verpflichten zu
obligatorio/-a (ser) obligatorisch
la **obra (de teatro)** das (Theater) stück; **la ~ maestra** das Meisterwerk; **las ~s de construcción** die Bauarbeiten
observar a/c etw. beobachten
el **océano** der Ozean; **el Océano Atlántico** der Atlantik
ochocientos/-as achthundert
ocupar a/c etw. einnehmen
ocurrirse einfallen
odiar a alg., a/c jdn./etw. hassen
el **oeste** der Westen
oficial (ser) *adj.* offiziell
la **oficina** das Büro
ofrecer a alg. a/c (c → zc) jdm. etw. anbieten
oír a/c etw. hören
ojalá (que) + *subj.* hoffentlich

el **ojo** das Auge
¡Ojo! Aufgepasst!
el **olivo** der Olivenbaum
el **olor** der Geruch, der Duft
olvidar a/c etw. vergessen
el **ombligo** der Bauchnabel der Mittelpunkt; **el ~ del mundo** der Nabel der Welt
once elf
ondular *hier:* etw. schwenken 5B
la **opción** (*pl.* **opciones**) die Wahl
opinar a/c etw. meinen
la **opinión** (*pl.* **opiniones**) die Meinung
oponerse gegen etw. sein
la **oportunidad** die Gelegenheit
la **Optativa** das Wahlfach *Schulfach*
el **orden** die Reihenfolge 1A; **por ~ alfabético** in alphabetischer Reihenfolge 1A
el **ordenador** der Computer
ordenar aufräumen
la **oreja** das Ohr 5B
organizar a/c (z → c) etw. organisieren
orgulloso/-a de alg., a/c (**estar**) auf jdn./etw. stolz sein 2B
el/la **orientador/a escolar** der/die Berufsberater/in 2A
el **origen** (*pl.* **orígenes**) die Herkunft, der Ursprung
original (**ser**) *adj.* originell
la **orilla** der Rand, die Kante
el **oro** das Gold
os euch *Dativpronomen*
la **ostra** die Auster
otra vez noch einmal schon wieder
el/la **otro/-a** + *sust.* der/die/das andere + *Nomen*
los/las **otros/-as** die Anderen

P

el **padre** der Vater; el ~ + *apellido* der Priester + *Familienname* 4C
los **padres** die Eltern
la **paga** *fam.* das Taschengeld, *auch:* der Lohn
pagar a/c etw. bezahlen, zahlen
la **página** die Seite *Buch*; **la ~ web** die Webseite
el **país** das Land
el **paisaje** die Landschaft
los **países andinos** die Andenländer

el **pájaro** der Vogel
la **palabra** das Wort
el ***palmeral*** der Palmengarten
palpitar schlagen *das Herz* 5B
el **pan** das Brot; **el ~ de especias** der Pfefferkuchen
la **panadería** die Bäckerei
el/la **panadero/-a** der/die Bäcker/in
el **pánico** die Panik
la **pantalla** der Bildschirm, die Leinwand
los **pantalones** die Hose
la ***papa*** *lat. am.* die Kartoffel
el **papá** der Papa
el **papel** das Papier; **el ~ periódico** das Zeitungspapier
la **papelería** das Schreibwarengeschäft
el **paquete (de)** das Paket
para + *inf.* um zu + *Inf.*; für; **~ colmo** noch dazu; **~ el lunes** für Montag; **~ mí** für mich; **~ ti** für dich; **~ que** + *subj.* damit 2AC
¿Para qué? Wozu?
la **parada** die Haltestelle, Zwischenstopp
el **paraíso** das Paradies
parar stoppen, halten; **~ de** + *inf.* aufhören etw. zu tun
el **parásito** der Schädling
parecer (c → zc) + *inf.* scheinen zu + *Inf.*; **~ a alg. a/c (c → zc)** etw. meinen 5B
parecer (c → zc) wirken, scheinen
la **pared** die Wand
el **parlamento** das Parlament 3AC
parlanchín/-ina geschwätzig
el **parque** der Park; **el ~ de atracciones** der Vergnügungspark; **el ~ nacional** der Nationalpark
la **parte** der Teil
participar (en) (an etw.) teilnehmen
el **partido** das Spiel *Sport*; **el ~ de fútbol** das Fußballspiel
partirse de risa sich vor Lachen biegen 1A
pasar por a/c durch etw. durchgehen, an etw. vorbeigehen
pasado/-a vergangen
el ***pasaporte*** der Reisepass
pasar verbringen *Zeit*

pasar passieren, geschehen; **~ a alg. a/c** jdm. etw. (weiter)geben; **~ de moda** aus der Mode kommen; **~ el tiempo** + *ger.* die Zeit mit etw. verbringen; **~ la noche** übernachten; **~ por delante de alg., a/c** an jdm./etw. vorbeigehen 2A; **~lo bomba** *fam.* sich köstlich amüsieren, eine tolle Zeit haben; **~lo pipa** *fam. etwa:* sich prächtig amüsieren
pasear spazieren gehen
paso (**dar un ~**) einen Schritt machen 2A
el **pasillo** das Treppenhaus, der Flur
el **pastel** der Kuchen, *auch:* die Torte; **el ~ de cumpleaños** der Geburtstagskuchen
la **pata** die Pfote
la **patata** die Kartoffel; **las ~ fritas** die Pommes frites
patear a alg., a/c jdn./etw. treten 5B
el **patio** der Hof
la **patria** die Heimat 4B
la **pausa** die Pause
la **payasada** der Blödsinn; **hacer ~s** Blödsinn machen
la **paz** die Ruhe, *auch:* der Frieden; **en ~** in Ruhe
el **pedacito** *fam.* das Stückchen
pedir a alg. a/c (e → i) jdn. um etw. bitten, *auch:* etw. wünschen, etw. bestellen
pegar a/c etw. schlagen; **~se a a/c** sich hängen an, kleben, heften
la **pelea** der Streit
pelearse sich streiten, sich raufen
la **película** der Film
peligroso/-a gefährlich
el **pelo** das Haar
la **pelota** der Ball
la **pena** das Leid, die Mühe
la **peña** *fam.* die Clique 1AC
pensar + *inf.* **(e → ie)** vorhaben, etw. zu tun 2A; **~ en alg., a/c (e → ie)** denken (an); **~ a/c (e → ie)** *fam.* sich etw. denken, überlegen
pensativo/-a (**estar**) *adj.* nachdenklich
peor *adj.* schlechter
el/la **peor** der/die/das Schlimmste/Schlechteste

pequeño/-a klein
la **pera** die Birne
la **percha** die Kleiderstange 1B
perder a/c (e → ie) etw. verlieren; **~ el autobús** (e → ie) den Bus verpassen 1AC; **~se** (e → ie) sich verlaufen, sich verfahren; **~se** (e → ie) **a/c** etw. verpassen
la **pérdida de tiempo** die Zeitverschwendung 2A
perdido/-a (**estar**) *etwa:* sich verlaufen / verfahren haben
perdonar entschuldigen
perfectamente *adv.* perfekt
perfecto/-a perfekt *Zustand*
el **periódico** die Zeitung
el / la **periodista** der / die Journalistin 3A
el **periodo de sequía** die Trockenperiode 3C
el **periquito** der Wellensittich
el **permiso legal** die Aufenthaltserlaubnis 4C
permitir a/c etw. erlauben
pero aber; **~ sí** und dennoch 3A
perplejo/-a ratlos
el **perro** der Hund; **el ~ callejero/-a** der Straßenhund
la **persona** die Person
el **personaje** die Person *Fernsehen*
personal (**ser**) *adj.* persönlich, Personen- + *Nomen* 1AC
el / la **peruano/-a** der / die Peruaner/in
pesado/-a lästig
pesar a alg., a/c jdn., etw. wiegen
el **pescado** das Fischgericht *Essen*
el / la **pescador/a** der / die Fischer/in
pescar angeln, fischen
el **petróleo** das Rohöl
el **pez** (*pl.* **los peces**) der Fisch
picar scharf sein *Essen*
el **pie** der Fuß; **ir a ~** zu Fuß gehen
la **piedra** der Stein
la **pierna** das Bein
pillar a alg. jdn. erwischen 2C
la **piña** die Ananas
el **pingüino** der Pinguin
el / la **pintor/a** der / die Maler/in
pisar a/c etw. betreten
la **piscina** das Schwimmbad
el **piso** die Wohnung
la **pista** der Tipp
la **pizarra** die Tafel
el **plan** der Plan
planear a/c etw. planen
el **planeta** der Planet
la **planificación** (*pl.* **planificaciones**) die Planung 2C
la **planta** die Anlage; das Stockwerk
la **plantación** (*pl.* **plantaciones**) die Plantage
el **plástico** der Kunststoff
el **plátano** die Banane
el **plato** der Teller das Gericht; **los ~s** das Geschirr
la **playa** der Strand
la **plaza** der Platz
la **pluma** der Füller
la **población** die Bevölkerung; **la ~ económicamente activa** die erwerbstätige Bevölkerung
poblado/-a (**estar**) bewohnt sein 5A
pobre *adj.* arm
la **pobreza** die Armut 4C
poco/-a wenig/e; **~ a ~** nach und nach; **~ antes de** kurz bevor, kurz vor 2A; **~ después** kurz darauf
el **poder** die Macht, die Kraft
poder (o → ue) können
los **poderes mágicos** die magischen Kräfte
la **poesía** die Poesie 4B
poético/-a (**ser**) poetisch sein 4B
la **policía** die Polizei 1AC
policíaco/-a Kriminal- + *Nomen*
el **polideportivo** das Sportzentrum
la **política** die Politik
el **pollito** das Küken
Polonia Polen
el **polvo** der Staub
poner a/c etw. stellen, legen; **~ a/c** etw. zeigen *Fernsehen*; **~ a/c** etw. schreiben *Formular*; **~ la fuente** die Quelle angeben 2C; **~ la mesa** den Tisch decken; **~ la mano en el fuego por alg., a/c** die Hand für jdn. / etw. ins Feuer legen; **~se** + *adj.* werden + *Adj.*; **~se a** + *inf.* anfangen etw. zu tun; **~se a/c** sich etw. anziehen; **~se al día** sich Neuigkeiten erzählen; **~se agresivo/-a** aggressiv werden; **~se rojo/-a (como un tomate)** *fam.* rot (wie eine Tomate) werden; **~se así** *fam. etwa:* komisch werden; **~se de acuerdo** sich einigen; klarkommen mit; **~se las pilas** *fam.* sich anstrengen, ranklotzen *umg.*; **~se (al teléfono)** ans Telefon gehen
popular (**ser**) *adj.* populär sein
por durch; per *Medium / Hilfsmittel*; wegen; + *tiempo* für; **~ ahí** dort; **~ aquí** in der Nähe; **~ cierto** übrigens; **~ completo** vollständig; **~ culpa** wegen; **~ dentro** innen; **~ detrás de** nach, hinter 3AC; ***~ encima de*** über, höher als; **~ eso** deswegen; **~ fa** *fam.* = **~ favor** bitte; **~ fin** endlich; **~ lo menos** zumindest, wenigstens; **~ poco** beinahe, fast; **~ si [...]** *etwa:* falls [...]; **~ supuesto** natürlich; **~ toda la sala** durch den ganzen Saal; **~ último** zuletzt
¿Por qué? Warum?
el ***porcentaje*** der Prozentsatz
porque weil
el / la **portero/-a** der Hausmeister
el / la ***portugués/-esa*** der / die Portugiese/-in
la **posibilidad** die Möglichkeit 2A
posible *adj.* möglich
la **posición** (*pl.* **posiciones**) die Position 4B
positivo/-a positiv 5A
prácticamente *adv.* praktisch
practicar a/c etw. üben; **~ deporte/s** Sport machen / treiben
las **prácticas** *pl.* das Praktikum 2C
el **precio** der Preis 2A
precioso/-a toll
precolombino/-a präkolumbianisch
preferir a/c (e → ie) etw. lieber wollen, bevorzugen
la **pregunta** die Frage
preguntar fragen; **~ la hora** nach der Uhrzeit fragen
el **premio** der Preis, die Auszeichnung
la ***prensa*** die Presse
preocupado/-a (**estar**) besorgt sein 5B
preocuparse por alg. sich um jdn. kümmern

preparar a/c etw. vorbereiten; **~se para a/c** sich auf etw. vorbereiten 2B

la **presentación** (*pl.* **presentaciones**) das Referat

presentar a alg., a/c jdn./etw. vorstellen; **~se a** sich vorstellen bei *auch:* sich bewerben für

el **presente** die Gegenwart 4C; **~** (**estar**) *adj.* weit verbreitet sein

la **presidencia** die Präsidentschaft 4B

el/la **presidente/-a** der Präsident 4B

la ***presión*** (*pl.* ***presiones***) der Druck

prestar a alg. a/c jdm. etw. borgen, ausleihen; **~ atención a a/c** etw. beachten, aufpassen

la **primavera** der Frühling

el/la **primer/a** + *sust.* der/die/das erste + *Nomen*

primero *adv.* zuerst

el/la **primero/-a** der/die Erste

los **primeros auxilios** *pl.* die erste Hilfe

el/la **primo/-a** der/die Cousin/e

principal *adj.* Haupt- + *Nomen*

el **príncipe, la princesa** der/die Prinz/essin *hier:* der Fürst 3A

pringar *fam.* schuften 1AC

prisa (**darse ~**) sich beeilen; **¡Date ~!** Beeile dich!

privado/-a (**ser**) privat sein 1B

el **privilegio** das Privileg

probablemente *adv.* wahrscheinlich

probar a/c (**o → ue**) etw. probieren

el **problema** das Problem

producir a/c (**c → zc**) etw. produzieren, hervorrufen

el **producto** das Produkt; **el ~ químico** die Chemikalie

el/la **profe** *fam.* der/die Lehrer/in

la **profesión** (*pl.* **profesiones**) der Beruf

profesional (**ser**) *adj.* hauptberuflich; **~** *adj.* Berufs- + *Nomen, auch:* professionell

el/la **profesor/a** der/die Lehrer/in

profundo/-a (**ser**) tief sein, *hier:* tiefgründig sein 4B

el **programa** das Programm; das Computerprogramm; die Sendung *Fernsehen und Radio*

el/la **programador/a informático/-a** der/die Computerprogrammierer/in

prohibido (**estar**) verboten (sein)

prohibir a alg. a/c jdm. etw. verbieten

el **promedio** der Durchschnitt

prometer a alg. a/c jdm. etw. versprechen 4A

pronto bald

el/la **propio/-a** der/die/das eigene

proponer a alg. a/c jdm. etw. vorschlagen

el **propósito** die Absicht

la **protección** (*pl.* **protecciones**) der Schutz 4C

proteger a alg., a/c jdn./etw. schützen

protegido/-a geschützt

provenir de (**e → ie**) kommen, stammen

la **provincia** die Provinz

las **provisiones** *pl.* der Vorrat

próximo/-a nächste/r/s

el **proyecto** das Projekt

la **prueba** die Prüfung; **la ~ de acceso** die Zulassungsprüfung

el **público** das Publikum

el **pueblo** das Dorf, *auch:* das Volk

la **puerta** die Tür; das Tor; **la ~ principal** die Haustür

el **puerto** der Hafen

el/la **puertorriqueño/-a** der/die Puerto-Ricaner/in 4AC; (**ser**) **~/-a** puerto-ricanisch sein 4AC

pues also

pues no natürlich nicht

pues sí doch, natürlich, ja

el **puesto** der Stand; **el ~ (de trabajo)** die (Arbeits-)Stelle 2AC; **el ~ de venta** der Verkaufsstand

el **pulóver** *arg.* der Pullover

el **punk** der Punk *Musikstil*

el **punto** der Punkt

Q

que *conj.* dass *Konj.*; der, die, das *Relativpronomen*

¡Qué + *adj.*! Wie + *Adj.*!

¿Qué? Was (für)?

¡Qué + *sust.* + *más* + *adj.*! Was für + *Adj. Komp.* + *Nomen!*

el **quechua** Quechua, *auch:* Ketschua *Sprache*

quedar sich verabreden; **~ con hambre** noch Hunger haben, noch hungrig sein; **~se** bleiben; + *ger.* weiter etw. tun 5B; **~ con a/c** etw. behalten, bei etw. bleiben 2B; **~se con la boca abierta** *fam.* mit offenem Mund dastehen

quejarse (de alg.) sich (über jdn.) beklagen

querer + *inf.* **a/c** etw. tun wollen; **~ que** + *subj.* wollen/möchten, dass; **~ (e → ie)** wollen, mögen

querido/-a *etwa:* mein Lieber, meine Liebe *Anrede* 5B

el **queso** der Käse

quiché Quiché *Sprache*

¿Quién? (*pl.* **¿Quiénes?**) Wer?

¿Quiénes? Wer? *Pl. von ¿Quién?*

el/la **químico/-a** der/die Chemiker/in

químico/-a chemisch

quinientos/-as fünfhundert

el/la **quinto/-a** + *sust.* der/die/das fünfte + *Nomen*

quitar a alg. a/c wegnehmen, abmachen

quizás + *indicativo* vielleicht

R

el **racimo** der Blütenstand *Banane*

la **radio** das Radio

el **raíz** (*pl.* **raíces**) die Wurzel 4A

rápido/-a (**ser**) schnell

raro/-a komisch, seltsam 1B

el **rascacielo** der Wolkenkratzer

el **rato** die Weile; ein kurzer Augenblick 1B; **un buen ~** eine ganze Weile 5B

el **ratón** (*pl.* **ratones**) die Maus *Tier*; **el ~** (*pl.* **ratones**) die Computermaus

la **reacción** (*pl.* **reacciones**) die Reaktion

reaccionar reagieren

real (**ser**) *adj.* echt

la **realidad** die Wirklichkeit, die Realität; **en ~** in Wirklichkeit 1AC; **hacerse ~** sich erfüllen, wahr werden

realista (**ser**) *adj.* realistisch sein 2AC

realizar a/c (**z → c**) etw. machen, durchführen 2C

realmente *adv.* wirklich
recaudar dinero Geld sammeln
la **receta** das Rezept
recibir a/c etw. bekommen, erhalten
reciclar a/c etw. recyceln, wiederverwerten
recoger a alg., a/c jdn./etw. abholen; **~ a/c** etw. ernten; **~ a/c** etw. sammeln
reconocer a alg., a/c (c → zc) jdn., etw. wiedererkennen; **~ a alg., a/c (c → zc)** jdn./etw. anerkennen *hier:* etw. zugestehen 4AC
recordar (o → ue) sich erinnern
recorrer a/c etw. durchqueren; **~ a/c** etw. durchfahren 5A
el **recreo** die Pause *Schule*
el **recuerdo** das Souvenir, das Reiseandenken
las **recuperaciones** die Nachprüfungen
el **recurso** die Ressource 5C; **el ~ natural** die natürliche Ressource 5AC
la **red** das Netz *Internet;* **por la ~** per Internet; ***la ~ social*** das soziale Netz
redondo/-a (ser) rund
reducir a/c (c → zc) etw. reduzieren, etw. abbauen 5AC
la **refinería** die Raffinerie 5AC
reflejar a/c etw. widerspiegeln 3B; **~se** sich widerspiegeln 2C
regalar a alg. a/c jdm. etw. schenken
el **regalo** das Geschenk; **el ~ de cumpleaños** das Geburtstagsgeschenk
regañar a alg. mit jdm. schimpfen
el **régimen** (*pl.* **regímenes**) das Regime 4A
la **región** (*pl.* **regiones**) die Region
la **regla** die Regel
regular *adj.* mittelmäßig
regularmente *adv.* regelmäßig 5A
reír de a/c (e → i) über etw. lachen
Religión Religion *Schulfach*
la **religión** die Religion
el **reloj** die Uhr
repetir (e → i) wiederholen
repleto/-a (estar) vollgestopft
el **reportaje** die Reportage
el/la **reportero/-a** der/die Reporter/in
la **representación diplomática** die diplomatische Vertretung 3A
el/la **representante** der/die Vertreter/in *pol.* 3A
representar a alg., a/c jdn./etw. repräsentieren 4AC
el **(reproductor) mp3** der MP3-Player
la **República** die Republik 3A
la **República Dominicana** die Dominikanische Republik 4AC
la **residencia** der Aufenthaltsort 4C
resolver a/c (o → ue) etw. lösen 2B; **~se (o → ue)** sich klären, sich lösen
el **resort** das Urlaubsresort *Ferienanlage*
respetar a/c etw. berücksichtigen, respektieren
el ***respeto*** der Respekt, die Anerkennung
respirar atmen
responder anworten, beantworten
responsable (ser) *adj.* (für etw.) verantwortlich sein
la **respuesta** die Antwort
el **restaurante** das Restaurant
el **resto (de +** *sust.***)** der Rest (von + *Nomen*)
los **restos** *pl.* die Reste *hier:* der Abfall 5C
el **resultado** das Ergebnis
resultar a/c sich als etw. erweisen
el **resumen** (*pl.* **resúmenes**) die Zusammenfassung
el **reto** die Herausforderung 5AC
el **retraso** die Verspätung
la **reunión** (*pl.* **reuniones**) die Besprechung, das Treffen
reunirse sich treffen
la **revista** die Zeitschrift
la **revolución** (*pl.* **revoluciones**) die Revolution
revuelto/-a (estar) aufgewühlt, durcheinander sein
el/la **rey/reina** der/die König/in
rico/-a (ser) reich sein
rígido/-a steif 5B
el **rincón** (*pl.* **rincones**) die Ecke; **el ~ favorito** die Lieblingsecke; **el ~ de los deportes** *fam.* die Sportecke
el **río** der Fluss
la **riqueza** der Reichtum 3B
rizado/-a lockig
robar a alg. a/c jdm. etw. stehlen
el **robo** der Diebstahl 1B
el ***rodaje*** die Dreharbeiten
rodar a/c etw. drehen *Film*
rojo/-a rot
el **rollito de primavera** die Frühlingsrolle
el **rollo** *fam.* der Quatsch, das Gefasel
romper a/c etw. kaputt machen 5B
la **ropa** die Kleidung
rosa (ser) *adj.* rosa sein 5B
rubio/a blond
el **ruido** der Lärm
la **ruta** die Route, der Weg

S

el **sábado** der Samstag, *auch:* am Samstag; **hasta el ~** bis Samstag
saber a/c etw. wissen, *auch:* können
sacar bekommen *Schulnote;* **~ a/c de** etw. herausholen (aus); **~ de quicio a alg.** jdn. auf die Palme bringen 1A; **~ la basura** den Müll hinausbringen
la **sala** der Saal
el **salario** das Gehalt
la **salida** der Ausgang, die Ausfahrt der Start *Spiel;* **a la ~ del insti** *etwa:* nach der Schule
salir (hin)ausgehen; **~ a pasear** spazieren gehen; **~ con lo puesto** *fig.* fluchtartig fortgehen *hier:* das Land verlassen 4A; **~ en grupo** *etwa:* in der Gruppe ausgehen; **~ por la tele** im Fernsehen auftreten; **~ primero/-a** erste/r/s werden 5B
el **salón** das Wohnzimmer
la **salud** die Gesundheit
saludar a alg. jdn. begrüßen; **~ a alg. (de parte de alg.)** jdn. (von jdm.) grüßen
el **saludo** der Gruß
Saludos. *etwa:* Schöne Grüße.
el/la **salvaje** der/die Wilde
salvar a/c etw. retten; **~se de a/c** sich vor etw. retten
el **sándwich** das Sandwich; **el ~ de jamón** das Schinkensandwich; **el ~ de queso** das Käsesandwich

sano/-a gesund
la **sardina** die Sardine
satisfecho/-a (estar) zufrieden
se va la luz der Strom fällt aus
seco/-a trocken
el **sector** der Sektor; **el ~ inmobiliario** der Immobiliensektor 3AC
secundario/-a (ser) Sekundar- + *Nomen*
la **sed** der Durst
seguir (e → i) dran sein; **~ +** *ger.* **a/c (e → i)** etw. weiter tun; **~ a alg., a/c (e → i)** jdm./etw. folgen; **~ con a/c (e → i)** fortfahren, weiterlaufen, weitermachen (mit); **~ con a/c (e → i)** etw. immer noch haben 5B
según laut, gemäß
el/la **segundo/-a** + *sust.* der/die/das zweite + *Nomen*
la **seguridad** die Sicherheit 2C
seguro que sicherlich
seguro/-a de a/c (estar) sicher sein
seis sechs
la **selva** der Dschungel; der Urwald
el **semáforo** die Ampel
la **semana** die Woche
semanal *adj.* wöchentlich
la **semilla** der Samen 5AC
señalar a alg., a/c etw. zeigen *hier:* mit dem Finger auf jdn./etw. zeigen 5B; **~ *a/c*** etw. zeigen
sencillo/-a einfach
el/la **señor/a** der/die Herr/Dame, Frau
señorita condesa *etwa:* gnädige Gräfin *Anrede* 5B
la **sensación** (*pl.* **sensaciones**) das Gefühl 1A
sensible *adj.* sensibel 4B
sentado/-a (estar) sitzend
sentarse (e → ie) sich (hin)setzen
sentir **a/c** (e → ie) fühlen, empfinden; **~ pánico (e → ie)** Panik verspüren; **~se** + *adj.* **(e → ie)** sich fühlen; **~se como en casa (e → ie)** sich wie zu Hause fühlen
separar a/c etw. trennen
septiembre *m.* September

ser sein; **~ de** sein/kommen aus; **~ de origen (europeo)** (europäischer) Herkunft sein; **~ el fuerte de alg.** die Stärke von jdm. sein; **~ igual de** + *adj.* genauso sein wie + *Adj.* 2A; **~ muy amigos** gut zusammen passen; **~ sí/uno mismo** man selbst sein 4A; **~ una pasada** *fam. etwa:* fantastisch sein
el **ser** das Wesen; **el ~ humano** der Mensch
el ***sereno*** *etwa:* der Nachtwächter
la **serie** die Serie *Fernsehen*
serio/-a ernst 5B; **en ~** im Ernst
los **servicios** *pl.* die Dienstleistung; *pl.* die Toilette *an öffentlichen Orten*; **los ~ básicos** *pl.* die Grundversorgung 5A
la **servilleta** die Serviette
servir **para a/c** (e → i) (zu etw.) dienen
el **sexo** das Geschlecht
si ob; wenn; **~ bien** obwohl, auch wenn 4AC
sí doch, schon; ja
siempre immer; **~ y cuando** nur wenn 4A
la **sierra** das Gebirge
la **siesta** der Mittagsschlaf, die Mittagsruhe
el **siglo** das Jahrhundert; **el ~ (XVI)** das sechzehnte Jahrhundert
significar bedeuten
significativo/-a signifikant
siguiente *adj.* folgend, nachstehend, nächstliegend
el **silencio** die Stille
la **silla** der Stuhl
el **sillón** der Sessel
simpático/-a (ser) sympathisch
simplemente *adv.* bloß
sin ohne; **~ embargo** allerdings, trotzdem; **~ orden** planlos; **~ parar** *etwa:* ohne Pause
sino sondern; **~ que** sondern
la **sirvienta** das Hausmädchen 5B
el **sistema de gobierno** das Regierungssystem 3A
el **sistema escolar** *m.* das Schulsystem
el **sitio** der Platz, der Ort
la **situación** (*pl.* **situaciones**) die Situation

sobre über
sobre todo vor allem
el **sobresaliente** Sehr gut *Schulnote*
el/la **sobreviviente** der/die Überlebende
sobrevivir überleben
social (ser) *adj.* sozial sein 3A
la **sociedad** die Gesellschaft 4A
el/la **socorrista** der/die Ersthelfer/in
sofisticado/-a (ser) hochentwickelt sein 4C
la **soja** das Soja 5AC
el **sol** die Sonne
solar *adj.* Solar- + *Nomen*
sólo nur
solo/-a *auch:* von allein; allein
la **solución** (*pl.* **soluciones**) die Lösung
el **sombrero** der Hut
sonar (o → ue) klingeln, erklingen
el **sonido** der Ton, Klang *hier:* das Türknallen 2A
sonreír (e → i) lächeln
la **sonrisa** das Lächeln 4A
sorprenderse überrascht sein
la **sorpresa** die Überraschung
sostener **a alg., a/c (e → ie)** jdn./etw. halten 5B
su sein/e, ihr/e (*m./f./n./Sg.*)
subir (a) steigen, einsteigen, aufsteigen, hochsteigen; **~se** einsteigen
el **subte** *fam.* = **el subterráneo** *arg.* die U-Bahn
suceder geschehen 4B
el/la **sucesor/a** der/die Nachfolger/in 3A
sucio/-a schmutzig
sudar schwitzen 2A
el **suelo** der Boden
el **sueño** der Traum
la **suerte** das Glück; **la ~ acompaña a alg.** *etwa:* vom Glück begleitet werden
suficiente (ser) *adj.* ausreichend
sufrir cambios Veränderungen durchmachen; **~ de a/c** an etw. erleiden, leiden
super- + *adj.* super + *Adj.*
superfamoso/-a (ser) *fam.* superberühmt
la **superficie** die Fläche, die Oberfläche
el **supermercado** der Supermarkt

supervisado/-a (estar) überwacht sein 4B
suponer a/c etw. vermuten
el **sur** der Süden
al **sur / norte / oeste / este (de)** südlich, nördlich, westlich, östlich (von)
sus seine / ihre (*m./f./n./Pl.*)
el **suspenso** Ungenügend *Schulnote*
el **susto** der Schrecken
susurrar en la oreja ins Ohr flüstern 5B

T

tal vez vielleicht 4B
el **talento** das Talent; tener **~ (para)** talentiert sein (für)
el **taller** die Werkstatt
el **tamaño** die Größe
también auch; **a mí ~** mir auch
tampoco auch nicht; **a mí ~** mir auch nicht
tan so
tan + *adj.* + **como** so + *Adj.* + wie
tanto so sehr, so viel; *adv.* so lang *zeitlich;* **~ … como** sowohl … als auch 4A; **~ que** + *verbo* so viel zu + *Inf.;* **~/-a** so viel/e 1A
tarde *adv.* spät, zu spät; der Nachmittag; *hora* + **de la ~** *Uhrzeit* + nachmittags; **llegar ~** zu spät kommen; **por la ~** nachmittags
la **tarea** die Aufgabe
la **tarea** *lat. am.* die Hausaufgaben
la **tarjeta postal** die Postkarte
el / la **taxista** der / die Taxifahrer/in
el **teatro** das Theater; **el ~ al aire libre** das Freilufttheater
el **techo** das Dach; **el ~ de tejas** das Ziegeldach
el **teclado** die Tastatur
Tecnología Technologie *Schulfach*
la ***tecnología*** die Technologie
la **telaraña** das Spinnennetz
la **tele** *fam.* der Fernseher
el **teleférico** die Seilbahn
el **teléfono** das Telefon
la **telenovela** die Seifenoper *Fernsehen*
el **telescopio** das Teleskop
teletransportarse „sich beamen"
el **tema** das Thema

tematizar a/c (z → c) etw. thematisieren 4AC
temprano *adv.* früh
tener (e → ie) haben; **~ […] años** […] Jahre alt sein; **~ a/c en claro** sich über etw. im Klaren sein; **~ a/c en mente** etw. im Kopf haben; **~ bronca** Ärger haben; **~ calor / frío** jdm. warm / kalt sein; **~ chispa** pfiffig sein; **~ cuidado (con)** aufpassen; **~ de los nervios a alg.** jdn. wahnsinnig machen; **~ en cuenta a/c** etw. beachten, berücksichtigen 2C; **~ frío** frieren; **~ ganas (de)** Lust haben (auf); **~ hambre** Hunger haben; **~ importancia (e → ie)** von Bedeutung sein 1AC; **~ lugar** stattfinden; **~ miedo (de)** Angst haben vor; **~ miedo de que** + *subj.* Angst haben, dass; **~ permiso para** + *inf.* etw. tun dürfen 5B; **~ necesidad de** + *inf.* die Notwendigkeit haben zu + *Inf.* 4C; **~ prisa** es eilig haben; **~ que** müssen; **~ que ver con a/c (e → ie)** mit etw. zu tun haben 1B; **~ razón** Recht haben; **~ sed** Durst haben; **~ suerte** Glück haben; **~ todo listo** alles fertig haben; **~ todo planeado** alles geplant haben 2AC; **~ relación con alg.** *hier:* mit jdm. befreundet sein 1B; **~ una idea** eine Idee haben
el / la **tercero/-a** + *sust.* der / die / das dritte + *Nomen*
el **tercio** das Drittel
terminar a/c etw. beenden, fertigmachen
terrible (ser) *adj.* furchtbar
el **territorio** das Gebiet 4C
la **tertulia** die Gesprächsrunde
el **texto** der Text
la **tía** die Tante
el **tiempo** das Wetter *auch* die Zeit; **a ~** rechtzeitig 5A; **al mismo ~** gleichzeitig 5A; darse **~** sich Zeit lassen 2AC; **el ~ libre** die Freizeit 2AC
la **tienda** das Geschäft *Laden;* ir **de ~s** *etwa:* shoppen gehen; **la ~ de campaña** das Zelt
la **tierra** die Erde 5A

la **Tierra** die Erde *Planet*
el **timbre** die Klingel
tímido/-a (ser) schüchtern
el **tío** *fam.* der Onkel der Typ *umg.*
típico/-a (ser) typisch
el **tipo** die Art
tirar a/c ziehen; würfeln *Spiel;* etw. weggießen, wegwerfen
titularse *hier:* heißen 4B
la **tiza** die Kreide
el **tobillo** der Knöchel 5B
tocar + *inf.* zu tun haben mit, dran sein; **~** + *inf.* soweit sein, an der Zeit sein zu + *Inf.* 2A; **~** spielen *Instrument*; **~** an der Reihe sein; **~ a alg. a/c** für etw. zuständig sein; **~ a/c** etw. berühren; **~ el timbre** klingeln; **~ la guitarra** Gitarre spielen
toda la + *sust.* die ganze + *Nomen*
todas las + *sust.* jede + *Nomen*, alle + *Nomen*
de todas partes von überall
todavía noch (immer); **~ no** noch nicht
todo alles; **~ el** + *sust.* der ganze + *Nomen;* **~ el mundo** die ganze Welt, alle; **~ lo posible** das Möglichste; **~ recto** (immer) geradeaus
todos/-as alle
todos (los) + *sust.* jede + *Nomen*, alle + *Nomen;* en / por **~ lados** überall; **~ los días** jeden Tag
tomar nehmen, essen / trinken; **~ el pelo a alg.** *fam.* jdn. auf den Arm nehmen; **~ fotos** Fotos machen; **~ un helado** ein Eis essen
el **tomate** die Tomate
la **tontería** die Dummheit, der Blödsinn, der Quatsch
tonto/-a dumm
torcer a/c (o → ue) etw. umknicken
torcido (estar) krumm / schief sein
la **tormenta** das Gewitter, der Sturm
el **torneo** das Turnier
la **torre** der Turm
la **torta** *arg.* der Kuchen, *auch:* die Torte 5B

la **tortilla (de patata)** das Kartoffelomelett
la **tortuga** die Schildkröte
la **tostada** der Toast
totalmente *adv.* total, völlig 1A
el / la **trabajador/a** der / die Arbeiter/in; **el / la ~/a social** der / die Sozialarbeiter/in 4AC
trabajar arbeiten; **~ como** arbeiten als *Beruf*
el **trabajo** die Arbeit
la **tradición** (*pl.* **tradiciones**) die Tradition 3AC
tradicional (ser) *adj.* traditionell
traer **a alg. a/c** jdm. etw. holen, mitbringen
el **traje típico** die Tracht
la **trampa** der Schwindel, die Mogelei; hacer ~ schummeln
tranquilamente *adv.* ruhig
tranquilizar a alg. (z → c) jdn. beruhigen 5B
tranquilo/-a ruhig
transgénico/-a (ser) transgen sein 5AC
transmitir a alg. a/c jdm. etw. übertragen 1A
tras nach *temporal* 3A
tratar (bien / mal a alg.) jdn. gut / schlecht behandeln; **~ de** + *inf.* versuchen zu + *Inf.* 4B; **~se de a/c** sich um etw. handeln 2AC
el **trato** das Abkommen; hacer **un ~** ein Abkommen schließen
travieso/-a keck, forsch, unartig
tremendo/-a schrecklich
el **tren** der Zug; **el ~ de carga** der Güterzug 4C
la **trenza** der Zopf 5B
tres drei
el **trigo** der Weizen
el **trimestre** *m.* das Vierteljahr
triste *adj.* traurig
tropical *adj.* tropisch
el **trópico** die Tropen
el **truco** der Trick 2B
tu dein/e (*m./f./n./Sg.*)
tú du
el **turismo** der Tourismus
el / la **turista** der / die Tourist/in
turístico/-a (ser) touristisch
tutear a alg. jdn. duzen
la **tutoría** die Nachhilfe *Schulfach*

U

último/-a *adj.* letzte/r/s
un montón de eine Menge
un par ein paar, einige; **~ de años** einige Jahre
un poco ein bisschen, ein wenig; **~ de** ein bisschen (von)
un / una ein / eine (*m./f./Sg.*)
el / la **único/-a** der / die Einzige
la **unidad de medida** die Maßeinheit 5C
unido/-a vereint
el **uniforme** die Uniform
la ***Unión Europea*** die Europäische Union
la **universidad** die Universität
uno/-a eine/r
unos/-as *art. def.* einige, ein paar; ~ ungefähr
urbano/-a (ser) städtisch
usar a/c etw. verwenden, benutzen
el ***uso*** die Nutzung
usted Sie *höfliche Anrede*
el ***usuario*** der Nutzer
útil *adj.* nützlich
utilizar **a/c (z → c)** etw. benutzen, etw. nutzbar machen 3AC
la **uva** die Weintraube

V

las **vacaciones** die Ferien, der Urlaub
la **vacuna** die Impfung
vale O.K., gut
el **valle** das Tal
los **vaqueros** die Jeans
variado/-a (ser) vielfältig
la **variedad** die Vielfalt 5AC
varios/-as verschieden
el **vasco** das Baskische *Sprache*
vasco/-a (ser) baskisch
el **vaso** das Glas; **el ~ de agua** das Glas Wasser
¡Vaya + *sust.*! *fam.* Was für ein/e + *Nomen*!
el / la **vecino/-a** der / die Nachbar/in
velocidad (a gran ~) mit großer Geschwindigkeit *hier:* eilig 2A
vencido/-a (estar) geschlagen, besiegt sein
el **vendaje** der Verband
el / la **vendedor/a** der / die Verkäufer/in; **el / la ~/a ambulante** der / die Straßenhändler/in 5A
vender a/c etw. verkaufen
venezolano/-a (ser) venezolanisch sein 5AC
venir **(e → ie)** kommen; **~se encima a alg.** sich auf jdn. stürzen 5B; **~se abajo (e → ie)** einstürzen *Welt, Gebäude* 1A
la **venta** der Verkauf
la **ventana** das Fenster
ver **a/c** etw. sehen; **~ la tele** fernsehen
veranear den Sommer verbringen
el **verano** der Sommer
la **verdad** die Wahrheit; **de ~** ehrlich, wirklich; **Es ~.** Stimmt.
verdadero/-a (ser) wahr, echt
verde *adj.* grün
la **verdura** das Gemüse
la **vergüenza** die Scham; dar **~ a alg. a/c** jdm. etw. peinlich sein
verlo **todo negro** alles schwarzsehen
el **vestido** das Kleid; **los ~s** *pl.* die Kleidung, Bekleidung 3C
vestido/-a (con) (estar) angezogen
la **vez** (*pl.* **veces**) das Mal; **a la ~** auf einmal, gleichzeitig; **en ~ de** + *sust.* an Stelle von + *Nomen*
viajar reisen
el **viaje** die Reise
viceversa umgekehrt
la **vida** das Leben
el **vídeo** das Video
la **videoconsola** die Videokonsole
viejo/-a alt
el **viento** der Wind
el **viernes** Freitag
virtual (ser) *adj.* virtuell
visible (ser) *adj.* sichtbar sein 4C
el / la **visitante** der / die Besucher/in
visitar a alg. jdn. besuchen
la **vitamina** das Vitamin
vivir leben, wohnen; **~** + *ger. etwa:* ständig etw. tun 2A; **~ *la fama*** mit dem Ruhm leben
vivo/-a lebendig
volar **(o → ue)** fliegen
el **volcán** (*pl.* **volcanes**) der Vulkan
el **voleibol** der Volleyball *Sportart*
el **volumen** die Lautstärke; **a todo ~** in voller Lautstärke 2A

el **voluntariado** die freiwillige Arbeit
volver a + *inf.* **(o → ue)** etw. wieder tun; ~ **a (o → ue)** zurückkommen (nach); ~ **a casa (o → ue)** nach Hause kommen; ~**se un tío aburrido** ein langweiliger Typ werden 2AC
vos *arg.* du
vosotros/-as ihr (*m./f./Pl.*)
votar abstimmen 3A
la **voz** (*pl.* **voces**) die Stimme
el **vuelo** der Flug
la **vuelta** die Rückkehr; **dar la ~ a a/c** herumfahren, herumgehen
vuestro/-a euer/-re (*m./f./n./Sg.*)

Y

y und
ya schon; ~ **en tiempos de** + *sust.* bereits zu + *Nomen* + -Zeiten 5A; ~ **no** nicht mehr; ~ **que** da, weil *Konj.*
yo ich
el **yoyó** das Jo-jo 5B

Z

las **zapatillas (de deporte)** *pl.* die Turnschuhe
el **zapato** der Schuh
los **zapatos de cordones** *pl.* Schuhe mit Schnürsenkel 4B
la **zona** die Zone
el **zoológico** der Zoo
el **zumo** der Saft; **el ~ de naranja** der Orangensaft

DEUTSCH-SPANISCHES WÖRTERBUCH

Hier findest du alle Wörter, die du in ¡Apúntate! 1 bis ¡Apúntate! Paso al bachillerato gelernt hast.
Bei blaugedruckten Verben handelt es sich um Verben, die unregelmäßig sind oder bei denen auf orthografische Besonderheiten zu achten ist.
Grundschrift = obligatorischer Wortschatz *kursiv* = fakultativer Wortschatz

A

abbauen (etw.) reducir a/c (c → zc) 5Ac
abbiegen coger a/c
Abend la noche; **zu ~ essen** cenar
Abendessen la cena
abends por la noche; *Uhrzeitangabe* + ~ *hora* + de la noche
Abenteuer la aventura
aber pero
Abfall los restos *pl.* 5C
abhauen largarse *fam.*
abholen (jdn. / etw.) ir a buscar; recoger a alg., a/c
Abitur el bachillerato
Abkommen el trato; **ein ~ schließen** hacer un trato
abmachen (etw.) quitar a/c
abschreiben (etw.) copiar a/c
Absicht la intención (*pl.* intenciones); el propósito
absichtlich a propósito
absolut absolutamente *adv.*
absteigen bajar (de)
abstimmen votar 3A
abwaschen (etw.) fregar a/c (e → ie)
Achseln zucken encogerse de hombros 5B
achten (jdn. / etw.) apreciar a alg., a/c
achthundert ochocientos/-as
adaptieren (etw.) adaptar a/c 3B
Afrika África
afrikanisch africano/-a (ser)
aggressiv agresivo/-a; **~ werden** ponerse agresivo/-a
Agrar- + *Nomen* agrícola (ser) *adj.*
Ahnung (überhaupt keine ~ haben) no tener ni idea
aktiv activo/-a
aktivieren activar(se)
Aktivität la actividad
aktualisieren (etw.) actualizar a/c
Aktualisierung *la actualización (pl. actualizaciones)*
aktuell sein actual (ser) *adj.* 3A
Akzent el acento 4A
akzeptieren (etw.) aceptar a/c
Alarm la alarma
alle todo el mundo; todos/-as
alle *f.* + *Nomen* todas las + *sust.*
alle *m.* + *Nomen* todos los + *sust.*
Allee la avenida
allein solo/-a; **von ~** solo/-a
allerdings sin embargo
alles todo; **~ fertig haben** tener todo listo; **~ geplant haben** tener todo planeado 2Ac; **~ schwarzsehen** verlo todo negro; **Es gibt ~.** Hay de todo.
allgemein general (ser) *adj.*; **~bildende Schule** el instituto
Allgemeinen (im ~) en general
Alphabet el alfabeto
alphabetisch alfabético/-a 1A; **in ~er Reihenfolge** por orden alfabético 1A
als cuando; **~ Kind** de niño/-a 4A
also así que; entonces; o sea; pues
alt antiguo/-a; viejo/-a; **[…] Jahre ~ werden** cumplir […] años
Alter la edad
älter (als) mayor (que)
am / pro Tag por día
Amazonas- + *Nomen* amazónico/-a
Ameisenhaufen el hormiguero
Amerika América
amerikanisch americano/-a (ser)
Ampel el semáforo
Amtssprache la lengua oficial; **zweite ~** *la lengua cooficial*
amüsieren (sich) divertirse (e → ie); **sich köstlich ~** pasarlo bomba *fam.*; **sich prächtig ~** pasarlo pipa *fam.*
an sein encendido/-a (estar) 5C
Ananas la piña
Anbau mit Bewässerungssystemen el cultivo de regadío 3C
anbauen (etw.) cultivar a/c
anbieten (jdm. etw.) ofrecer a alg. a/c (c → zc)
Andalusien Andalucía
Andalusier/in el / la andaluz/a (*pl.* los andaluces / las andaluzas)
andalusisch andaluz/-a (*pl.* andaluces) *adj.*
Anden los Andes
Andenländer los países andinos
andere + *Nomen* el / la otro/-a + *sust.*
Anderen los / las otros/-as; **die ~** los demás
ändern (etw.) cambiar a/c
anders diferente *adj.*; distinto/-a 5B
anerkennen (jdn. / etw.) reconocer a alg., a/c 4Ac
Anerkennung *el respeto*
Anfang (am ~) al principio
anfangen empezar (e → ie); **~ etw. zu tun** ponerse a + *inf.*; **~ zu +** *Inf.* empezar a + *inf.* (e → ie)
Angelegenheit el asunto
angeln pescar
angemessen sein adecuado/-a (ser) 4C
angenehm *agradable adj.*
angeschaltet sein encendido/-a (estar) 5C
Angestellte/r el / la empleado/-a 3A
angezogen vestido/-a (con) (estar)
angrenzen an limitar con
Angst el miedo; **~ haben vor** tener miedo (de); **~ haben, dass** tener miedo de que + *subj.*; **jdm. ~ machen** dar miedo a alg. (que)
angucken (sich etw.) mirarse a/c
ankommen llegar (a)
ankündigen (etw.) anunciar a/c
Anlage la planta
anlegen (sich mit) meterse con *fam.*
anlocken (etw.) atraer a/c
anmachen (etw.) encender a/c (e → ie)
anmelden (sich) apuntarse
annähern *örtlich und zeitlich* acercarse
anonym *anónimo/-a*
anpassen (etw.) adaptar a/c 3B
Anruf la llamada
anrufen llamar; llamar por teléfono
etw. anschalten encender a/c (e → ie)
anschalten (sich) activar(se)

anschauen (sich im Spiegel) mirarse en el espejo 5B
anstatt + *Nomen* en lugar de + *sust.*
anstrahlen (etw.) iluminar a/c
anstrengen (sich) ponerse las pilas *fam.*
Antwort la respuesta
antworten contestar; responder
anwesend sein presente (estar) *adj.*
Anzeige *Zeitung* el anuncio 2C
anziehen (etw.) atraer a/c
anziehen (sich etw.) ponerse a/c
Apfel la manzana
Araber los árabes
arabisch árabe (ser) *adj.*
Arbeit el empleo 2C; el trabajo; **die freiwillige ~** el voluntariado; **die harte ~** la faena
arbeiten trabajar; **~ als** *Beruf* trabajar como
Arbeiter/in el / la trabajador/a
Arbeitskollege/-in el / la compañero/-a de trabajo
Arbeitskraft la mano de obra *sg.* 5A
Arbeitslosigkeit el desempleo 2C
Arbeitsmarkt el mercado laboral 2C
Arbeitsstelle el puesto (de trabajo) 2Ac
Arbeitsvertrag el contrato de trabajo
Arbeitszeit el horario de trabajo 5B
archeologisch arqueológico/-a (ser)
Architekt/in el / la arquitecto/-a
Argentinien Argentina
Argentinier/in el / la argentino/-a
argentinisch argentino/-a (ser)
Ärger la bronca; **~ haben** tener bronca
ärgerlich werden enfurruñarse
ärgern (sich) enfadarse con alg.
Argument el argumento
Arm el brazo; **jdn. auf den ~ nehmen** tomar el pelo a alg. *fam.*
arm pobre *adj.*
die Arme verschränken cruzar los brazos
Ärmel la manga
Armut la pobreza 4C
arrogant *arrogante adj.*
Art la especie *f.*; el tipo; **~ und Weise** la manera 4Ac; **auf anonyme ~** *de manera anónima*
Arzt el médico
Ärztin la médica
asiatisch sein asiático/-a (ser) 5Ac
Aspekt el aspecto 5A
Atlantik el Océano Atlántico
atmen respirar
Attraktion (kulturelle ~) la atracción (cultural) (*pl.* atracciones)
auch también; **~ nicht** tampoco; **~ wenn** si bien 4Ac
auf en; **~ alle Fälle** de todas maneras; **~ diese Weise** de esta forma *adv.* 5Ac
auf einmal a la vez
Auf Wiedersehen! ¡Adiós!
aufbauen (etw.) montar a/c
aufbewahren guardar (en)
Aufenthaltserlaubnis el permiso legal 4C
Aufenthaltsort la residencia 4C
aufführen (sich wie + *Nomen*) comportarse como + *sust.* 4B
Aufgabe la tarea
aufgeben darse por vencido/-a; **etw. ~** abandonar a/c 2A
Aufgepasst! ¡Ojo!
aufgewühlt sein revuelto/-a (estar)
aufgrund von debido a (que) 2A
aufhören etw. zu tun parar de + *inf.*; **~ zu + *Inf.*** dejar de + *inf.* 1A
aufmachen (etw.) abrir a/c
aufmerksam atento/-a
Aufmerksamkeit richten (auf jdn. / etw.) fijarse en alg., a/c 1B; **~ von jdm. wecken** llamar la atención de alg.
aufnehmen (jdn.) acoger a alg.; **etw. ~** grabar a/c 2Ac
aufpassen prestar atención a a/c; tener cuidado (con); **auf jdn. aufpassen** cuidar a a alg.
aufräumen ordenar
aufrechterhalten (etw.) mantener a/c (e → ie) 2B
aufschreiben (etw.) apuntar a/c
aufstehen levantarse
auftauchen aparecer (c → zc) 1B
aufwachen despertarse (e → ie)
aufwachsen crecer (c → zc); **~ in + *Ort*** criarse en + *lugar*
Auge el ojo
Augenblick (ein kurzer ~) un rato 1B; **in dem ~** a la hora de 2B
aus de
Ausbildung la educación; los estudios *pl.*; la formación (*pl.* formaciones)
ausbreiten (sich) extenderse (e → ie) 5A
ausdauernd sein constante (ser) *adj.* 2B
Ausdehnung la extensión (*pl.* extensiones) 5Ac
ausdenken (sich etw.) inventarse a/c 1A
ausdrücken (etw.) interpretar a/c
ausflippen flipar *fam.* 1Ac
Ausflug la excursión (*pl.* excursiones); **einen ~ machen** hacer una excursión
Ausgabe el gasto
Ausgang la salida
ausgeben gastar dinero
ausgehen irse por ahí *fam.*; salir; **in der Gruppe ~** salir en grupo
auslachen (jdn.) burlarse de alg. 1B
ausländisch extranjero/-a (ser)
ausleihen (jdm. etw.) prestar a alg. a/c
Ausrede las historias
ausreden (jdn. nicht ~ lassen) dejar a alg. con la palabra en la boca 2A
ausreichen alcanzar
ausreichend suficiente (ser) *adj.*
ausschalten (etw.) apagar a/c
ausschimpfen (jdn.) echar una bronca a alg. *fam.*
Aussehen el aspecto físico
aussehen (wie + *Nomen*) lucir como + *sust.* (c → zc) 4B
außer menos 1B; **~ + *Nomen*** además de + *sust.*
außerdem además
außerhalb von fuera de
aussteigen bajar (de); bajarse
Ausstellung la exposición (*pl.* exposiciones)
austauschen (etw. untereinander) intercambiarse a/c 4B
Auster la ostra
auswählen (jdn. / etw.) elegir a alg., a/c
auswandern nach emigrar a
Auswanderung la emigración 4Ac
Auszeichnung el premio
Auto el coche; **mit dem ~ fahren** ir en coche
Autogramm el autógrafo
Autoindustrie la industria automotriz 5Ac
Autonome Gemeinschaft la comunidad autónoma
Autor/in el / la autor/-a
Autoschlüssel la llave del coche
Avocado el aguacate
Azteke/-in el / la azteca
aztekisch azteca (ser) *adj.*

B

Babysitter/in el / la canguro
Bäcker/in el / la panadero/-a
Bäckerei la panadería
Badezimmer el baño
Bahnhof la estación de trenes (*pl.* estaciones)
bald pronto; ~ darauf de a poco 4A
Ball la pelota
Ballon el globo
Ballungsgebiet (städtisches ~) el área metropolitana 5A
Banane el plátano
Band *Musik* la banda
Bank el banco 3Ac
Bar el bar
Baseball el béisbol
Baskenland el País Vasco
Basketball el baloncesto
Basketball-Profiliga in den USA la NBA
baskisch vasco/-a (ser)
Baskische (das ~) *Sprache* el vasco
Bau la construcción (*pl.* construcciones)
Bauarbeiten las obras (de construcción)
Bauchnabel el ombligo
bauen (etw.) construir a/c (i → y)
Bauer, Bäuerin el / la campesino/-a
Bauernhof la granja
Baum el árbol
Bayern Baviera
beachten (etw.) prestar atención a a/c; tener en cuenta a/c 2C
beachtlich llamativamente *adv.* 4A
beamen (sich) teletransportarse
Beamte/-in el / la funcionario/-a
beantworten (etw.) responder a/c
bedauerlich lamentable (ser) *adj.*
bedeuten significar
Bedeutung (von ~ sein) tener importancia (e → ie) 1Ac
Bedingung la condición (*pl.* condiciones)
Beeile dich! ¡Date prisa!
beeilen (sich) darse prisa
beeindruckend impresionante *adj.*
beeinflussen (etw.) influir en a/c 2B
beenden (etw.) terminar a/c
befinden (sich) estar
befreundet sein (mit jdm.) tener relación con alg. 1B
begehen (etw.) cometer a/c 2C
begeistern (jdn. etw.) apasionar a alg. a/c 2A
begeistert sein entusiasmado/-a (estar)
beginnen comenzar (e → ie) 4B; empezar (e → ie); iniciar 5B; ~ etw. zu tun empezar a + *inf.* (e → ie)
begleiten (jdn.) acompañar a alg.
beglückwünschen (jdm. zu etw.) felicitar a alg. por a/c 2B
Begriff el concepto 5C
begrüßen (jdn.) saludar a alg.
behalten (etw.) quedarse con a/c 2B
Behälter el envase
behandeln (jdn. gut / schlecht) tratar bien / mal a alg.
beharren (auf) insistir (en)
beherrschen (etw.) dominar a/c
beibringen (jdm. etw.) enseñar a/c
beide los / las dos
Bein la pierna
beinahe por poco
beinhalten (etw.) contener a/c (e → ie) 1B
Beispiel (zum ~) por ejemplo
bekannt werden als darse a conocer como
beklagen (sich über jdn.) quejarse (de alg.)
Bekleidung los vestidos *pl.* 3C
bekommen (etw.) conseguir a/c (e → i); recibir a/c; ~ *Schulnote* sacar
belästigen (jdn.) *umg.* dar la lata a alg. *fam.*
beleuchten (etw.) alumbrar a/c; iluminar a/c
Belize Belice
belustigen (jdn.) entretener a alg.
bemühen (sich) esforzarse (o → ue) 2A
benachrichtigen (jdn.) avisar (a alg.)
benutzen (etw.) usar a/c; utilizar a/c (z → c) 3Ac
beobachten (etw.) observar a/c
Bereich *el área*
bereit sein zu + *Inf.* dispuesto/-a + *inf.* (estar) 4C
bereits zu + *Nomen* + -Zeiten ya en tiempos de + *sust.* 5A
Berg la montaña; el monte
Bergbahn el funicular
Bergsteigen *Alpen* el alpinismo; ~ *Anden* el andinismo
Bergwerk la mina 5Ac
Bericht *el informe*
Berlin Berlín
berücksichtigen (etw.) tener en cuenta a/c 2C; respetar a/c
Beruf la profesión (*pl.* profesiones)
beruflich machen *hier* dedicarse a a/c 2Ac
Berufs- + *Nomen*, professionell profesional (ser) *adj.*
Berufsausbildung la formación profesional; höhere ~ la formación profesional de grado superior
Berufsberater/in el / la orientador/a escolar 2A
beruhigen (jdn.) calmar a alg.; tranquilizar a alg. (z → c) 5B
berühmt famoso/-a (ser)
Berühmtheit la celebridad 4B
berühren (etw.) tocar a/c
Beschäftigung la actividad
Bescheid sagen (jdm.) avisar (a alg.)
bescheiden sein modesto/-a (ser) 4B
besiegt sein vencido/-a (estar)
Besitzer/in el / la dueño/-a
besonders especialmente *adv.* 2C
besorgt sein preocupado/-a (estar) 5B
besprechen (etw.) comentar a/c
Besprechung la reunión (*pl.* reuniones)
besser mejor *adv.*; [...] ist ~ als gar nichts [...] es mejor que nada *fam.*
besser mejor *adj.*
bestanden *Schulnote* el aprobado
bestätigen (etw.) confirmar a/c 2C
Beste el/la mejor; aufs ~ al máximo 2Ac
Besteck el cubierto
bestehen (etw.) aprobar a/c (o → ue)
bestehen (auf) insistir (en)
bestellen (etw.) pedir a alg. a/c (e → i)
Bestellung (auf ~) a la carta
Besuch (zu ~ sein bei) estar de visita (en)
besuchen (jdn.) visitar a alg.
Besucher/in el / la visitante
Beton el cemento
Betreff *E-Mail* el asunto
betreffen (jdn. / etw.) afectar a alg., a/c 3C
betreten (etw.) pisar a/c
Betreuer/in el / la monitor/a
Betriebswirtschaftslehre Administración y Dirección de Empresas

Bett la cama; **das ~ machen** hacer la cama; **ins ~ gehen** irse a la cama
Beutel la bolsa
Bevölkerung la población; **die spanischsprachige ~** los hispanos 4A; die **erwerbstätige ~** la población económicamente activa
Bevölkerungsdichte la densidad de población 5A
bevor antes de + *inf.*; antes de que + *subj.* 2Ac
bevorzugen (etw.) preferir a/c (e → ie)
bewahren (etw.) conservar a/c 3Ac; mantener a/c (e → ie) 2B
bewegen (etw.) mover a/c (o → ue); **sich ~** circular 4C
Bewegung el movimiento 5B
beweisen (etw.) demostrar a/c (o → ue)
bewerben (sich für) presentarse a
Bewerbungsschreiben la carta de presentación 2C
Bewohner/in el / la habitante; **~ der Karibik** el / la caribeño/-a 4Ac
bewohnt sein poblado/-a (estar) 5A
bewusst werden (sich einer Sache) darse cuenta de a/c 4A
bezahlen (etw.) pagar a/c
Bezug (in ~ auf) acerca de 2C
bezweifeln, dass dudar que + *subj.*
Bibliothek la biblioteca
Bienenstock la colmena
bilden (etw.) formar a/c 3Ac
Bildschirm la pantalla
billig barato/-a
Biologe/-in el / la biólogo/-a
Birne la pera
bis hasta; hasta que + *subj.* 2Ac; **~ Ende** hasta finales de; **~ Samstag** hasta el sábado; **~ um [...]** + *Uhrzeit* hasta la / las [...] + *hora*
Bis dann! Bis nachher! ¡Hasta luego!
Bis morgen! ¡Hasta mañana!
Bis wann / wie viel Uhr? ¿Hasta qué hora?
Bison *Wildrind* el bisonte
bisschen (ein ~ von) un poco de; **ein ~** un poco
bitte por fa *fam.* = por favor
Bitte *sust.* el favor; **~.** Aquí tiene.
bitten (jdn. um etw.) pedir a alg. a/c (e → i)
blau azul *adj.*
bleiben quedarse; **bei etw. ~** quedarse con a/c 2B
Bleistift el lápiz (*pl.* lápices)
Blick la mirada 5B
blind ciego/-a
Blödsinn la payasada; la tontería; **~ machen** hacer payasadas
Blog *Internet* el blog
blond rubio/-a
bloß simplemente *adv.*
Blume la flor
Bluse la blusa 4B
Blüte la flor
Blütenstand *Banane* el racimo
Boden el suelo
Bohne el frijol
Bonbon el caramelo
Boot la barca; **mit dem ~ fahren** ir en barca
borgen (jdm. etw.) prestar a alg. a/c
böse sein malo/-a (ser); **auf jdn. ~ werden** enfadarse con alg.
Brauch la costumbre 3Ac
brauchen (etw.) necesitar a/c
brauchen *zeitlich* faltar
braun *Haar- und Augenfarbe* castaño/-a
breit ancho/-a (ser)
Breite el ancho
Brennstoff el combustible
Brille las gafas
bringen (jdn.) *Auto* llevar a alg.; **jdn. auf die Palme ~** sacar de quicio a alg. 1A
Brot el pan
Brötchen (belegt) el bocadillo
Bruder el hermano
brutal brutal (ser) *adj.*
Buch el libro; **das elektronische ~** el libro electrónico
Bühne el escenario
Bundesland el estado 4C
bunt colorido/-a (ser)
Buntstift el lápiz de color
Burg el castillo
Bürger/in el/la ciudadano/-a 3A
Bürgerkrieg (der spanische ~) la Guerra Civil Española 3A
Bürgermeister/in el / la alcalde / alcadesa
Büro la oficina
Bus el bus *fam.* = el autobús; **den ~ verpassen** perder el autobús (e → ie) 1Ac
Butter la mantequilla

C

Cafeteria la cafetería
Casting el casting
CD el cedé
Chaos el caos
charakterisiert sein (durch etw.) caracterizarse por a/c (z → c) 3Ac
Chat *Internet* el chat *fam.*
chatten chatear
Chef/in el / la jefe/-a
Chemikalie el producto químico
Chemiker/in el / la químico/-a
chemisch químico/-a (ser)
China *la China*
Chinese/-in el / la chino/-a
Chinesisch *Sprache* chino
Clique la peña *fam.* 1Ac
Comic el cómic
Comiczeichner/in el / la dibujante de cómics
Computer el ordenador; **~maus** el ratón (*pl.* ratones); **~programm** el programa; **~programmierer/in** el / la programador/a informático/-a; **~spiel** el juego de ordenador
Container el contenedor
Cousin/e el / la primo/-a
Croissant el cruasán
Cursor el cursor
Cusco Cuzco

D

da *Konj.* ya que; como *conj.*
Dach el techo
dadurch de esta forma *adv.* 5Ac
dadurch, dass al + *inf.* 2B
daher así es que 4A
damals aquella vez *adv.*; entonces
Dame la señora
damit de modo que 4A; para que + *subj.* 2Ac
danach después
dank gracias a 3A
Danke! ¡Gracias!
dann entonces; luego
darauf arriba
darstellen (etw.) interpretar a/c
das eso; **~ heißt** es decir; **~ ist** (*f. / Sg.*) ésta es; **~ ist** (*m. / Sg.*) éste es; **~ sind** (*f. / Pl.*) éstas son; **~ sind** (*m. / Pl.*) éstos son
das (hier) esto
das Hausmädchen la empleada 5B
dass *Konj.* que *conj.*

Datum la fecha; ~ **der Veröffentlichung** la fecha de publicación 2C
dauern durar
Daumen drücken cruzar los dedos
davor delante (de)
davor *zeitl.* antes
decken (den Tisch ~) poner la mesa
definitiv definitivamente *adv.*
dein/e (*m. / f. / n. / Sg.*) tu
demokratisch *democrático/-a (ser)*
den Mund halten callarse
sich etw. denken pensarse a/c (e → ie) *fam.*
denken (an jdn., etw.) pensar en alg., a/c (i → ie)
denn es que
Department el departamento
der ganze + *Nomen* todo el + *sust.*
der Trick el truco 2B
der, die, das que
der / die (*m. / f. / Sg.*) el / la
deren cuyo/-a
derselbe, dieselbe, dasselbe el / la mismo/-a
dessen cuyo/-a
deswegen por eso
Detektiv/in el / la detective
Deutsch el alemán
Deutschland Alemania
Dezember diciembre
dickköpfig el cabezón, la cabezona
die (*m. / f. / Pl.*) los / las
die ganze + *Nomen* toda la + *sust.*
Diebstahl el robo 1B
dienen (zu etw.) servir para a/c (e → i)
Dienstag el martes
Dienstleistung los servicios *pl.*
diese + esta + *sust.*
diese + *Nomen* **(da)** esa + *sust.*; **diese +** *Nomen* **(da)** esas + *sust.*; **diese +** *Nomen* **(da)** esos + *sust.*
diese + *Nomen* **(hier)** estas + *sust.*; **diese +** *Nomen* **(hier)** estos + *sust.*
dieser + *Nomen* este + *sust.*
dieser + *Nomen* **(da)** ese + *sust.*
digital, Digital- + *Nomen digital adj.*
Diktator/in el / la dictador/a 3A
Diktatur la dictadura 3A
diplomatische Vertretung la representación diplomática 3A
Diskothek la discoteca
Diskussion la discusión (*pl.* discusiones)
diskutieren discutir
doch pues sí; sí
Dokument el documento
Dokumentarfilm el documental *m.* 4Ac
Dollar el dólar 5A
dominikanisch sein dominicano/-a (ser) 4Ac
Dominikanische Republik la República Dominicana 4Ac
Donnerstag el jueves
doppelt doblemente *adv.*
Dorf el pueblo
dort ahí; *allá lat. am.*; allí; por ahí
Dose la lata (de)
Drache el dragón (*pl.* dragones)
dran sein *tocar + inf.*
dran sein seguir (e → i)
draußen afuera *adv.*; fuera
Dreharbeiten *el rodaje*
drehen (etw.) *Film rodar a/c*
drei tres
dritte + *Nomen* el / la tercero/-a + *sust.*
Drittel el tercio
Druck *la presión (pl. presiones)*
drücken apretar (e → ie)
drucken (etw.) imprimir a/c
Drucker la impresora
Dschungel la selva
du tú; vos *arg.*
Duft el olor
dumm tonto/-a
Dummheit la tontería
dünn flaco/-a 5B
durch *a través de*; por; ~ **den ganzen Saal** por toda la sala
durchaus absolutamente *adv.*
Durcheinander el jaleo; el lío; **ein ~ verursachen** armarse un lío 1Ac
durcheinander sein revuelto/-a (estar); **~ kommen** liarse
durchfahren (etw.) recorrer a/c 5A
durchfallen catear un examen *fam.* 1Ac
durchfallen (in + *Schulfach*) catear + *asignatura fam.* 1Ac
durchführen (etw.) realizar a/c 2C
durchgehen (durch etw.) pasar por a/c
durchqueren (etw.) atravesar a/c (e → ie) 4C; recorrer a/c
durchrasseln catear un examen *fam.* 1Ac
Durchschnitt la (nota) media 2B; el promedio
Durchschnittsalter la edad media
Durchschnittseinkommen (das monatliche ~) el ingreso medio por mes
Durchschnittsnote la (nota) media 2B
Durst la sed; ~ **haben** tener sed
duschen ducharse
duzen (jdn.) tutear a alg.
DVD el DVD

E

Ebene (auf internationaler ~) a nivel internacional 3Ac
echt real (ser) *adj.*; verdadero/-a (ser)
Ecke la esquina; el rincón (*pl.* rincones)
Das ist mir egal! ¡Me da lo mismo! *fam.*
egal sein (jdm. etw.) *dar igual a alg. a/c*
Ehefrau la mujer
Ehemann el marido 3A
ehrlich de verdad
Ehrlichkeit la honestidad
Ei el huevo
eifersüchtig machen (jdn.) dar celos a alg. 1A
eigenartig extraño/-a 4B
eigene el / la propio/-a
eigentlich es que
es eilig haben tener prisa
Eimer el cubo
Ein- oder Auswanderer/in el / la migrante 4Ac
ein paar unos/-as *art. def.*
ein / eine (*m. / f. / Sg.*) un / una
einbringen *aportar*
Eindruck la impresión (*pl.* impresiones)
eine/r uno/-a
einerseits und andererseits por un lado y por otro lado
einfach sencillo/-a; **~e Fahrkarte** el billete sencillo
einfallen *ocurrirse*
Einführung la introducción (*pl.* introducciones)
Eingang la entrada
eingeladen sein (estar) invitado/-a 5B
einige un par; unos/-as *art. def.*; ~ **Jahre** un par de años
einigen (sich) ponerse de acuerdo
einkaufen gehen hacer la compra; ir de compras
Einkaufsliste la lista de las compras
Einkommen el ingreso
einladen (jdn. ~ etw. zu tun) invitar (a alg. a + *inf.*)

Einladung la invitación (*pl.* invitaciones)
einmischen (sich in) meterse en a/c
einnehmen (etw.) *ocupar a/c*
einpacken meter; **etw. in** etw. ~ envolver a/c en a/c (o → ue)
einprägen (sich etw.) memorizar a/c (z → c) 2A
einquartieren (sich in) alojarse en
einschließen (etw.) incluir a/c 5Ac
einschreiben (sich in etw.) matricularse en a/c
einsteigen subir (a); subir(se)
Einstellung la actitud 1B
einstürzen *Welt, Gebäude* venirse abajo (e → ie) 1A
einteilen (etw.) administrar a/c
Eintritt *la entrada*
Eintrittskarte la entrada
einverstanden sein estar de acuerdo
Einwanderer/-in el / la inmigrante
Einwanderung la inmigración 4Ac
Einweihung la inauguración (*pl.* inauguraciones)
Einwohner/in el / la habitante; ~ **von Barcelona** el barcelonés / la barcelonesa
Einzige el / la único/-a
Eis el helado; **ein ~ essen** tomar un helado; **~würfel** el hielo
Eisdiele la heladería
Eisen el hierro 5Ac
Ekuador Ecuador
elegant elegante *adj.*
elektrisch eléctrico/-a; **das ~e Licht** la luz eléctrica
Element el elemento 3Ac
elf once
Ellbogen el codo
Eltern los padres
E-Mail *el correo electrónico*; el e-mail
Empfang *Handy* la cobertura de móvil
empfinden (etw.) sentir a/c (e → ie)
Ende el final; **am** ~ al final; **ein ~ setzen** acabar con a/c; ~ + *Zeitangabe* a finales de + *tiempo*; ~ **der Welt** el fin del mundo; **gegen** ~ + *Nomen* a final de + sust.; **zu ~ sein** acabarse
endlich por fin
endlos eterno/-a (ser)
Energie la energía
Engagement el compromiso 2C
Englisch *Schulfach* Inglés; ~ *Sprache* el inglés
enorm enorme *adj.*
entdecken (etw.) descubrir a/c
Entdeckung el descubrimiento
entfernen (sich von jdn. / etw.) alejarse de alg., a/c 1A
Entfernung la distancia
entlanggehen (eine Straße) bajar (por una calle)
entscheiden (etw.) decidir a/c 2Ac
entschließen animarse
entschlossen sein, etw. zu tun decidido/-a a (estar) + *inf.* 2Ac
entschuldigen disculpar; perdonar
entstehen armarse *fam.*
Entweder […], oder […]. O […], o […].
entwerfen (etw.) diseñar a/c
Episode *Fernsehen* el episodio
Epoche la época
er (*m. / Sg.*) él
Erde la tierra 5A
Erde *Planet* la Tierra
Ereignis el espectáculo
Erfahrung la experiencia
Erfolg el éxito 3Ac
erfolgreich *exitoso/-a*; ~ **sein** eficaz (*pl.* eficaces) (ser) *adj.* 2C
erfüllen (sich) hacerse realidad; **jdn. mit Stolz** ~ llenar de orgullo a alg. 5B
ergänzen (etw.) completar a/c 5B
Ergebnis el resultado
erhalten (etw.) recibir a/c
erinnern (sich an jdn. / etw.) acordarse de alg., a/c (o → ue)
erinnern (sich) recordar (o → ue)
erklären (jdm. etw.) explicar a alg. a/c
erklingen sonar (o → ue)
erlangen (etw.) conseguir a/c (e → i)
erlauben (etw.) permitir a/c; **jdm. ~ etw. zu tun** dejar + *inf.* a alg.
erleiden (etw.) sufrir de a/c
ermuntern (jdn.) animar a alg.
Ernährung la alimentación *sg.* 5Ac
ernennen (jdn. zu etw.) nombrar a alg. a/c 3A
ernst serio/-a 5B
Ernst (im ~) en serio
ernten (etw.) recoger a/c
Eroberer/in el / la conquistador/a
Eroberung (Amerikas) la conquista (de América)
Eröffnung la inauguración (*pl.* inauguraciones)
erscheinen aparecer (c → zc) 1B
erschöpft sein agotado/-a (estar)
sich erschrecken asustarse
erschrecken (jdn.) asustar a alg.
ersehnen (etw. heiß ~) morirse por a/c *fam.* (o → ue)
erstaunen (sich über etw.) extrañar a alg. a/c
Erste el / la primero/-a
erste + *Nomen* el / la primer/a + *sust.*
erste Hilfe los primeros auxilios *pl.*
erste/r/s werden salir primero/-a 5B
Erste-Hilfe-Team el grupo de socorristas
Ersthelfer/in el / la socorrista
ertragen (etw.) aguantar a/c
erwarten (jdn. / etw.) esperar a alg., a/c; **~, dass** esperar que + *subj.*
erweisen (sich als etw.) resultar a/c
erwidern contestar
erwischen (jdn.) pillar a alg. 2C
erzählen (etw.) contar a/c (o → ue)
Erzählung el cuento
Erziehung la educación
es *Pronomen* lo
es gibt hay
es ist wichtig, dass es importante que + *subj.*
Es / Das tut mir leid! ¡Lo siento!
essen comer
Essen la comida
Essenszeit la hora de comer
Ethik *Schulfach* Ética
etwas algo; ~ **Nützliches** algo de provecho 2Ac; **so ~** algo así 4B
euch os
euer/-re (*m. / f. / n. / Sg.*) vuestro/-a
Euro el euro; **Das macht 8 ~ und 75 Cent.** Son 8 euros con 75.
Europa Europa *f.* 5A
europäisch europeo/-a (ser)
Europäische Union *la Unión Europea*
Europäische Wirtschaftsgemeinschaft *la Comunidad Económica Europea*
Existenz la existencia 3C
existieren existir
Expedition la expedición (*pl.* expediciones)
Experte/-in (für etw.) el / la experto/-a en a/c
Export la exportación (*pl.* exportaciones)
Exporteur/in el / la exportador/a 5Ac

F

fähig sein, etw. zu tun capaz (ser) de + *inf.* (*pl.* capaces) 3A
Fahrer/in el / la conductor/a
Fahrkarte el billete
Fahrrad la bici *fam.* = bicicleta; **mit dem ~ fahren** ir en bici
fair sein justo/-a (ser)
Fakultät la facultad 2B
Fall el caso 2A; **Auf keinen ~!** ¡Ni de broma! *fam.* 1Ac
fallen caerse
falls […] por si […]
Familie la familia
Familienangehörige el familiar
Fan el / la aficionado/-a (a)
fantastisch fantástico/-a (ser); **~ sein** una pasada (ser) *fam.*
Farbe el color
fast casi; por poco; **~ nie** casi nunca
Fast Food la comida rápida *sg.* 4A
faszinieren fascinar
fehl am Platz sein fuera de lugar (estar) 1A
fehlen faltar
Fehler el error 2C
feierlich begehen (etw.) celebrar a/c 4A
Fenster la ventana
Fensterscheibe el cristal 5A
Ferien las vacaciones; **in den ~ sein** estar de vacaciones
Ferienlager el campamento
fernsehen ver la tele
Fernsehen (im ~ auftreten) salir por la tele
Fernseher la tele *fam.*
alles fertig haben tener todo listo
fertig sein listo/-a (estar)
Fertig! ¡Ya está!
fertigmachen (etw.) terminar a/c
Fest la fiesta
fest fijo/-a 5B
fester/-e Freund/in el / la novio/-a
feststellen, dass darse cuenta de a/c
Fett la grasa
feucht húmedo/-a
Feuer el fuego
Feuerwehr los bomberos
Feuerwehrmann/-frau el / la bombero/-a
Feuerwerk los fuegos artificiales *pl.*
Figur la figura
Film la película
finanzieren (etw.) financiar a/c
finden (etw.) encontrar a/c (o → ue)
Finger el dedo; **keinen ~ regen / krumm machen** no mover ni un dedo; **mit dem ~ auf jdn. / etw. zeigen** señalar a alg., a/c 5B
Firma la empresa 2Ac
Fisch el pez (*pl.* los peces)
fischen pescar
Fischer/in el / la pescador/a
Fischgericht *Essen* el pescado
fixiert sein (auf etw.) concentrado/-a en (estar) 1A
Fläche la superficie
Flasche la botella (de)
Fleisch la carne; **Grillparty** el asado
fliegen volar (o → ue)
fliehen (vor jdm. / etw.) huir de alg., a/c 4A
fließend corriente *adj.*; fluidamente *adv.*; **~es Wasser** el agua corriente
Flohmarkt el mercadillo
Flug el vuelo
Flugzeug el avión (*pl.* aviones)
Flur el pasillo
Fluss el río
flüstern (ins Ohr ~) susurrar en la oreja 5B
folgen (jdm. / etw.) seguir a alg., a/c (e → i)
folgend siguiente *adj.*
folglich así es que 4A
forsch travieso/-a
Forscher/in el / la investigador/a 4Ac
fortfahren continuar + *ger.* 2Ac; seguir con a/c (e → i)
fortgehen marcharse 4B; **fluchtartig ~** salir con lo puesto *fig.* 4A
Forum *Internet* el foro
Foto la foto
Fotoapparat la cámara de fotos
Fotograf/in el / la fotógrafo/-a
Fotos machen tomar fotos
Frage la pregunta
fragen preguntar
Frankreich Francia
Franquismus el franquismo *sg.* 3A
Frau la mujer; la señora
frei libre *adj.*; *libremente adv.*
Freiheit la libertad
Freiluft- + *Nomen* al aire libre + *sust.*; **~theater** el teatro al aire libre
Freitag el viernes
Freizeit el tiempo libre 2Ac
fremd extranjero/-a (ser)
Freude la alegría
freuen (sich über etw.) alegrarse de a/c; **sich total auf etw. ~** loco/-a por a/c (estar)
Freund/in el / la amigo/-a
Freundschaft la amistad
Frieden la paz
frieren tener frío (e → ie)
frisch fresco/-a
fröhlich alegre *adj.*
Frucht la fruta
früh temprano *adv.*
früher antes
Frühling la primavera
Frühlingsrolle el rollito de primavera
Frühstück el desayuno
frühstücken desayunar
fühlen (etw.) sentir a/c (e → ie); **sich ~** sentirse + *adj.* (e → ie)
Führungskraft (die politische ~) el / la dirigente (político) 3A
Füller la pluma
fünfhundert quinientos/-as
fünfte + *Nomen* el / la quinto/-a + *sust.*
Funktion la función (*pl.* funciones)
funktionieren funcionar
für para; por + *tiempo*; **~ dich** para ti; **~ mich** para mí; **~ Montag** para el lunes
furchtbar terrible (ser) *adj.*
Fuß el pie; **der ökologische ~abdruck** la huella ecológica *sg.* 5C; **zu ~ gehen** ir a pie
Fußball *Sportart* el fútbol; **~spiel** el partido de fútbol
Fußballer/in el / la futbolista 4Ac

G

gackern cacarear
ganz completo/-a
gar kein + *Nomen* ni un solo / ni una sola + *sust.*
gar nicht ni = no
Garten el jardín (*pl.* jardines)
Gast el / la invitado/-a
gastronomisch, Gastronomie- + *Nomen gastronómico/-a*
Gebäude el edificio
geben (jdm. etw.) dar a alg. a/c; **jdn. etw. zu Essen ~** dar de comer a alg. a/c
Gebiet el territorio 4C
Gebirge la sierra

Gebirgskette la cordillera
geboren werden nacer (c → zc)
Geburts- + *Nomen* natal *adj.* 4A
Geburtsort el lugar de nacimiento 4Ac
Geburtstag el cumpleaños; **Herzlichen Glückwunsch zum ~!** ¡Feliz cumpleaños!
Geburtstagsgeschenk el regalo de cumpleaños
Geburtstagskuchen el pastel de cumpleaños
Geburtstagsparty la fiesta de cumpleaños
Gedächtnis la memoria
Gedanken (Mach dir keine ~!) ¡No te preocupes!
gefährlich peligroso/-a
Gefallen el favor
gefallen gustar; molar 1Ac; **sehr ~** encantar
Gefasel el rollo *fam.*
Gefrierschrank el congelador
Gefühl la sensación (*pl.* sensaciones) 1A
gegen contra; **~ Ende +** *Nomen* a final de + *sust.*; **~ etw. sein** oponerse
Gegensatz (im ~ zu) al contrario que
gegenseitig bilateralmente *adv.* 4C
Gegenteil el contrario
gegenüber von enfrente de
Gegenwart el presente 4C
gegenwärtig sein actual (ser) *adj.* 3A
Gehalt el salario
Gehege *veraltet* el corral
gehen (zu, nach) ir a; **~ nach** dirigirse a 4C
gehören (zu etw.) formar parte de a/c 5A
Geist la mente
gekünstelt artificial *adj.*
gelb amarillo/-a
Geld el dinero; **für kein ~ der Welt** ni por todo el dinero del mundo; **~ sammeln** recaudar dinero; **~schein** el billete; **~wechsler/in** el / la cambista informal 5A
Gelegenheit la oportunidad; **die ~ nutzen** aprovechar la oportunidad
Gemälde el cuadro
gemäß según
Gemeinschaft la comunidad 4Ac
Gemüse la verdura
genau justo
genauso sein wie + *Adj.* ser igual de + *adj.* 2A
genauso wie + *Nomen* igual que + *sust.* 5A
Generation (der neuen ~) *de nueva generación*
genetisch, Gen- + *Nomen* genético/-a
genial genial *adj.*
genießen (etw.) disfrutar de a/c 2Ac
genügt (es ~ zu + *Inf.*) basta con + *inf.* 2B
Genwissenschaft la ciencia genética
Geographie la geografía; **~ und Geschichte** Geografía e Historia
geographisch geográfico/-a (ser)
geplant (alles ~ haben) tener todo planeado 2Ac
gerade justo; **etw. ~ getan haben** acabar de + *inf.*; **~ so** apenas
geradeaus todo recto
Es ist nicht gerecht, dass no es justo que + *subj.*
gerecht sein justo/-a (ser)
Gericht el plato
Geruch el olor
das Geschäft *Laden* la tienda; **~** *Handel* el negocio
geschehen pasar; suceder 4B
Geschenk el regalo
Geschichte la historia
Geschichtsbuch el libro de historia
geschieden sein divorciado/-a (estar) 3A
Geschirr los platos
geschlagen sein vencido/-a (estar)
Geschlecht el sexo
Geschmack el gusto
geschützt protegido/-a
geschwätzig parlanchín/-ina
Geschwindigkeit (mit großer ~) a gran velocidad 2A
Geschwister los hermanos
Gesellschaft la sociedad 4A
Gesetz la ley 4C; **vor dem ~** ante la ley 4C
Gesicht la cara
Gesprächsrunde la tertulia
Geste el gesto 2C
gestern ayer; **~ Abend** anoche
gesund sano/-a
Gesundheit la salud
Getränk la bebida
Gewächshaus el invernadero
gewaltsam brutal (ser) *adj.*
gewinnen ganar a/c
Gewinner/in el / la ganador/a
gewisse/r cierto/-a
Gewitter la tormenta
gewöhnen (sich an jdn. / etw.) acostumbrarse a alg., a/c 1A
Gewohnheit la costumbre
gewöhnlich (wie ~) como de costumbre
Gitarre la guitarra; **~ spielen** tocar la guitarra
Glas el vaso; **~ Wasser** el vaso de agua
glauben creer; **~ machen** hacer pensar 4B; **~, das Recht zu haben + *Inf.*** creerse con el derecho de + *inf.* 2A
gleich pronto; **~ etw. tun** estar por + *inf.* 2Ac
gleiche (der / die / das) el / la mismo/-a
Gleichgewicht el equilibrio 5B
gleichzeitig a la vez; al mismo tiempo 5A
global sein global (ser) *adj.* 5Ac
globale Hektar la hectárea global 5C
Glück la suerte; *etwa:* **vom ~ begleitet werden** la suerte acompaña a alg.; **~ haben** tener suerte; **zum ~** menos mal que; por suerte
glücklich feliz (*pl.* felices)
Gold el oro
Grafik el gráfico
Gräfin (gnädige ~) *Anrede* señorita condesa 5B
Gramm el gramo
Grausamkeit la barbaridad 1B
Grenze la frontera
Grippe la gripe 1B
groß grande *adj.*; **~** *Menschen* alto/-a
großartig fabuloso/-a (ser)
Größe el tamaño
Großeltern los abuelos
Großvater/-mutter el / la abuelo/-a
grün verde *adj.*
Grund el motivo 2A; **Das ist kein ~, sich zu streiten.** Tampoco es como para tener bronca.
Grundschule la escuela *lat. am.*
Grundversorgung los servicios básicos *pl.* 5A
Gruppe el grupo
Gruß el saludo
grüßen (von jdm.) saludar a alg. (de parte de alg.)

gut bien *adv.*; bueno; bueno/-a; vale; **etw. ~ können** darse bien a alg. a/c 2A; **~ gelaunt sein** de buen humor (estar); **~ passen zu** ir bien con; **~ versorgt** *Nahrung alimentado/-a*; **~ zusammen passen** ser muy amigos
Gut *Schulnote* el notable
Guten Abend. *auch:* **Gute Nacht.** Buenas noches.
Guten Appetit! ¡Que aproveche!
Guten Morgen! ¡Buenos días!
Guten Tag! ¡Buenos días!
Güterzug el tren de carga 4C

H

Haar el pelo
haben tener (e → ie)
Hafen el puerto
Hahn el gallo
halb *medio/-a*; **~ verschlafen** medio dormido/-a (estar)
halbes Kilo medio kilo (de)
Hälfte la mitad
halten parar; sostener a alg., a/c 5B
halten (jdn. / etw. für + *Nomen*) considerar a alg., a/c como + *sust.* 5A
Haltestelle la parada
Haltung la actitud 1B
Hamburger la hamburguesa
Hamster el hámster
Hand la mano; **die ~ ausstrecken** extender la mano (e → ie) 5B; **die ~ für jdn. / etw. ins Feuer legen** poner la mano en el fuego por alg., a/c; **von ~ zu ~** de mano en mano; **zur ~ gehen (jdm.)** echar una mano a alg. 1Ac
Handball el balonmano; **~ spielen** jugar al balonmano
handeln actuar; **sich um etw. ~** tratarse de a/c 2Ac
Handtasche la cartera *lat. am.* 5B
Handy el móvil
hängen colgar (o → ue); **sich an etw. ~** pegarse a a/c
hart duro/-a
hassen (jdn. / etw.) odiar a alg., a/c
hässlich feo/-a
Haufen (ein ~) un mogollón *fam.*
häufig con frecuencia
Häufigkeit la frecuencia
Haupt- + *Nomen* principal *adj.*
hauptberuflich profesional *adj.*
Hauptstadt la capital
Hauptverkehrszeit la hora punta (*pl.* las horas punta) 5A
Haus la casa; **nach ~e kommen** llegar a casa; volver a casa (o → ue); **sich wie zu ~e fühlen** sentirse como en casa (e → ie); **zu ~e** en casa
Hausaufgaben los deberes; la tarea *lat. am.*
Hausmädchen la sirvienta 5B
Hausmeister el / la portero/-a
Haustier la mascota
Haustür la puerta principal
Heft el cuaderno
Heimat la patria 4B
heimlich a escondidas *adv.* 5B
heiraten (jdn.) casarse con alg. 3A
heiß caluroso/-a (ser); **Es ist sehr ~.** Hace mucho calor.; **etw. ~ ersehnen** morirse por a/c *fam.*
heißen llamarse; titularse 4B
Heizung la calefacción
Hektar la hectárea 5Ac
helfen (bei etw.) ayudar en a/c
hellblau sein celeste (ser) *adj.* 5B
Hemd la camisa
Herausforderung el reto 5Ac
herausholen (etw. aus) sacar a/c de
hereinkommen entrar
Herkunft el origen (*pl.* orígenes); **europäischer ~ sein** ser de origen (europeo)
Herr el señor
herstellen (etw.) fabricar a/c 3Ac
herumfahren dar la vuelta a a/c
herumgehen dar la vuelta a a/c
hervorragend sein brillante (ser) *adj.* 2B
hervorrufen (etw.) producir a/c (c → zc)
Herz el corazón (*pl.* corazones)
heute hoy; **~ morgen** esta mañana
heutzutage hoy en día
hier *acá lat. am.*; aquí
Hilfe la ayuda
Himmel el cielo
hinausgehen salir
hindern (jdn. daran ~, etw. zu tun) impedir a alg. (e → i) + *inf.* 2A
hinfallen caerse
hinsetzen sentarse (e → ie)
hinten detrás (de)
hinter por detrás de 3Ac
hinterher detrás (de)
hinterlassen (jdm. etw.) dejar a alg. a/c
hinunter abajo
hinunterfahren (mit etw.) bajar en a/c
hinuntergehen (eine Straße) bajar (por una calle); **die Treppe ~** bajar las escaleras 2A
Hinweg la ida 4C
hinzufügen (etw.) agregar a/c
Historiker/in el / la historiador/a
Hitze el calor
hoch *Berge / Gebäude* alto/-a
hochentwickelt sein sofisticado/-a (ser) 4C
hochladen *Internet* colgar (o → ue)
hochsteigen subir (a)
Hof el corral; el patio
hoffen, dass esperar que + *subj.*
hoffentlich ojalá (que) + *subj.*
Hoffnung la esperanza 4C
hoffnungslos desesperado/-a (estar)
Höhe la altura
höher als *por encima de*
holen (jdn. etw.) traer a alg. a/c
hören (etw.) escuchar a/c; oír a/c
Horizont el horizonte
Hose los pantalones
Hosentasche el bolsillo del pantalón
Hotel el hotel
hübsch bonito/-a; guapo/-a; hermoso/-a
Huhn la gallina; **das ~, das goldene Eier legt** *Metapher* la gallina de los huevos de oro
Hühnerstall el gallinero
Hund el perro
hundert cien
Hunderten (vor ~ von Jahren) hace cientos de años
Hunderte von + *Nomen* cientos de + *sust.*
Hunger el hambre; **~ haben** tener hambre; **noch ~ haben** quedar con hambre
hungrig (noch ~ sein) quedar con hambre
Hut el sombrero
Hütte la cabaña
Hymne el himno 4B

I

ich yo
Ich bin sehr stolz darauf. A mucha honra. 5B
ideal ideal *adj.*
Idee la idea; **eine ~ haben** tener una idea
Idol el ídolo

ignorieren (jdn. / etw.) ignorar a alg., a/c 2A
ihnen les
ihr (*m. / f. / Pl.*) vosotros/-as
illegal sein alegal (ser) *adj.* 4C; irregular (ser) *adj.* 4C
Imbiss la merienda
immer siempre; ~ **noch nicht** aún 2Ac; ~ **noch haben (etw.)** seguir con a/c (e → i) 5B; ~ **wenn** cuando
immigrieren inmigrar
Immobiliensektor el sector inmobiliario 3Ac
Imperium el imperio
Impfung la vacuna
Importeur/in el / la importador/a 5Ac
importieren (etw.) importar a/c
in en; ~ *Schulfach* **geprüft werden** examinarse de + *asignatura* 2B; ~ + *Zeitangabe* dentro de + *tiempo* 2B; ~ **wenigen Worten** en pocas palabras 5A
Indien *la India*
Individuum el individuo 4C
Industrie la industria
Information el dato; la información (*pl.* informaciones)
Infrastruktur la infraestructura 5A
Inka el / la inca
innen por dentro
innerhalb von + *Zeitangabe* dentro de + *tiempo* 2B
Insel la isla 4A
Inspirationsquelle la fuente de inspiración 4Ac
inspirieren lassen (sich von) inspirarse en a/c
instinktiv instintivamente *adv.* 5B
integrieren (sich) integrarse
integriert sein integrado/-a (estar) 4A
intelligent inteligente *adj.*
interessant interesante *adj.*; **sich ~ machen** hacerse el / la interesante 1A
Interesse el interés 2C
interessieren (jdn. etw.) interesa/n a alg. a/c
Internet el internet; por internet; **ins ~ gehen** conectarse a internet; **per ~** por la red
Internetcafé el cibercafé
Interview la entrevista
interviewen *entrevistar*; hacer entrevista/s
Ire/-in *el / la irlandés/-esa*
irgendein/e cualquier 1Ac
irgendein/e + *Nomen*, **irgendwelche** + *Nomen* algún / alguna + *sust.* (*pl.* algunos/-as)
irgendeiner/-e alguno/-a
irgendwann algún día
irren (sich) equivocarse
Italien Italia
italienisch *italiano/-a*

J

ja sí
Jacke la cazadora 1B; la chaqueta
jagen (etw.) cazar a/c
Jäger/in el / la cazador/a
Jaguar el jaguar
Jahr el año
Jahre ([…] ~ alt sein) tener […] años; **[…] ~ alt werden** cumplir […] años
Jahrhundert el siglo; **das sechzehnte ~** el siglo (XVI)
je nach dem depende
Jeans los vaqueros
jede *f.* + *Nomen* todas las + *sust.*
jede *m.* + *Nomen* todos los + *sust.*
jede/r/s cada
jeden Tag todos los días
jeder, jede cada uno/-a 1B
jemand alguien
jene/r/es + *Nomen* aquel / aquella + *sust.*
jetzt ahora
Jo-jo el yoyó 5B
Journalistin el / la periodista 3A
Jugend(zeit) *la juventud*
Jugendherberge el albergue juvenil
Jugendliche el / la joven (*pl.* jóvenes)
Jugendorganisation la asociación juvenil (*pl.* asociaciones)
Juli julio *m.*
jung joven *adj.*
Junge el / la chico/-a
jünger (als) menor (que)
Juni junio *m.*
Jury *Wettbewerb* el jurado

K

Kaffee el café
Käfig la jaula 5B
kalt frío/-a 5B; **Es ist ~.** Hace frío.; **~ sein** tener frío
Kälte el frío
kämpfen (um jdn. / etw.) luchar por alg., a/c 2Ac
Kanal *Geografie* el canal; ~ *Fernsehen* el canal
Kandidat/in el / la candidato/-a
Kaninchen el conejo
Kante la orilla
Kanu la canoa
kaputt machen romper a/c 5B
kaputtlachen (sich) estallar de risa *fam.*
Karaoke el karaoke
Karavelle la carabela
Karibik el Caribe
Karriere *la carrera*
Karte el mapa
Kartoffel *la papa lat. am.*; la patata; **~omelett** la tortilla (de patata); **~salat mit Thunfisch und Erbsen** la ensaladilla rusa
Käse el queso; **~brötchen** el bocadillo de queso; **~sandwich** el sándwich de queso
kassieren (etw.) cobrar a/c
Katalane/-in el / la catalán / catalana
Katalanisch *Sprache* el catalán
Katalonien Cataluña *f.*
katholisch católico/-a (ser)
Katze el gato
Kauf la compra
kaufen (etw.) comprar a/c
Kaugummi el chicle
kaum apenas
keck travieso/-a
kein/e + *Nomen* ningún / ninguna + *sust.*
keine/r niguno/-a
Keks la galleta
Kellner/in el / la camarero/-a
sich kennen conocerse (c → cz)
kennen (jdn.) conocer a alg. (c → zc)
kennenlernen (jdn.) conocer a alg. (c → zc)
Kilo el kilo
Kilometer el kilómetro
Kind el / la niño/-a; **als ~** de niño/-a 4A
Kinder los hijos
Kinderkrippe la guardería
Kino el cine
Kiosk el kiosco
Kirche la iglesia
Klang el sonido 2A
Klaren (sich über etw. im ~ sein) tener a/c claro
klären (sich) resolverse (o → ue)
klarer werden (etw.) aclarar 2A

klarkommen mit ponerse de acuerdo con
klasse alucinante (ser) *adj.*
Klasse la clase
Klassenkamerad/in el / la compañero/-a
Klassenzimmer el aula *f.*; **im ~** en la clase
Klatsch el cotilleo *fam.*
kleben pegarse a a/c
Kleid el vestido
Kleiderstange la percha 1B
Kleidervorschrift el código de vestir 4B
Kleidung la ropa; los vestidos *pl.* 3C; **auffällige ~ tragen** llevar unas pintas *fam.* 1Ac
klein menudo/-a; pequeño/-a; ~ *Menschen* bajo/-a (ser)
klettern hacer andinismo *lat. am.*
Klima el clima
Klimawandel el cambio climático
Klingel el timbre
klingeln sonar (o → ue); ~ *Türklingel* tocar el timbre
klug inteligente *adj.*; listo/-a (ser)
knifflig sein chungo/-a (ser) *fam.* 1Ac
Knöchel el tobillo 5B
Knopf el botón (*pl.* botones)
Koffer la maleta
Kojote el coyote
Kolonial- + *Nomen* colonial *adj.*
Kolonie la colonia 5Ac
Kolumbianer/in el / la colombiano/-a
Kombination la combinación 3Ac
Kombi-Ticket el billete combinado
komisch raro/-a 1B; **~ werden** ponerse así *fam.*
kommen llegar (a); venir (e → ie); **~ (aus)** provenir de (e → ie); **~ aus** ser de; **über die Runden ~** ir tirando *fam.* 2Ac; **zu spät ~** llegar tarde
Kommunikation la comunicación
Komödie la comedia
kompliziert sein complicado/-a (ser) 1Ac
König el rey
Königin la reina
konkret concreto/-a
konkurrieren (mit jdm. / etw.) competir con alg., a/c (e → i) 5Ac
können poder (o → ue)
können (etw.) saber a/c
Konservatorium el conservatorio
konstant sein constante (ser) *adj.* 2B
Konstrukteur/in el / la constructor/a
Konsum el consumo
konsumieren (etw.) *consumir a/c*
Kontakt el contacto 2C
Kontext el contexto 5Ac
Kontinent el continente
Kontrast el contraste
kontrollieren (jdn. / etw.) controlar a alg., a/c 1Ac
Konzentration la concentración (*pl.* concentraciones) 5A
konzentrieren (etw.) concentrar a/c 5A; **sich auf etw. ~** concentrarse en a/c
Konzept el concepto 5C
Konzert el concierto
Kopf la cabeza; **im ~ haben (etw.)** tener a/c en mente; **~ schütteln** negar con la cabeza (e → ie) 4C; **sich den ~ zerbrechen** comerse el tarro 1Ac
Kopfsalat la lechuga
Kopfweh/-schmerzen el dolor de cabeza
Kopie la copia
kopieren (etw.) copiar a/c
Korb *Sport* la canasta; **einen ~ werfen** *Sport* meter una canasta
Körper el cuerpo 1B
Kost la dieta
kosten costar (o → ue)
kostenlos gratuito/-a (ser)
Krach el escándalo; el jaleo
krank enfermo/-a (estar); malo/-a (estar)
Krankenhaus el hospital
Krankheit la enfermedad
Krass! ¡Qué fuerte!
Kreide la tiza
Kriminal + *Nomen* policíaco/-a
Krokodil el cocodrilo
Krone la corona 5B
Krücke la muleta
krumm encorvado/-a *adj.*; **~ sein** torcido (estar)
kubanisch sein cubano/-a (ser) 4A
Küche la cocina
Kuchen el pastel; la torta *arg.* 5B
Kühlraum la cámara
Kühlschrank la nevera
Küken el pollito
Kuli el boli
Kultur la cultura
kulturell sein cultural (ser) *adj.* 3B
kümmern (sich um jdn.) preocuparse por alg.; **~ (sich um jdn., etw.)** encargarse de alg., a/c
Kunst el arte; ~ *Schulfach* Educación Plástica y Visual; **die zeitgenössische ~** el arte contemporáneo
Kunsthandwerk la artesanía
Künstler/in el / la artista
Kunststoff el plástico
Kupfer el cobre
Kurs el curso
kurz corto/-a (ser); **~ bevor** poco antes de 2A; **~ darauf** poco después; **~ und gut** en pocas palabras 5A; **~ vor** poco antes de 2A
kurz sein breve (ser) *adj.* 2C
kurzärmelig de manga corta
Kuss el beso
küssen (sich) besarse 1A
Küste la costa
Küsten- + *Nomen* costeño/-a (ser)

L

Labor *el laboratorio*
lächeln sonreír (e → i)
Lächeln la sonrisa 4A
Lachen (sich vor ~ biegen) partirse de risa 1A
lachen (über etw.) reír de a/c (e → i)
Ladegerät *Handy* el cargador del móvil
Lagerfeuer la fogata
Lagerhalle la cámara
Lampe la lámpara
Land *Gebiet* el campo; ~ *Staat* el país
Landhaus el chalet
Landkarte el mapa
Landschaft el paisaje
Landwirtschaft la agricultura 3C
lang largo/-a (ser)
langärmelig de manga larga
Länge el largo; la longitud
langsam despacio *adv.*
langweilen (sich) aburrirse
langweilig aburrido/-a (ser); **ein ~er Typ werden** volverse un tío aburrido 2Ac
Lärm el escándalo; el ruido
in Ruhe lassen (jdn.) dejar en paz a alg. 1B
lassen (etw.) dejar a/c
lästig pesado/-a

Lateinamerika América Latina; Latinoamérica
Lateinamerikaner/in el / la latino/-a 4A
laufen caminar
Laune (die schlechte ~) el mal humor 2A
laut (gemäß) según
Lautstärke el volumen; **in voller ~** a todo volumen 2A
Leben la vida
leben vivir
lebendig vivo/-a
Lebensgefährte/-in el / la compañero/-a
Lebenslauf el currículum vitae 2C
Lebensstandard el nivel de vida 4C
lebhaft inquieto/-a
lecker sein bueno/-a (estar)
legal sein legal (ser) *adj.* 4C
legen (etw.) poner a/c; **etw. in etw. ~** meter a/c en a/c
Legende la leyenda
Lehrer/in el / la profe *fam.*; el / la profesor/a
leicht fácil; fácilmente *adv.*
leicht sein leve (ser) *adj.* 5B
Leid la pena
leiden (an etw.) sufrir de a/c
leider lamentablemente *adv.*
Leinwand la pantalla
Lektüre la lectura
Lemur el lémur
lernen aprender; estudiar
Lernstoff la materia
lesen (etw.) leer a/c
Lesung la lectura
letzte/r/s último/-a *adj.*
letzten Endes a fin de cuentas 1A
letztendlich definitivamente *adv.*; finalmente *adv.* 4B
letztens el otro día
Leute la gente
Licht la luz (*pl.* luces)
Liebe el amor
lieben (jdn.) amar a alg.
lieber wollen (etw.) preferir a/c (e → ie)
liebevoll cariñoso/-a
Lieblings- + *Nomen* favorito/-a + *sust.*
Lieblingsecke el rincón favorito
Lied la canción (*pl.* canciones)
Linie la línea
links a la izquierda (de)
linksherum del revés
Lippe el labio 5B
Liter el litro (de)
live *TV en directo*
LKW el camión (de carga) (*pl.* camiones) 5A
Loch el agujero
lockig rizado/-a
Logbuch el diario
Lohn la paga *fam.*
London Londres
lösen (etw.) resolver a/c (o → ue) 2B; **~ (sich)** resolverse (o → ue)
loslachen echarse a reír
Lösung la solución (*pl.* soluciones)
Luft el aire
Luftballon el globo
Lüge la mentira
lügen mentir (e → ie) 2C
Lust haben (auf) tener ganas (de)
lustig divertido/-a (ser)
lustig sein cómico/-a (ser) 5B

M

Mach dir keine Sorgen. No te preocupes.
machen (etw.) hacer a/c; realizar a/c (z → c) 2C; **jdn. / etw. zu etw. ~** convertir a alg., a/c en (e → ie)
Macht el poder; **an der ~ sein** estar en el poder 3A
Mädchen el / la chico/-a
Madrider/in el / la madrileño/-a
Magazin *Fernsehen el magazine*
magisch mágico/-a; **die ~en Kräfte** los poderes mágicos
Mai mayo *m.*
Mais el maíz
Mal la vez (*pl.* veces)
mal sehen a ver
Malaria la malaria
Maler/in el / la pintor/a
Mama la mamá
man muss + *Inf.* hay que + *inf.*
manchmal a veces
manipulieren (jdn.) manipular a alg.
Mann el hombre
Mantel el abrigo
Mäppchen el estuche
Mappe la carpeta
Märchen el cuento
Markt el mercado
Marmelade la mermelada
Marrokaner/in el / la marroquí
Mars Marte
Maß la medida; **nach ~** a medida
Maßeinheit la unidad de medida 5C
massiv, massenhaft sein masivo/-a (ser) 5A
Mathe Mates *fam.* = Matemáticas
Mathematik Matemáticas
Matrose el marinero
Mauer la muralla; el muro 4C
Maus *Tier* el ratón (*pl.* ratones)
Maya- + *Nomen* maya *adj.*
Maya *Person* el / la maya
Medaille la medalla
Medizin la medicina
medizinisch *médico/-a*; **die ~e Betreuung** *la asistencia médica*
Meer el mar
Meeresfrucht el marisco
Meeresspiegel el nivel del mar
Meerschweinchen el conejo de Indias
Megastadt la megaciudad 5A
mehr más; **~ als + *Zahl*** más de + *número*; **~ als genügend** de sobra; **~ oder weniger** más o menos
mehrfarbig multicolor *adj.*
Mehrheit (von + *Nomen*) la mayoría (de + *sust.*)
meiden (jdn.) evitar a alg. 2C
mein Lieber *Anrede* querido/-a 5B
mein/e (*m. / f. / n. / Sg.*) mi
meine (*m. / f. / n. / Pl.*) mis
meine Liebe *Anrede* querido/-a 5B
meinen (etw.) opinar a/c; parecer a alg. a/c (c → zc) 5B
Meinung la opinión (*pl.* opiniones)
Meisterwerk la obra maestra
melden (sich) *im Unterricht* levantar la mano
Melone el melón (*pl.* melones)
Memory-Stick la memoria USB
Menge la cantidad 3Ac; **eine ~** un montón de; **eine ~ (Leute)** un mogollón (de gente) *fam.*
Mensch el ser humano; **der ältere ~** el / la anciano/-a
Menschen- + *Nomen* humano/-a (ser)
Menschenmenge un mar de gente
Menschenrechte los derechos humanos *pl.* 4Ac
menschlich humano/-a (ser)
merken (sich etw.) memorizar a/c (z → c) 2A
messen (etw.) medir a/c (e → i)
Metall el metal 5Ac
der Meter *Längeneinheit* el metro; **ein ~ Länge** un metro de largo

Mexikaner/in el / la mexicano/-a
Mexiko México
Mexiko-Stadt la Ciudad de México
mies sein chungo/-a (ser) *fam.* 1Ac
Migration la migración 4Ac
Migrations- + *Nomen* inmigrante (ser) *adj.* 4Ac
Migrationsstrom el flujo migratorio 4C
Milch la leche
Milch- + *Nomen lácteo/-a (ser)*
Militärdiktatur la dictadura militar 4Ac
Million el millón (*pl.* millones)
Mineral el mineral
Mineralwasser el agua mineral
Ministerium el ministerio
Minute el minuto
mir auch (nicht) a mí también / tampoco
mir nicht a mí no
Mischung la mezcla
mit con; **~ dir** contigo; **~ mir** conmigo
mitbekommen (etw.) enterarse de a/c
Mitbewohner/in el / la compañero/-a
mitbringen (etw.) llevar a/c 4B; **jdn. etw. ~** traer a alg. a/c
Mitglied el miembro
mitmachen apuntarse
mitnehmen (jdn.) *Auto* llevar a alg.
Mitschüler/in el / la compañero/-a
Mittag el mediodía
Mittagsruhe halten dormir la siesta (o → ue)
Mittagsschlaf/-ruhe la siesta
Mittagszeit la hora de comer
Mitte el centro
Mitte, das Zentrum el centro
mitteilen (jdm. etw.) comunicar a alg. a/c 2B
Mittelamerika Centroamérica
Mittelamerikaner/in el / la centroamericano/-a 4C
mittelamerikanisch centroamericano/-a (ser)
mittelmäßig regular *adj.*
Mittelmeer- + *Nomen* mediterráneo/ -a
Mittelpunkt el ombligo
mittels *a través de*
Mittwoch el miércoles
Mixgetränk el batido
Möbelstück el mueble
möchten, dass querer que + *subj.*
Mode la moda 3Ac; **aus der ~ kommen** pasar de moda

Modell el modelo
Modellflieger *el avión a escala*
Moderator/in el / la moderador/a
modern moderno/-a; **~ sein** estar de moda
Mogelei la trampa
mögen querer (e → ie)
möglich posible *adj.*
Möglichkeit la posibilidad 2A
Möglichste (das ~) todo lo posible
Moment el momento; **im ~** por el momento
Monarchie (die parlamentarische ~) la monarquía parlamentaria 3Ac
Monat el mes
monatliches Durchschnittseinkommen el ingreso medio por mes
Mond la Luna
Monster el monstruo
Montag el lunes
montags los lunes
moralisch sein moral (ser) *adj.* 4C
Morgen la mañana
morgen mañana
morgens por la mañana
morgens + *Uhrzeitangabe hora* + de la mañana
Motto *el lema*
Mozzarella *la mozzarella*
MP3 Audioformat el mp3
MP3-Player el (reproductor) mp3
müde sein (von) cansado/-a (de) (estar)
Mühe la pena
mühelos fácilmente *adv.*
Müll la basura; **den ~ hinausbringen** sacar la basura
multikulturell sein multicultural (ser) *adj.* 3B
Mund la boca; **mit offenem ~ dastehen** quedarse con la boca abierta *fam.*
Münze la moneda
murmeln murmurar 5B
Museum el museo
Museumsführer/in el / la guía
Musik la música
Musiker/in el / la músico/-a
Müsli los cereales
müssen deber a/c + *inf.*; tener que
Mutter la madre
Muttersprache la lengua materna
Mütze la gorra; el gorro

N

Nabel der Welt el ombligo del mundo
nach a; hacia; por detrás de 3Ac; tras 3A; **~ der Schule** a la salida del insti; **~ Hause kommen** volver a casa
nach + *Nomen* después de + *sust.*
nach und nach poco a poco
Nachbar/in el / la vecino/-a
nachdem + *Inf.* después de + *inf.*; después de que + *subj.* 2Ac
nachdenken (über etw.) meditar sobre a/c 5B
nachdenklich pensativo/-a (estar) *adj.*
Nachfolger/in el / la sucesor/a 3A
nachher luego
Nachhilfe *Schulfach* la tutoría
Nachmittag la tarde
nachmittags por la tarde
nachmittags + *Uhrzeitangabe hora* + de la tarde
Nachprüfungen las recuperaciones
Nachricht la noticia
Nachricht *Handy* el mensaje
Nachrichtensendung *Fernsehen* el informativo
nächste/r/s próximo/-a
nachstehend siguiente *adj.*
Nacht la noche
nachts de noche; por la noche; *Uhrzeitangabe* **+ ~** *hora* + de la noche
Nachtwächter *el sereno*
nah cerca
Nähe (in der ~ von) cerca de; **~ (in der ~)** cerca; por aquí
nahe von cercano/-a (estar)
nahegehen afectar a/c a alg.
nähern (sich jdm. / etw.) acercarse a alg., a/c 1A; **etw. einer Sache ~** acercar a/c a a/c 5B
Nahrung la dieta
Nahrungsmittel los alimentos *pl.* 3C
Name el nombre
nämlich es que
Nase la nariz (*pl.* narices); **die ~ voll haben** estar hasta las narices *fam.*
nass werden mojarse
Nationalfeiertag la fiesta nacional
Nationalismus *el nacionalismo*
Nationalpark el parque nacional
Natur la naturaleza
Naturkundebuch el libro de Ciencias
natürlich por supuesto; pues sí; **~ nicht** pues no

natürliche Ressource el recurso natural 5Ac
Naturwissenschaften Ciencias de la Naturaleza
neben al lado de; **~ +** *Nomen* junto a + *sust.*
negativ negativo/-a
nehmen (etw.) coger a/c; **~** *Essen / Trinken* tomar
Neid la envidia
neidisch (Ich bin ~.) ¡Me da una envidia!
Neigung la afición (*pl.* aficiones)
nein no
nennen (jdn., etw.) llamar a alg., a/c
nennenswert llamativamente *adv.* 4A
nerven (jdn.) *umg.* dar la lata a alg. *fam.*
nervös nervioso/-a
nett majo/-a *fam.*; **Ich finde ihn / sie ~.** Me cae bien.
das soziale Netz *la red social*; **ins ~ gehen** conectarse a internet
Netz *Internet* la red
neu nuevo/-a
Neuigkeiten erzählen (sich) ponerse al día
neulich el otro día
New York Nueva York 4A
nicht no; **~ einmal** ni siquiera *adv.*; **~ mehr** ya no
nichts nada; no [...] nada; **Es ist ~ passiert.** Nada de nada.; **~ mehr** nada más; **~ Ähnliches** nada por el estilo 4B
nie no [...] nunca; nunca; **fast ~** casi nunca
niedlich mono/-a *fam.*
niedrig *Sachen* bajo/-a (ser)
niemand nadie; no [...] nadie
nirgends por ningún lado
noch (immer ~ nicht) aún (no) 2Ac; **~ (immer)** todavía; **~ dazu** para colmo; **~ einmal** otra vez; **~ nicht** todavía no; **~ sonst was** ni nada
Nordamerika América del Norte
Norden el norte
nördlichste/r más al norte
normal normal *adj.*
normalerweise generalmente *adv.*; normalmente *adv.*
nostalgisch nostálgico/-a
Notar/in el / la notario/-a 2B
Note la nota
notieren (etw.) apuntar a/c
Notiz la nota
Notizbuch la libreta 1B
Notizen los apuntes
notwendig necesario/-a (ser) *adj.*
Notwendigkeit haben zu + *Inf.* tener necesidad de + *inf.* 4C
November noviembre *m.*
null cero
nur sólo; **~ wenn** siempre y cuando 4A
nutzbar machen (etw.) utilizar a/c (z → c) 3Ac
nutzen (etw.) aprovechar a/c
Nutzer *el usuario*
nützlich útil *adj.*
nutzlos sein inútil (ser) *adj.* 2A
Nutzung *el uso*

O

O. K. bueno; está bien; vale
ob si
Obelisk el obelisco
oben arriba
Oberfläche la superficie
obligatorisch obligatorio/-a (ser)
Obst la fruta
Obstsalat la macedonia
obwohl a pesar de; aunque; si bien 4Ac
oder o
Ofen el horno
offensichtlich sein evidente (ser) *adj.* 5A
offiziell oficial (ser) *adj.*
öffnen (etw.) abrir a/c
öfters con frecuencia
ohne sin
Ohr la oreja 5B
Olive la aceituna
Olivenbaum el olivo
Onkel el tío
online en línea
Orange la naranja
Orangenbaum el naranjo
Orangensaft el zumo de naranja
Ordnung (in ~) está bien
organisieren (etw.) organizar a/c (z → c)
originell original (ser) *adj.*
Ort el lado; el lugar; el sitio
Osten el este
östlichste/r más al este
Ozean el océano

P

paar (ein) un par
packen (etw.) empacar a/c
Paket el paquete (de)
Palme (jdn. auf die ~ bringen) sacar de quicio a alg. 1A
Palmengarten *el palmeral*
Panik el pánico; **~ verspüren** sentir pánico (e → ie)
Papa el papá
Papagei el loro
Papier el papel
Pappkarton la caja de cartón
Paradies el paraíso
Park el parque
Parkplatz el aparcamiento
Parlament el parlamento 3Ac
Party la fiesta
passen (jdm. etw.) convenir a alg. a/c (e → ie) 1Ac
passieren pasar
pauken (etw.) empollar a/c *fam.*
Pause la pausa; **ohne ~** sin parar
Pause *Schule* el recreo
peinlich sein (jdm. etw.) dar (un) corte a alg. a/c *fam.*; dar vergüenza a alg. a/c
pensioniert (sein) jubilado/-a (estar)
per *Medium / Hilfsmittel* por
perfekt *perfectamente adv.*; perfecto/-a; **~ sein** perfecto/-a
Person la persona; **~** *Fernsehen* el personaje
Personen- + *Nomen* personal *adj.* 1Ac
persönlich personal (ser) *adj.* 1Ac
Peruaner/in el / la peruano/-a
Pfefferkuchen el pan de especias
Pferd el caballo
pfiffig sein tener chispa
Pfirsich el melocotón
Pfötchen geben *Hund* dar la pata
Pfote la pata
Physik Física *f.*
Pinguin el pingüino
Plan el plan
planen (etw.) planear a/c
Planet el planeta
planlos sin orden
Plantage la plantación (*pl.* plantaciones)
Planung la planificación (*pl.* planificaciones) 2C
Plastiktüte la bolsa de plástico
Platz la plaza; **fehl am ~ sein** fuera de lugar (estar) 1A; **~** *Ort* el sitio

plaudern charlar
plötzlich de repente
Poesie la poesía 4B
poetisch sein poético/-a (ser) 4B
Polen Polonia
Politik la política
Polizei la policía 1Ac
Pommes frites las patatas fritas
populär sein popular (ser) *adj.*
Portmonee el monedero
Portugiese/-in *el / la portugués/-esa*
Position la posición (*pl.* posiciones) 4B
positiv positivo/-a 5A
Poster el cartel
Postkarte la tarjeta postal
prächtig sein brillante (ser) *adj.* 2B
präkolumbianisch precolombino/-a
Praktikum las prácticas *pl.* 2C
praktisch prácticamente *adv.*
Präsident el / la presidente/-a 4B
Präsidentschaft la presidencia 4B
Preis el precio 2A; el premio
Presse *la prensa*
Priester + *Familienname* el padre + *apellido* 4C
Prinz / Prinzessin el príncipe, la princesa 3A
privat sein privado/-a (ser) 1B
Privileg el privilegio
proben (etw.) ensayar a/c 2C
probieren (etw.) probar a/c (o → ue)
Problem el problema
Produkt el producto
produzieren (etw.) producir a/c (c → zc)
profitieren (von etw.) beneficiarse de a/c
Programm el programa
Projekt el proyecto
Provinz la provincia
Prozentsatz *el porcentaje*
Prüfung el examen; la prueba
Publikum el público
Puerto-Ricaner/in el / la puertorriqueño/-a 4Ac
puerto-ricanisch sein (ser) puertorriqueño/-a 4Ac
Pullover el jersey; el pulóver *arg.*
Pummelchen el / la gordito/-a 5B
Punk el punk
Punkt el punto
Putsch el Golpe de Estado 3A
putzen (etw.) limpiar a/c

Q

Qualität la calidad 2C
Quatsch el rollo *fam.*; Erzähl keinen ~! ¡Déjate de cuentos! *fam.*
Quechua, *auch:* Ketschua el quechua
Quelle la fuente 2C; die ~ angeben poner la fuente 2C
Quiché quiché

R

Radiergummi la goma
Radio la radio
Raffinerie la refinería 5Ac
Rand la orilla
Rasen el césped
Rathaus el ayuntamiento
ratlos perplejo/-a
Rauch el humo 5A; ~melder el detector de humo
raufen (sich) pelearse
reagieren *reaccionar*
Reaktion la reacción (*pl.* reacciones)
realistisch sein realista (ser) *adj.* 2Ac
Realität la realidad
Rechnung la cuenta; Die ~ bitte! ¿Me cobras?
Recht (auf etw.) el derecho a a/c 4C; ~ haben tener razón; zu ~ con razón 1B
rechte + *Nomen* el / la *sust.* + derecho/-a
rechts (von) a la derecha (de)
Rechtswissenschaften Derecho 2B
rechtzeitig a tiempo 5A
recyceln (etw.) reciclar a/c
Rede el discurso 3A
reden hablar; wie ein Wasserfall ~ hablar hasta por los codos *fam.*
reduzieren (etw.) reducir a/c (c → zc) 5Ac
Referat la presentación (*pl.* presentaciones)
Regal la estantería
Regel la regla
regelmäßig regularmente *adv.* 5A
Regierung el gobierno 3Ac
Regierungsform *la forma de gobierno*
Regierungssystem el sistema de gobierno 3A
Regierungsverantwortung (die ~ übernehmen) asumir el poder 3A
Regime el régimen (*pl.* regímenes) 4A
Region la región (*pl.* regiones)
Regisseur/in el / la director/a 4Ac
regnen llover (o → ue)
Reich el imperio
reich sein rico/-a (ser)
reichen alcanzar
Reichtum la riqueza 3B
reifen madurar
Reihe la cola; an der ~ sein tocar; Du bist (nicht) an der ~. Es / (No es) tu turno.
Reihenfolge el orden 1A; in alphabetischer ~ por orden alfabético 1A
Reis el arroz (*pl.* arroces)
Reise el viaje
Reiseandenken el recuerdo
Reiseführer la guía turística
reisen viajar
Reisepass *el pasaporte*
Reißverschluss la cremallera 1B
reiten montar a caballo
Religion la religión; ~ *Schulfach* Religión
rennen correr
Rente *la jubilación (pl. jubilaciones)*
Reportage el reportaje
Reporter/in el / la reportero/-a
repräsentieren (jdn. / etw.) representar a alg., a/c 4Ac
Republik la República 3A
Respekt *el respeto*
respektieren (etw.) respetar a/c
Ressource el recurso 5C
Rest (von + *Nomen*) el resto (de + *sust.*)
Restaurant el restaurante
Reste los restos *pl.* 5C
Restlichen (die ~) los demás
retten salvar a/c; sich vor etw. ~ salvarse de a/c
Revolution la revolución (*pl.* revoluciones)
Rezept la receta
richtig correcto/-a
Richtung la dirección (*pl.* direcciones); in ~ en dirección a; in ~ von hacia
riesig inmenso/-a
riskieren (etw.) arriesgar a/c 4C
Rock la falda
Rohöl el petróleo
Rohstoff la materia prima 5Ac
rosa sein rosa (ser) *adj.* 5B
rot rojo/-a; ~ (wie eine Tomate) werden ponerse rojo/-a (como un tomate) *fam.*
Route la ruta
Rückkehr la vuelta

Rucksack la mochila
Ruf la fama
rufen llamar; **etw. ~** gritar a/c
Ruhe la calma; la paz; **in ~** con calma; en paz; **in ~ lassen (jdn.)** dejar en paz a alg. 1B
ruhig tranquilamente *adv.*; tranquilo/-a; callado/-a *adj.*
Ruhm la fama; **mit dem ~ leben** vivir *la fama*
rund redondo/-a (ser)

S

Saal la sala
Sache la cosa
Saft el zumo
sagen (etw.) decir a/c (e → i)
Samen la semilla 5Ac
sammeln (etw.) recoger a/c
Samstag el sábado
Sandwich el sándwich
Sänger/in el / la cantante
Sardine la sardina
satt haben (etw.) harto/-a de a/c (estar)
satt werden llenarse
Satz la frase
sauber machen (etw.) limpiar a/c
sauber sein limpio/-a
sauer sein enojado/-a (estar) 5B
Schädling el parásito
schaffen (etw.) generar a/c 5Ac; **~ etw. zu tun** llegar a + *inf.* a/c
Schal la bufanda
Scham la vergüenza
scharf sein *Essen* picar
schätzen (etw.) calcular a/c 5A; **jdn. / etw. ~** apreciar a alg., a/c
schauen mirar
Schauspiel el espectáculo
Schauspieler el actor
Schauspielerin la actriz (*pl.* actrices)
schauspielern actuar
Schauspielkunst la actuación *sg.* 4Ac
scheiden (sich ~ lassen) divorciarse 3A
scheinen parecer (c → zc); **~ zu + *Inf.*** parecer (c → zc) + *inf.*
schenken (jdm. etw.) regalar a alg. a/c
Scherz la broma 1Ac
schicken (jdm. etw.) enviar a alg., a/c 2Ac; mandar a alg. a/c
schieben (jdn. / etw.) empujar a alg., a/c
schief sein torcido (estar)
Schiff el barco
schiffbar navegable *adj.*
Schiffbruch el naufragio; **~ erleiden** naufragar
Schildkröte la tortuga
schimpfen (mit jdm.) regañar a alg.
Schinken el jamón (*pl.* jamones); **~sandwich** el sándwich de jamón
schlafen dormir (o → ue)
schlagen palpitar 5B
schlagen (etw.) pegar a/c
Schlagzeug la batería
Schlamm *el barro lat. am.*
schlank delgado/-a
schlau listo/-a (ser)
schlecht mal *adv.*; malo/-a; **~ gehen (jdm.)** mal (estar); **~ gelaunt sein** de mal humor (estar); **~ sein** malo/-a (ser)
schlechter peor *adj.*
schließen (etw.) cerrar a/c (e → ie)
schließlich a fin de cuentas 1A
Schlimmste / Schlechteste (der / die / das ~) el / la peor
Schloss el castillo
Schloss *Tür* la cerradura
Schlüssel la llave
Schlüsselbund el juego de llaves
Schmerz el dolor
schmerzen doler (o → ue)
schmutzig sucio/-a
Schmutzwasser las aguas sucias
Schnee la nieve
schneien nevar (e → ie)
schnell deprisa *adv.*; rápido/-a (ser)
Schokolade el chocolate
schon sí; ya; **~ wieder** otra vez
schön bonito/-a; hermoso/-a; mono/-a *fam.*; lindo/-a (ser) *lat. am.*
Schöne Grüße. Saludos.
Schrank el armario
Schrecken el susto
schrecklich fatal *adv.*; terrible *adj.*; tremendo/-a; **~ sein** horrible (ser) *adj.* 1A
Schreiben (das kreative ~) la escritura creativa 4Ac
schreiben (etw.) escribir a/c; **~** *Formular* poner a/c
Schreibtisch el escritorio
Schreibwarengeschäft la papelería
schreien (etw.) gritar a/c
Schriftsteller/in el / la escritor/a 4Ac
Schritt (einen ~ machen) dar un paso 2A
schubsen (jdn.) empujar a alg., a/c
schüchtern tímido/-a (ser)
schuften pringar *fam.* 1Ac
Schuh el zapato
Schuhe mit Schnürsenkel los zapatos de cordones *pl.* 4B
Schuhwerk el calzado
schuldig sein culpable (ser) *adj.* 4C
Schule el cole *fam.* = el colegio; **die weiterführende ~** la educación secundaria
Schüler/in el / la alumno/-a; el / la estudiante
Schulfach la asignatura
Schuljahr el curso
Schulsystem el sistema escolar *m.*
Schulter el hombro 5B
schummeln hacer trampa
schütteln (den Kopf ~) negar con la cabeza (e → ie) 4C
Schutz la protección (*pl.* protecciones) 4C
schützen (jdn. / etw.) proteger a alg., a/c
schwarz negro/-a
Schwarzafrika el África subsahariana 3B
schwatzen charlar
schweigen callarse
schweigsam callado/-a (estar) *adj.*
schwenken (etw.) ondular 5B
schwer difícil; **jdm. etw. ~ fallen** costar a alg. a/c (o → ue)
Schwester la hermana
schwierig difícil
Schwimmbad la piscina
schwimmen nadar
Schwindel la trampa
schwitzen sudar 2A
Science-Fiction la ciencia ficción
sechs seis
sechziger Jahre los años sesenta
See el lago
Seemann el marinero
sehen (etw.) ver a/c
sehr muy; **~ viele** un mogollón *fam.*
Sehr gut el sobresaliente
Seifenoper *Fernsehen* la telenovela
Seilbahn el teleférico
sein ser; **da ~** estar; **~ aus** ser de
sein/e, ihr/e (*m. / f. / n. / Sg.*) su
seine / ihre (*m. / f. / n. / Pl.*) sus
seit desde que 1A; **~ kurzem** desde hace poco

seit (*Zeitdauer*) + *Zeitangabe* desde hace + *tiempo*
seit (*Zeitpunkt*) + *Zeitangabe* desde + *tiempo*
seitdem desde que 1A
Seite el lado; *Buch* ~ la página
Sektor el sector
Sekundar + *Nomen* secundario/-a (ser)
selbst (man ~ sein) ser sí / uno mismo 4A
Selbstverständlich! ¡Claro que sí!
seltsam raro/-a 1B
Sender el canal
Sendung *Fernsehen und Radio* el programa
Seniorenheim el hogar de ancianos
senken (etw.) bajar a/c
sensibel sensible *adj.* 4B
September septiembre *m.*
Serie *Fernsehen* la serie
Serviette la servilleta
Sessel el sillón
setzen sentarse (e → ie)
Shake el batido
shoppen gehen ir de tiendas
sicher sein seguro/-a de a/c (estar)
Sicherheit la seguridad 2C
sicherlich seguro que
sichtbar sein visible (ser) *adj.* 4C
Sie usted
sie (*f. / Sg.*) ella
sie (*m. / f. / Pl.*) ellos/-as
Sieger/in el / la campeón/-ona (*pl.* campeones/-as)
signifikant *significativo/-a*
singen cantar
Situation la situación (*pl.* situaciones)
sitzend sentado/-a (estar)
Sitzplatz el asiento 5B
Skateboard el monopatín (*pl.* monopatines)
Ski fahren esquiar
SMS el mensaje; el mensaje de texto
so así; tan; ~ **dass** de modo que 4A; ~ **etwas** algo así 4B; ~ **lang** *zeitlich* tanto *adv.*; ~ **sehr** tanto; ~ **viel** tanto; ~ **viel zu** + *Inf.* tanto que + *verbo*; ~ **viel/e** tanto/-a 1A
so + *Adj.* + **wie** tan + *adj.* + como
sofort en seguida
sogar hasta
sogar (mit) + *Nomen* incluso (con) + *sust.* 4A

Sohn el hijo
Soja la soja 5Ac
Solar- + *Nomen* solar *adj.*; **~energie** la energía solar
Soldat/in el / la militar 3A
Sommer el verano; **den ~ verbringen** veranear
sondern sino; sino que
Sonne el sol; **Die ~ geht auf.** El sol sale; **Die ~ scheint.** Hace sol.
Sonnenbrille las gafas de sol
Sonntag el domingo
sonst nichts nada más
sorgen (für jdn.) cuidar a a alg.
Sorgen (Mach dir keine ~!) ¡No te preocupes!
sorgfältig cuidadosamente *adv.*
Sorte la especie *f.*
Souvenir el recuerdo
soweit sein zu + *Inf.* tocar + *inf.* 2A
sowohl … als auch tanto … como 4A
sozial sein social (ser) *adj.* 3A
Sozialarbeiter/in el / la trabajador/a social 4Ac
soziale Ungleichheit la desigualdad social 5Ac
Spanien España
Spanisch *Sprache* el español
Spanischbuch el libro de español
spanischsprachig sein hispano/-a (ser) 4Ac
spannend sein emocionante (ser) *adj.* 5B
sparen ahorrar
Spargel el espárrago
Spaß haben divertirse (e → ie)
spät (zu ~) tarde *adv.*
später después
spazieren gehen pasear; salir a pasear
Speicher *Computer* la memoria
speichern (auf) guardar en
Speisesaal el comedor
spenden (etw.) donar a/c
Spezialität la especialidad
Spickzettel la chuleta *fam.*
Spiel el juego; ~ *Sport* el partido
spielen tocar; **etw. ~** jugar (a) a/c (u → ue)
Spieler/in el / la jugador/a
Spielstein la ficha
Spinnennetz la telaraña
Spitze (an der ~ stehen) estar a la cabeza en

Sport el deporte; ~ *Schulfach* Educación Física; ~ **machen** practicar deporte/s; ~ **treiben** practicar deporte/s
Sportecke el rincón de los deportes *fam.*
sportlich deportista *adj.*
Sportzentrum el polideportivo
Sprache el idioma; la lengua; ~ **und Literatur** *Schulfach* Lengua y Literatura
sprechen hablar
Sprecher/in el / la locutor/a
Spülmaschine el lavavajillas
Staat el estado 4C
Stadion el estadio
Stadt la ciudad
städtisch urbano/-a (ser)
Stadtmauer la muralla
Stadtrat el ayuntamiento
Stadtteil el departamento
Stadtviertel el barrio
stammen (aus) provenir de (e → ie)
Stand el puesto
Standbild la estatua
ständig etw. tun vivir + *ger.* 2A
Star el / la famoso/-a 1A
stark fuerte *adj.*
Stärke (die ~ von jdm. sein) ser el fuerte de alg.
starr fijo/-a 5B
Start *Spiel* la salida
Station la estación (*pl.* estaciones)
stattdessen en cambio
stattfinden tener lugar
Statue la estatua; **die lebende ~** *Straßenkünstler la estatua viva*
Stau el atasco 5A
Staub el polvo
staunen (über etw.) extrañar a/c
stecken (etw. in etw.) meter a/c en a/c
stehen estar de pie 1B
stehlen (jdm. etw.) robar a alg. a/c
steif rígido/-a 5B
Steigung la cuesta
Stein la piedra
Steinwüste el desierto de cemento
Stelle el puesto (de trabajo) 2Ac; **an ~ von** + *Nomen* en vez de + *sust.*
stellen (etw.) poner a/c
sterben morir (o → ue); morirse (o → ue) 4A
Stern la estrella
Stierkampf la corrida de toros 3Ac

Stift el lápiz (*pl.* lápices)
Stiftung la fundación (*pl.* fundaciones)
Stil el estilo
Stille el silencio
Stimme la voz (*pl.* voces)
Stimmt. Es verdad.
Stockwerk la planta
Stolz (jdn. mit ~ erfüllen) llenar de orgullo a alg. 5B
stolz sein (auf jdn. / etw.) orgulloso/-a de alg., a/c (estar) 2B
stoppen detenerse (e → ie) 4C; parar
Strafe el castigo
Strand la playa
Straße la calle
Straßenhändler/in el / la vendedor/a ambulante 5A
Straßenhund el perro callejero/-a
Strategie la estrategia 4C
Streber/in el / la empollón/-ona (*pl.* empollones/-as)
Streichholz la cerilla
Streit la bronca; la pelea; **in ~ geraten** meterse en una pelea *fam.*
streiten (sich) pelearse
Stress el estrés
Strom la electricidad *sg.* 5A
Strom fällt aus se va la luz
Strophe la estrofa 4B
Struktur la estructura
Stückchen el pedacito *fam.*
Student/in el / la estudiante
Studie el estudio
Studiengang la carrera
Studium los estudios *pl.*
Stuhl la silla
Stunde la hora
stundenlang horas (y horas)
Stundenplan el horario (de clase)
stur el cabezón, la cabezona
Sturm la tormenta
stürzen venirse encima a alg. 5B
stützen (etw.) apoyar a/c
Suche la búsqueda 2C; **auf der ~ nach** en busca de (estar)
suchen (etw.) buscar a/c
Süden el sur
Südkegel el Cono Sur
südlich, nördlich, westlich, östlich (von) al sur / norte / oeste / este (de)
südlichste/r más al sur
super + *Adj.* super- + *adj.*
superberühmt superfamoso/-a (ser) *fam.*
Supermarkt el supermercado
surfen *Internet* navegar (en)
süß dulce
Süßer. / Süße. *liebevolle Anrede* Guapo. / Guapa. *fam.*
sympathisch majo/-a *fam.*; simpático/-a (ser); **jdm. ~ sein** caerle bien a alg. 4B
Szene la escena 3B

T

Tafel la pizarra
Tag el día
Tagebuch el diario
täglich diariamente *adv.*
täglich sein diario/-a (ser) 2B
Tal el valle
Talent el talento
talentiert sein (für) tener talento (para)
Tante la tía
Tanz el baile
Tanzschule la academia de danza
Tasche el bolso
Taschengeld la paga *fam.*
Taschenrechner la calculadora 1Ac
Tastatur el teclado
tauchen bucear
tauschen (jdn. / etw. gegen nichts ~) no cambiar por nada a alg., a/c
Tausende von + *Nomen* miles de + *sust.* 4C
Taxifahrer/in el / la taxista
Team el equipo 4Ac
Technologie *la tecnología; ~ Schulfach* Tecnología
Teich el estanque; **über den großen ~ fahren** cruzar el charco *fig.* 4A
Teil la parte
teilnehmen (an etw.) participar (en)
Telefon el teléfono; **ans ~ gehen** ponerse (al teléfono); **~nummer** el número; **~zelle** la cabina telefónica
telefonieren hablar por teléfono
Teleskop el telescopio
Teller el plato
Teneriffa Tenerife
Termin la cita 2A
teuer caro/-a
Text el texto
Textilindustrie la industria textil 3Ac
Theater el teatro; **~gruppe** el grupo de teatro; **~stück** la obra de teatro
Thema el tema
thematisieren (etw.) tematizar a/c (z → c) 4Ac
Themawechsel cambiando de tema
tief hondo *adv.* 5B
tief sein profundo/-a (ser) 4B
tiefgründig sein profundo/-a (ser) 4B
Tier el animal
Tierschutzverein la asociación protectora de animales
Tipp la pista; **jdm. einen ~ geben** dar una pista a alg.
Tisch la mesa
Tischlerei la carpintería
Toast la tostada
Tochter la hija
Tod la muerte 3A; **sich zu ~e langweilen** aburrirse como una ostra *fam.*
Toilette los servicios *pl.*
toll estupendo/-a; guay; precioso/-a
Tomate el tomate
Ton el sonido
Tor la puerta
Torte el pastel; la torta *arg.* 5B
tosenden Beifall spenden aplaudir a rabiar 5B
total totalmente *adv.* 1A
Tote el / la muerto/-a
töten matar a alg.
Tourismus el turismo
Tourist/in el / la turista
touristisch turístico/-a (ser)
Tracht el traje típico
Tradition la tradición (*pl.* tradiciones) 3Ac
traditionell tradicional (ser) *adj.*
tragen llevar a/c
Trainer/in el / la entrenador/a
trainieren entrenar 1Ac
Training *el entrenamiento*
Trainingsanzug el chándal
Tränen (in ~ ausbrechen) echarse a llorar
transgen sein transgénico/-a (ser) 5Ac
transportieren teletransportarse
Transportmittel el medio de transporte
trauen (sich zu *Inf.*) animarse a + *inf.* 5B
Traum el sueño
traurig triste *adj.*
Treffen *el encuentro*; la reunión (*pl.* reuniones)
treffen (sich) reunirse; **sich mit jdm. ~** encontrarse con alg. (o → ue)
trennen (etw.) separar a/c

Treppenhaus el pasillo
treten (jdn. / etw.) patear a alg., a/c 5B
trinken beber
trocken seco/-a
Trockenperiode el periodo de sequía 3C
Tropen el trópico
tropisch tropical (ser) *adj.*
trotzdem a pesar de; aun así; no obstante; sin embargo
T-Shirt la camiseta
tun (mit etw. zu ~ haben) tener que ver con a/c (e → ie) 1B; **jdn. etw. ~ lassen** dejar + *inf.*; **zu ~ haben mit** tocar + *inf.*; **weiter etw. ~** quedarse + *ger.* 5B; **etw. ~ dürfen** tener permiso para + *inf.* 5B; **etw. ~ müssen** necesitar + *inf.*; **etw. ~ werden** ir a + *inf.*; **etw. ~ wollen** querer + *inf.*
Tür la puerta; **~knallen** el sonido 2A
Turm la torre
Turnier el torneo
Turnschuhe las zapatillas (de deporte)
Tüte la bolsa
Typ el tío *fam.*
typisch típico/-a (ser)

U

U-Bahn el metro; el subte *fam.* = el subterráneo *arg.*
üben (etw.) ensayar a/c 2C; practicar a/c
über acerca de 2C; encima de; *por encima de*; sobre; **Über was?** ¿De qué?
über + *Nomen* + hinaus más allá de + *sust.* 5A
überall en / por todos lados; **von ~** de todas partes
Überfall el atraco
überfliegen (etw.) hojear a/c
überleben sobrevivir
Überlebende el / la sobreviviente
übernachten pasar la noche
übernehmen (etw.) la democracia 3A
überprüfen etw. comprobar a/c (o → ue); **~ jdn. / etw.** controlar a alg., a/c 1Ac
überqueren (etw.) cruzar a/c
überrascht sein sorprenderse
Überraschung la sorpresa
übertragen (jdm. etw.) transmitir a alg. a/c 1A
übertreiben exagerar
übertrieben exagerado/-a (ser)
überwacht sein supervisado/-a (estar) 4B
überzeugen (jdn.) convencer a alg. (c → z)
Übrige (das ~) lo demás *adj.*
übrigens por cierto
Uhr h = hora/s; el reloj
Uhrzeit (nach der ~ fragen) preguntar la hora
um + *Nomen* + herum alrededor de + *sust.* 5A
Um wieviel Uhr? ¿A qué hora …?
um zu + *Inf.* para + *inf.*
umgekehrt *viceversa*
umknicken (etw.) torcer a/c (o → ue)
umsteigen *Verkehrsmittel* cambiar
umstritten sein controvertido-/a (ser) 3Ac
Umwelt el medio ambiente
Umweltschützer/in el / la ecologista
umziehen *Ortswechsel* mudarse (a)
Unabhängigkeit la independencia
unangenehm sein desagradable (ser) *adj.* 2A
unauffällig con disimulo *adv.* 5B
und y; **~ dennoch** pero sí 3A
und (*vor* i + hi) e
Und basta. Y se acabó. 5B
unecht artificial *adj.*
unendlich eterno/-a; interminable (ser)
unerträglich insoportable *adj.* 2A
Unfall el accidente
ungefähr unos/-as
Ungeheuer el monstruo
Ungenügend el suspenso
ungerecht sein injusto/-a (ser) 2A
unglaublich alucinante (ser) *adj.*; increíble (ser) *adj.*
Uniform el uniforme
Universität la universidad
unmoralisch sein inmoral (ser) *adj.* 4C
unordentlich desordenado/-a
unregelmäßig sein irregular (ser) *adj.* 4C
unruhig inquieto/-a
uns nos
unser/e (*m. / f. / n. / Sg.*) nuestro/-a
unsichtbar sein (ser) invisible *adj.* 4Ac
Unsinn la chorrada *fam.* 1B
unten abajo
unter debajo de
unterbrechen (jdn., etw.) interrumpir a alg., a/c
unterhalten (jdn.) entretener a alg. (e → ie)
Unterricht la clase; **im ~** en la clase
Unterscheidung la distinción (*pl.* distinciones) 4C
Unterschied la diferencia; **im ~ zu** a diferencia de
unterstützen (etw.) apoyar a/c
untersuchen (etw.) investigar a/c
unterwegs sein irse por ahí *fam.*
unumstritten sein incuestionable (ser) *adj.* 4C
unvollendet inacabado/-a
unvorsichtig imprudente (ser) *adj.*
Ureinwohner/in el / la indígena
Urlaub las vacaciones; **im ~ sein** estar de vacaciones
Urlaubsresort el resort
Ursache la causa 5A
Ursprung el origen (*pl.* orígenes)
Urwald la selva
USA los EE. UU. = los Estados Unidos 4Ac
US-amerikanisch sein estadounidense (ser) *adj.* 4Ac
usw. etc. = etcétera 5A

V

Vater el padre
venezolanisch sein venezolano/-a (ser) 5Ac
verabreden (sich) quedar
verabschieden (sich von jdm.) despedirse (de alg.) (e → i); **~** *Verfassung* aprobar (o → ue) 3A
verachten (jdn.) despreciar a alg.
Veränderung el cambio
Veränderungen durchmachen sufrir cambios
Veranstaltung la actividad
verantwortlich sein (für etw.) responsable (ser) *adj.*
Verantwortliche el / la encargado/-a
Verband el vendaje
verbessern (etw.) mejorar a/c 4C
verbieten prohibir a alg. a/c
Verbindlichkeit el compromiso 2C
Verbindung *Internet* la conexión (*pl.* conexiones)
verboten (sein) prohibido (estar)
Verbrauch el consumo 3C
verbrauchen (etw.) *consumir a/c*

Verbraucher/in el / la consumidor/a 5Ac
verbringen *Zeit* pasar; **die Zeit mit etw. ~** pasar el tiempo + *ger.*; **den Sommer ~** veranear
verderben *Essen* estropearse
Verdichtung la concentración (*pl.* concentraciones) 5A
verdienen ganar a/c; **etw. ~**merecerse a/c (c → zc) 2B
Vereinigten Staaten los Estados Unidos
vereint *unido/-a*
verfahren (sich) perderse (e → ie)
Verfassung (die spanische ~) la Constitución española 3Ac
verfügen (über etw.) contar con a/c (o → ue) 3Ac; disponer de a/c
vergangen pasado/-a
vergessen (etw.) olvidar a/c
vergleichen (etw.) comparar a/c
vergnügen (sich) entretenerse con (e → ie)
Vergnügungspark el parque de atracciones
vergrößern (etw.) ampliar a/c
verheiratet (sein) casado/-a (estar)
verhungern morirse de hambre
Verkauf la venta
verkaufen (etw.) vender a/c
Verkäufer/in el / la vendedor/a
Verkaufsstand el puesto de venta
das Land verlassen salir con lo puesto *fig.* 4A
verlassen (etw.) dejar a/c
verlaufen (sich) perderse (e → ie)
verlieren (etw.) perder a/c (e → ie)
vermeiden (etw.) evitar a/c 2C
vermischen (etw.) mezclar a/c
vermissen (jdn. / etw.) echar de menos a alg., a/c
vermuten (etw.) suponer a/c
vernichten (etw.) acabar con a/c
verpacken (etw.) empacar a/c
verpassen (etw.) perderse (e → ie) a/c; **den Bus ~** perder el autobús (e → ie) 1Ac
verpflichten zu obligar a + *inf.*
verringern (etw.) bajar a/c
verrückt loco/-a (estar); **(ziemlich) ~ sein** (medio) loco/-a (estar)
Versand *el envío*
verschicken (etw.) mandar a alg. a/c
verschieden diferente *adj.*; distinto/-a 5B; *varios/-as*
verschieden(artig) *diverso/-a*
verschlechtern *Augen* estropearse
Verschmutzung *la contaminación sg.*
verschwinden desaparecer (c → zc)
versichern (etw.) asegurar a/c 3A
versklaven (jdn.) esclavizar a alg.
Verspätung el retraso
versprechen (jdm. etw.) prometer a alg. a/c 4A
verstaatlichen *nacionalizar*
Verstand la mente
verstecken (sich) esconderse
verstehen (etw.) comprender; entender a/c (e → ie); **sich ~** entender(se) (e → ie); **sich mit jdm. gut / schlecht ~** llevarse bien / mal con alg.; **unter etw. ~** definirse como a/c 5A
versuchen (etw. zu tun) intentar + *inf.*; **~ zu +** *Inf.* tratar de + *inf.* 4B
verteidigen (jdn. / etw.) defender a alg., a/c (e → ie); **sich ~** defenderse (e → ie)
Verteidigung la defensa 4C
Vertrauen la confianza 1A
Vertreter/in *pol.* el / la representante 3A
verunreinigen (etw.) contaminar a/c
verunreinigt sein contaminado/-a (estar) 5A
verursachen (etw.) causar a/c 5A; **ein Durcheinander ~** armarse un lío 1Ac
verwechseln equivocarse
verwehren (jdm. etw.) negar a alg. a/c (e → ie) 5A
verwenden (etw.) usar a/c
verzeihen disculpar
verzweifelt desesperado/-a (estar)
Video el vídeo
Videokonsole la videoconsola
viel mucho; **~ mehr** mucho más
viel/e mucho/-a
Vielfalt *la diversidad*; la variedad 5Ac
vielfältig *diverso/-a*; variado/-a (ser)
vielleicht quizás + *indicativo*; tal vez 4B
vier cuatro
vierte + *Nomen* el / la cuarto/-a + *sust.*
viertel Kilo (von) el cuarto de kilo (de)
Vierteljahr el trimestre *m.*
virtuell virtual (ser) *adj.*
Vitamin la vitamina
Vogel el ave *f.* (*pl.* aves); el pájaro
Volk el pueblo
voll sein lleno/-a (de) (estar)
vollenden (etw.) completar a/c 5B
Volleyball *Sportart* el voleibol
vollgestopft repleto/-a (estar)
völlig completamente *adv.* 1A; totalmente *adv.* 1A
vollständig completo/-a; por completo
von de; **~ allein** solo/-a; **~ Bedeutung sein** tener importancia (e → ie) 1Ac; **~ überall** de todas partes; **~ wo aus** desde donde
von + *Zeit* **+ an** a partir de + *tiempo*
von … aus desde
von / seit […] bis […] Uhrzeit desde la / las […] hasta la / las […]
vor delante (de); **~ allem** sobre todo; **~ dem Gesetz** ante la ley 4C
vor + *Nomen* antes de + *sust.*
vor + *Nomen* frente a + *sust.*
vor + *Zeitangabe* hace + *tiempo*
vorbeigehen ir de paso; pasar (por); **an jdm. / etw. ~** pasar por delante de alg., a/c 2A; **an etw. ~** pasar por a/c
vorbereiten (etw.) preparar a/c; **sich auf etw. ~** prepararse para a/c 2B
vordrängeln (sich) colarse (o → ue)
vorgestern anteayer
vorhaben zu + *Inf.* pensar + *inf.* (e → ie) 2A
vorher antes
vorige/r/s anterior *adj.* 1B
Vorliebe la afición (*pl.* aficiones)
Vorrat las provisiones *pl.*
vorschlagen (jdm. etw.) proponer a alg. a/c
Vorschule la escuela infantil
vorstellen (sich) imaginar(se); **jdn. / etw. ~** presentar a alg., a/c; **sich ~ bei** presentarse a
Vorstellungsgespräch la entrevista (de trabajo) 2C
vorstrecken (etw.) adelantar a/c 5B
Vulkan el volcán (*pl.* volcanes)

W

wachsen crecer (c → zc)
Wachstum el crecimiento 5A
Wahl la elección (*pl.* elecciones) 4B
Wahl(Möglichkeit) la opción (*pl.* opciones)
wählen (jdn. / etw.) elegir a alg., a/c 3A
Wahlfach la Optativa
wahnsinnig machen (jdn.) tener de los nervios a alg.
wahr verdadero/-a; **~ werden** hacerse realidad

während mientras; ~ + *Nomen* durante + *sust.*
Wahrheit la verdad
wahrscheinlich probablemente *adv.*
Währung la moneda
Wald el bosque
Wand la pared
Wann? ¿Cuándo?
Es ist warm. Hace calor.; ~ **sein** tener calor
Wärme el calor
warten (auf jdn. / etw.) esperar a alg., a/c
Warteschlange la cola
Warum? ¿Por qué?
Was (für)? ¿Qué?
was *Relativpronomen* lo que
Was für + *Adj. Komp.* + *Nomen* **!** ¡Qué + *sust.* + *más* + *adj.!*
Was für ein/e + *Nomen*! ¡Vaya + *sust.*! *fam.*
waschen (etw.) lavar a/c
Waschmaschine la lavadora
Wasser el agua
Wasserhahn el grifo 3C
Webseite la página web
wechseln (etw.) cambiar a/c
weder [...] noch [...] noch [...] no [...] ni [...] ni [...]
Weg el camino; la ruta; **auf dem ~ nach / zum / zur** de camino a 2A
wegen por; por culpa
weggehen irse
weggießen (etw.) tirar a/c
wegnehmen (jdn. etw.) quitar a alg. a/c
wegwerfen (etw.) tirar a/c
weh tun doler (o → ue)
Weihnachten la Navidad 5B
Weihnachtsmarkt el mercadillo de Navidad
weil *Konj.* porque; ya que
Weile el rato
Weile (eine ganze) un buen rato 5B
weinen llorar
Weintraube la uva
weiss blanco/-a
weit lejos *adv.*; ~ **verbreitet sein** presente (estar) *adj.*
weiter tun (etw.) seguir + *ger.* a/c (e → i)
weitergeben (jdm. etw.) pasar a alg. a/c
weitermachen continuar + *ger.* 2Ac; **mit etw. ~** seguir con a/c (e → i)
Weizen el trigo
Welche/r/s? ¿Cuál?
Welche? ¿Cuáles?
Wellensittich el periquito
Welt el mundo; **die ganze ~** todo el mundo
Weltmeisterschaft *el Campeonato mundial*
weltweit *a nivel mundial*
ein wenig un poco
wenig/e poco/-a
weniger menos
weniger + *Adj.* **(als)** menos + *adj.* (que)
wenigstens por lo menos
wenn si
Wer? ¿Quién? (*pl.* ¿Quiénes?)
werden + *Adj.* ponerse + *adj.*
Werkstatt el taller
Wesen el ser
Westen el oeste
westlichste/r más al oeste
Wettbewerb el concurso
Wetter el tiempo; **Das ~ ist gut / schlecht.** Hace buen / mal tiempo.
wichtig sein importante (ser) *adj.*; necesario/-a (ser); **es ist ~, dass** es necesario que + *subj.*; **jdm. etw. ~ sein** importar a alg. a/c
widerspiegeln (etw.) reflejar a/c 3B; **sich ~** reflejarse 2C
widmen (sich etw.) dedicarse a a/c 2Ac
wie como
Wie + *Adj.*! ¡Qué + *adj.!*
Wie viel/e? ¿Cuánto/-a?
Wie? ¿Cómo?
wieder tun (etw.) volver a+ *inf.* (o → ue)
wiedererkennen (jdn., etw.) *reconocer a alg., a/c* (c → cz)
wiederholen repetir (e → i)
wiederverwerten (etw.) reciclar a/c
wiegen (jdn., etw.) pesar a alg., a/c
Wilde el / la salvaje
Willkommen! ¡Bienvenido/-a!
Wind el viento; **die ~energie** la energía eólica 3Ac
Winter el invierno
winzig menudo/-a
wir (*m. / f. / Pl.*) nosotros/-as
wirken parecer (c → zc)
wirklich de verdad; realmente *adv.*
Wirklichkeit la realidad; **in ~** en realidad 1Ac
wirksam sein eficaz (*pl.* eficaces) (ser) *adj.* 2C
Wirtschaft la economía 5A
Wirtschafts- + *Nomen*, **wirtschaftlich** económico/-a
Wirtschaftswissenschaften las Ciencias Económicas y Empresariales 2B
wissen (etw.) saber a/c
Wissenschaft la ciencia
Wissenschaftler/in el / la científico/-a
Witz la broma 1Ac; el chiste
witzig gracioso/-a
von wo aus desde donde
wo *Relativpronomen* donde
Wo? ¿Dónde?
Woche la semana
Wochenende el fin de semana
wöchentlich semanal *adj.*
Woher? ¿De dónde?
Wohin? ¿Adónde?
Wohl el bienestar *m.* 4C
wohl (*angenehm*) a gusto
Wohlstand el bienestar *m.* 4C
wohnen vivir
Wohnsitz el lugar de residencia 4Ac
Wohnung el piso
Wohnzimmer el salón
Wolke la nube
Wolkenkratzer el rascacielo
wollen querer (e → ie); **~, dass** querer que + *subj.*
womöglich a lo mejor *fam.*; capaz *arg.* 5B
Wort la palabra
Worten (mit anderen ~) o sea *fam.*
Wörterbuch el diccionario
Worüber? ¿De qué?
Wozu? ¿Para qué?
wunderbar estupendamente *adv.*; estupendo/-a
Wunsch (nach ~) a la carta
Würfel el dado
würfeln tirar a/c
Wurst el embutido
Wurzel el raíz (*pl.* raíces) 4A
Wüste el desierto
wütend furioso/-a (estar)

Z

Zahl el número
zahlen (etw.) pagar a/c
Zahn el diente
Zahnbürste el cepillo de dientes

zärtlich cariñoso/-a
Zärtlichkeit el cariño
Zehnerkarte el bono de diez
zeichnen (etw.) dibujar a/c; diseñar a/c
Zeichner/in el / la dibujante
Zeichnung el dibujo
zeigen (etw.) señalar a alg., a/c 5B; *señalar a/c*; ~ *Fernsehen* poner a/c; **jdm. etw.** ~ mostrar a alg. a/c (o → ue); **jdm.** ~ **zu** + *Inf.* enseñar a alg. a + *inf.*
Zeit el tiempo; **an der** ~ **sein zu** + *Inf.* tocar + *inf.* 2A; **die** ~**verschwendung** la pérdida de tiempo 2A; **eine tolle** ~ **haben** pasarlo bomba *fam.*; **sich** ~ **lassen** darse tiempo 2Ac; **zur** ~ por el momento
zeitgenössisch contemporáneo/-a
Zeitschrift la revista
Zeitung el periódico
Zeitungspapier el papel periódico
Zelle *Biologie* la célula
Zelt la tienda de campaña
Zentrum el centro
zerbrechlich delicado/-a (ser) 5B
zerstören desbaratar a/c 5B
zerstören (etw.) destruir a/c
Zettel la nota
Ziegel(-stein) el ladrillo
Ziegeldach el techo de tejas
ziehen (etw.) tirar a/c
ziemlich bastante *adv.*
Zimmer la habitación (*pl.* habitaciones)
Zoff machen armar una bronca *fam.*
Zone la zona
Zoo el zoológico
Zopf la trenza 5B
zu a; ~ **viel** demasiado *adv.*; demasiado/-a *adj.*
Zucker el azúcar *f.*
Zuckerrohr la caña de azúcar 5Ac
zuerst primero *adv.*
Zufall la casualidad
zufällig de casualidad 1A
zufrieden contento/-a (estar); satisfecho/-a (estar); **sich mit etw.** ~ **geben** conformarse con a/c 2Ac
Zug el tren
Zug- + *Nomen* migratorio/-a; **Zugvogel** el ave migratoria *f.*
zugestehen (etw.) *hier* reconocer a alg., a/c (c → zc) 4Ac
zuhören escuchar
Zukunft el futuro
zulassen (jdn.) admitir a alg. 2B
Zulassung la admisión (*pl.* admisiones); ~ *Schule*, *Universität* el acceso
Zulassungsprüfung la prueba de acceso
zuletzt por último
zumindest por lo menos
Zuneigung el cariño
zurückgeben (etw.) devolver a/c (o → ue)
zurückkommen (nach) volver a (o → ue)
zusammen juntos/-as
Zusammenfassung el resumen (*pl.* resúmenes)
Zuschauer/in el / la espectador/a
zuständig sein (für etw.) tocar a alg. a/c
Zutat el ingrediente
zwei dos
Zweifel la duda 2B
zweifeln, dass dudar que + *subj.*
zweite + *Nomen* el / la segundo/-a + *sust.*
zwischen entre
Zwischenstopp la parada
zwölf doce

INDICACIONES PARA LOS EJERCICIOS

COMPRENDER

apuntar	notieren	¿Sobre qué discutís con vuestros padres? Apuntad los temas en la pizarra.
relacionar	zuordnen	Escucha los diálogos y relaciónalos con las fotos.
contar	erzählen	¿Haz hecho alguna vez algún viaje con mochila? Cuenta tu experiencia.
corregir	korrigieren	Corrige tu texto.
describir	beschreiben	Describe el cartel.
elegir	auswählen	Elige en la estadística cinco aspectos que sean importantes para ti y justifica tu elección.
ordenar	in die richtige Reihenfolge bringen	Ordena cronológicamente lo que hizo Nicolás aquella mañana y cuéntalo.
presentar	präsentieren, vorstellen	Presentad a la familia, su origen, sus motivos para migrar y sus sentimientos.
resumir	zusammenfassen	Resume el problema de la narradora.

ANALIZAR

analizar	untersuchen	Analizad el mapa.
caracterizar	charakterisieren	Caracteriza a la narradora.
explicar	erklären	Divide el texto en cuatro partes y explica su contenido.
exponer	darstellen	Expón las opciones utilizando el gráfico.
formular una hipótesis		Describe la foto, relaciónala con el título y formula hipótesis: ¿de qué podría tratar el texto?
comparar	vergleichen	Compara Buenos Aires con Berlín.
interpretar	interpretieren	Interpreta las siguientes frases del texto.
dar su opinión	seine Meinung äußern	Da tu opinión sobre el texto.

CREAR/COMENTAR

imaginar(se)	sich vorstellen	Imagínate que eres otra persona.
inventar	ausdenken	Inventa cómo empieza su día, qué hace, cómo se siente y qué piensa.
escribir	schreiben	Escribe la historia desde la perspectiva del padre.
evaluar	bewerten	Evaluad el proyecto.
comentar	Stellung nehmen	¿Qué describen los siguientes verbos: algo positivo o negativo? Comenta.
discutir	erörtern / diskutieren	Discutid la información de la tabla en clase.
justificar	rechtfertigen	¿Verónica es buena amiga? Justifica tu respuesta.

TRANSCRIPCIONES

Unidad 1, p. 10/11

1

Verónica: Date prisa, Romina, que vamos a perder el autobús …

Romina: Tranquila, todavía faltan cinco minutos … Bueno, ¿qué vas a hacer esta tarde? ¿Has quedado con Mateo?

Verónica: No, hoy no hemos quedado porque está estudiando con Adrián para el examen de Mates de mañana. Tengo toda la tarde libre, así que si quieres podemos ir juntas a la piscina.

Romina: Me encantaría, pero es que ya he hecho planes …

Verónica: ¿Planes? Si quieres puedo acompañarte …

Romina: No, bueno, en realidad, … es que he quedado con alguien …

Verónica: ¿Qué dices? ¿Y quién es ese «alguien»?

Romina: No tiene importancia, mañana ya te contaré …

Verónica: ¿No será el chico tan alto y tan guapo con el que estabas hablando el otro día en la parada del autobús?

Romina: David, se llama David …

Verónica: ¡Estoy flipando!

2

Mateo: Mamá, me voy. Vuelvo tarde.

Madre: ¿Cómo que vuelves tarde? ¿Ya te vas? ¿Se puede saber adónde?

Mateo: ¿Adónde voy a ir, mamá? Ya estamos como siempre, controlando como la policía …

Madre: No se trata de ser policía, pero quiero saber adónde vas y con quién.

Mateo: Creo que ya soy mayorcito …

Madre: Ya, eres mayor para lo que te conviene. Además, mira qué pintas llevas[1] …

Mateo: ¿Pintas? Mamá, está de moda, todos mis amigos van así … En fin, me voy …

Madre: Oye, además, … ¿tú no tenías mañana examen de Matemáticas?

Mateo: ¡Adiós!

3

Camarero: Aquí tenéis, dos aguas, un zumo de naranja y un zumo de manzana.

Adrián: Para mí el zumo de naranja, gracias.

Paco: Gracias … Bueno, ¿tenéis ya alguna idea para el regalo de Mateo?

Romina: Ni idea, es súper difícil encontrar un buen regalo para él.

Adrián: No os comáis mucho el tarro[2], cualquier juego de ordenador es perfecto …

Verónica: ¡Ni de broma! Mejor regalémosle algo personal …

Adrián: Si es que da igual, lo que a él le importa es que vayamos todos el sábado a la fiesta.

Paco: Adrián tiene razón, pero además de la fiesta molaría llevarle un buen regalo.

Romina: Yo no tengo ni idea, no se me ocurre nada …

Verónica: ¿Y qué os parecería regalarle una camiseta de Macaco?

4

Adrián: A ver … saca la calculadora y el libro de Mates.

Mateo: Aquí están … ¡Vaya rollo! ¿Tú has entendido los ejercicios que hemos hecho hoy en clases?

Adrián: Pues no todos. Algunos son bastante chungos[3] y el profe se arma un lío cada vez que explica actividades complicadas …

Mateo: Yo al profe no le entiendo ni cuando dice buenos días …

Adrián: Tienes razón, a ese tío no le entiende ni su madre …

Mateo: Yo flipo, así es imposible aprobar.

Adrián: Además yo esta tarde tengo entrenamiento a las siete, así que no voy a tener mucho tiempo para empollar.

5

Adrián: Bueno, pues todo listo … ¿a qué hora empieza la fiesta el sábado?

Romina: A las nueve, pero supongo que la peña[4] llegará más tarde, a partir de las diez.

Adrián: Yo el sábado tengo un partido y no llegaré hasta un poco más tarde.

Paco: Mateo ya ha comprado la comida y la bebida para la fiesta y yo le echaré una mano el sábado con la música y el resto …

Verónica: Va a ser una pasada, ¿saben vuestros padres que hacéis la fiesta en casa?

Paco: Claro que lo saben, pero ellos se van todo el fin de semana, así que somos los reyes de la casa …

Adrián: ¡Genial! Pues nada, lo dicho, ¡nos vemos el sábado!

Verónica: ¡Adiós!

Paco: ¡Chao!

6

David: Menos mal … ¡se acabaron las clases por hoy!

Adrián: Por fin … ¿vas a ir esta tarde al entrenamiento?

David: Pues claro, como siempre.

Adrián: Yo tengo que estudiar Mates, pero supongo que al final iré a entrenar, aunque llegue un poco tarde.

David: ¡Qué empollón eres!

Adrián: De empollón nada, pero no quiero catear[5] Mates y pringar[6] todas las vacaciones estudiando.

David: Pero si tú no has cateado un examen en tu vida … ¡eres un empollón!

1 ¡Qué pintas llevas! *etwa: Wie du rumläufst!* 2 comerse el tarro *sich den Kopf zerbrechen* 3 chungo/-a *hier: knifflig*
4 la peña *die Clique* 5 catear + asignatura *in + Schulfach durchfallen* 6 pringar *schuften*

Unidad 4, p. 64/65

1

La música de Lila Downs transmite tradición, costumbres, historias y cultura. Sus canciones cruzan fronteras y se inspiran en las culturas mexicana y estadounidense[1]. Sin olvidar sus orígenes, no canta sólo en español o inglés, sino también en las lenguas indígenas mixteco, zapoteco, maya, purépecha o náhuatl. Su voz representa[2] a los migrantes hispanos en los EE. UU. y a la población indígena en México.
De madre mexicana y padre estadounidense, Lila creció en Oaxaca y no aprendió inglés hasta los 14 años cuando pisó los EE. UU. por primera vez. Hoy vive en Nueva York y Coyoacán, un barrio colonial de Ciudad de México. Su Grammy Latino o su Óscar a la mejor canción en la película «Frida», son ejemplos de su exitosa carrera.

2

Pepón Osorio nació en Puerto Rico y vivió allí hasta los 20 años cuando decidió emigrar a Nueva York. Allí continuó sus estudios como artista. Su experiencia como trabajador social en el Bronx le permitió conocer a migrantes de diferentes países que han sido su fuente de inspiración[3].
Su trabajo tematiza la comunidad puertorriqueña en Nueva York: sus costumbres, sueños, alegrías y dolores. Su arte muestra la manera[4] de vivir de muchos puertorriqueños[5] y caribeños[6]. Pepón vive actualmente en Filadelfia y sigue comprometido con la realidad social de su gente.

3

El Dr. Mario J. Molina nació y vivió hasta los 10 años en Ciudad de México, pero desde muy joven continuó su formación como químico en Suiza, Alemania, Francia y los EE. UU. hasta llegar a ser profesor de Química e investigador[7] en la Universidad de California. Además de dar clases, se dedicó a investigar con éxito la capa de ozono[8]. Junto a su equipo, el Dr. Molina recibió el premio Nobel de Química por descubrir el agujero en la capa de ozono. Molina es un científico comprometido con el medio ambiente y, actualmente, sigue viviendo en San Diego, California. Sus estudios no sólo han permitido entender mejor la capa de ozono, sino también el cambio climático en todo el mundo.

4

A Verónica Boquete la llaman «la Messi española». Es que Vero es ya, posiblemente, la mejor futbolista española de toda la historia. Nació en Santiago de Compostela, España donde empezó a jugar fútbol como única niña en un equipo de niños. A pesar de que Vero llegó a ser una estrella del fútbol en España, decidió ir a los EE. UU. para poder «vivir de la pelota». Aunque al principio echó de menos la comida española y el inglés le costó un poco, se ha adaptado rápidamente a su nueva vida lejos de casa. Actualmente Verónica vive en el país donde juega: EE. UU., España, Suecia, Rusia … Además, en 2011 fue la mejor jugadora del año de la liga[9] estadounidense *Women's Proffesional Soccer*, una de las mejores ligas del mundo.

5

Gael García Bernal es un actor y director mexicano muy famoso por películas nominadas[10] a los premios Óscar como «Amores perros», «Babel» o «Diarios de motocicleta».
Empezó a trabajar a los nueve años y a los diecisiete, se fue a Londres para estudiar actuación. Nació en Guadalajara, pero hoy es un habitante del mundo: vive con su familia en México, Miami, Buenos Aires, Madrid … Además de actuar, Gael trabaja como director de películas y documentales. Uno de ellos, «Los Invisibles», tematiza la inmigración centroamericana hacia los EE. UU. Por mostrar las historias de miles de inmigrantes en este documental, Gael recibió el premio WOLA a los derechos humanos[11].

1 estadounidense *US-amerikanisch* 2 representar a alg., a/c *jdn. / etw. repräsentieren* 3 la fuente de inspiración *die Inspirationsquelle* 4 la manera *die Art und Weise* 5 el / la puertorriqueño/-a *der / die Puerto-Ricaner/in* 6 el / la caribeño/-a *der / die Einwohner/in der Karibik* 7 el / la investigador/a *der / die Forscher/in* 8 la capa de ozono *die Ozonschicht* 9 la liga *die Fußballliga* 10 nominado/-a *nominiert* 11 los derechos humanos pl. *die Menschenrechte*

SOLUCIONES

PRIMER PASO, P. 8/9

Soluciones A

1 los incas, América del Sur / Perú; los mayas, Centroamérica; los aztecas, México **2** querré, querrás, querrá, querremos, querréis, querrán **3** ¿Me cobras? **4** el catalán, el vasco, el gallego **5** está, esté **6** Hace calor / frío. Hace buen/mal tiempo. **7** En las costas españolas se construye demasiado y se destruye así el medio ambiente. **8** sepan, canten **9** los estudios, el / la estudiante **10** Hacer una formación profesional o el bachillerato. **11** acompañara **12 a** Es lista. **b** Está lista. **13** Lima. Está en la costa. **14** El pobre niño … **15** seco/-a, bajar, la salud.

Soluciones B

1 las carabelas **2** tendré, tendrás, tendrá, tendremos, tendréis, tendrán **3** Marco sabe hablar español. b. Luisa no puede venir. **4** Montjuic, el Puerto Olímpico, Parque Güell, Las Ramblas, La Sagrada Familia, Camp Nou, la torre Agbar **5** haría, iría **6** el metro, el tren, el bus, el avión, la bicicleta, el barco **7** Más de la mitad de los jóvenes de la sierra habla quechua como lengua materna, pero en casi ningún colegio se enseña. Muchos tienen que estudiar y trabajar al mismo tiempo para ayudar a su familia. **8** regalara **9** el / la cantante, la canción **10** la costa, la sierra y la selva **11** es visitada **12 a** Paco es mi único tío. **b** José es un cantante único. **13** el cobre, el oro, el petróleo, los espárragos, el café **14** cuyos **15** asustarse, sorprenderse, gustar, inmigrar

PREPARAR EL EXAMEN DELE, P. 100/101

I Comprensión de lectura

1/c; 2/a; 3/b; 4/a

II Expresión escrita

Hola Lorena:

¿Cómo has pasado tus vacaciones? Yo este año no he ido a la playa con mis padres y hermanos como todos los veranos porque he hecho unas prácticas durante cuatro semanas en el periódico de mi ciudad. Finalmente decidí hacerlas porque quiero ser periodista y estas prácticas me han ayudado a conocer un poquito este mundo.

El trabajo me ha gustado mucho y estoy contento con mi primera experiencia en un periódico. Todos los días me levantaba temprano y llegaba a las oficinas a las ocho de la mañana. Durante las primeras horas ayudaba a los periodistas buscando información en internet, como direcciones de lugares o nombres de personas. También me tocaba imprimir algunas noticias. Casi todos los días acompañaba a algún periodista y a su fotógrafo a alguna parte de la ciudad para investigar algo para alguna noticia o hacer un reportaje. Fue muy interesante ver a mis compañeros de trabajo haciendo entrevistas y tomando fotos. Al final del día empezaba mi tarea más importante: leer los textos del periódico del día siguiente y decir, por ejemplo, si no había entendido algo.

He tenido mucha suerte porque he conocido a mucha gente interesante y he aprendido un montón, así que estoy muy contento con mis prácticas.

Espero que tú me cuentes pronto qué has hecho en tus vacaciones.

Un beso,

Antonio

III Gramática y vocabulario

1/c; 2/a; 3/a; 4/b; 5/a; 6/b; 7/c; 8/b; 9/a; 10/b

IV Comprensión auditiva

1/f ; 2/v ; 3/f ; 4/v

V Expresión oral

Descripción:

2 En la dibujo número dos se ve a la izquierda a un chico y, a la derecha, un camarero que le ofrece una mesa. El chico lleva ropa muy elegante: una camisa blanca de manga larga, pantalones negros, zapatos negros y gafas. El camarero es mayor que el chico, lleva pantalones blancos, una camisa blanca y tiene poco pelo. En la mesa hay un vaso, un plato con una servilleta encima y cubiertos. **5** En el dibujo número cinco se ve al chico sentado y al camarero de pie al lado derecho del chico. En la mesa hay muchos platos sucios y un plato pequeño con la cuenta. Se puede ver que el chico tiene que pagar 50 euros. El chico está buscando el dinero y está muy rojo. El camarero mira al chico sin entender lo que está pasando.

Narración:

Un chico de unos 16 años vestido muy elegante entra en un restaurante muy caro para comer. Un camarero lo saluda y le muestra una mesa. El chico se sienta en una silla y pide «a la carta». El chico le dice al camarero que quiere una ensalada, carne con patatas y una botella de agua. Después de comer, el chico está muy contento y le pide la cuenta al camarero. Este se la trae sobre un pequeño plato. Cuando el chico busca el dinero, no lo encuentra. Después de buscarlo por todos lados, se pone nervioso y muy rojo porque no tiene dinero para pagar. El camarero lo mira al chico y no entiende qué pasa. Al final, resuelven el problema: el chico se pone a lavar los platos del restaurante y todo el mundo está contento.

QUELLENVERZEICHNIS

Fotos:

© 123RF/Tyler Olson: **S. 29** (rechts) – © Cornelsen: **S. 115**; Cornelsen/Lucentum Digital: **S. 10** (1), (2), (3), (4); **S. 11** (5), (6); **S. 12** (links), (rechts) – © Editorial Prensa Ibérica/La Opinión de Málaga/Carlos Criado: **S. 36** – © Fotolia: **S. 82/83** (Erde); Fotolia.com: **S. 47** (rechts); Fotolia/Jürgen Fälchle: **S. 83** (4) – © iStockphoto: **S. 46** (rechts oben), (rechts unten); **S. 54; S. 82/83** (1); **S. 134** (rechts); iStockphoto/Adam Gregor: **S. 40**; iStockphoto/Alexander Raths: **S. 28** (links); iStockphoto/Ben Greer: **S. 28** (rechts); iStockphoto/Bill Noll: **S. 33** (links); iStockphoto/blackwaterimages: **S. 33** (rechts); iStockphoto/Catherine Yeulet: **S. 22** (5); iStockphoto/Dmitriy Shironosov: **S. 22** (3); iStockphoto/Fernando Alonso Herrero: **S. 132**; iStockphoto/hadynyah: **S. 9**; iStockphoto/Hannu Liivaar: **S. 56** (oben); iStockphoto/Maartje van Caspel: **S. 130** (unten); iStockphoto/Mustafa Ilker HELVACIOGLU: **S. 82/83** (5); iStockphoto/Nikada: **S. 22** (4); iStockphoto/Pavel Losevsky: **S. 66** (Vordergrund); iStockphoto/Rubberball: **S. 30**; iStockphoto/Shelly Perry: **S. 33** (Mitte) – © Ministerio de Sanidad y consumo: **S. 21**(links) – © shutterstock: **S. 51**; Shutterstock/Igor Klimov: **S. 130** (oben) – © Stockfood/Simon Scarboro: **S. 89** – © Veer: **S. 69, 134** (links); Veer/Alloy Photography: **S. 22** (1); Veer/Ocean Photography: **S. 22** (2)

© actionpress/ZUMA Press: **S. 64** (links); **S. 79** (oben u. unten rechts) – © Amnistía Internacional: **S. 74; S. 75** (rechts); **S. 76** (rechts); **S. 98** – © Collection Christophel: **S. 21** (rechts) – © CORBIS/Dave Reede: **S. 83** (3); CORBIS/Gene Blevins: **S. 79**; CORBIS/Gideon Mendel: **S. 29** (links); CORBIS/moodboard: **S. 83** (2); CORBIS/Paul Almasy: **S. 96** (links); CORBIS/Stephanie Maze: **S. 96** (rechts); CORBIS/Will & Deni McIntyre: **S. 70, S. 131**; CORBIS/ZUMA Press/Peggy Peattie: **S. 65** (rechts); **S. 79** (Mitte rechts) – © DLR – Deutsches Institut für Luft- und Raumfahrt: **S. 46** (links) – © dpa Picture-Alliance: **S. 135** (rechts) – © Getty Images: **S. 53**; Getty Images/Bryan Peterson: **S. 66** (Hintergrund); Getty/SambaPhoto: **S. 135** (links); Getty/Diane Macdonald: **S. 82/83** (6); Getty/Ulrike Welsch: **S. 84** – © mauritius images/age fotostock: **S. 27**; mauritius images/Jose Fuste Raga: **S. 85**; mauritius images/Rainer Elsen: **S. 95** – © picture alliance: **S. 65** (Mitte); **S. 79** (unten links); picture alliance/dpa: **S. 47** (links); picture alliance/dpa: **S. 48**; picture alliance/Hector Mendez-Caratini: **S. 64** (rechts oben); **S. 79** (oben u. unten Mitte); picture-alliance/dpa/epa-Bildfunk: **S. 64** (rechts unten); **S. 79** (oben links) – © REUTERS/Tim Shaffer: **S. 65** (links oben); **S. 79** (Mitte, links) – © UN Water World Water Day, Coordinated by the Food and Agricultural Organization of the United Nations: **S. 54; S. 133.**

Grafik:

© Amnistía Internacional: **S. 74, S. 136** – © Ayuntamiento de Cartagena: **S. 39** – © Ayuntamiento de Legánes: **S. 39** – © Binder/WWF: **S. 92/S. 93** – © EPA – Ente Publico del Agua: **S. 56** – © Fundación Global Nature/Ministerio de Medio ambiente y Medio Rural y Marina: **S. 43** – © Junta de Castilla y León: **S. 18** – © Okapi: **S. 21** (oben) – © Red. nacional de ciclismo urbano: **S. 87** – © Susan Bergholz Literary Services/Plume: **S. 72** – © WWF México: **S. 99** oben, **S. 99** unten

Statistiken:

© Injuve, 2011: **S. 20** – © Instituto de Education, Gobierno de Espana, 2010: **S. 45** – © Instituto Nacional de Estadistica de Espana, 2011: **S. 38** – © Liga espanola de la education, 2011: **S. 15** – © Ministerio de Igualdad texta adaptado, Gabiemo de Espana, 2009: **S. 38**

Texte:

© Amnistia Internacional, Los Invisibles, 2010: **S. 74; 75; 76** – © Blog de clasificados, Locanto, 2011: **S. 39** – © Dani Macaco: **S. 53** – © Declaracíon Unversal de los Derechos Humanos, Naciones Unidas: **S. 74; S. 75; S. 76** – © EL PAIS: **S. 100** – © Franlo Lopez, Lo que pasa es que te quiero, Nuevos Escritores, 2007: **S. 62 / S. 63** – © Julia Alvarez, YO – Susan Bergholz Literary Services/Plume 1999: **S. 72, S. 73** – © La Opinión de Málaga: **S. 36/37** – © Lililiana Heker, Antologia del cuento argentino del siglos XX: **S. 89; S. 90; S. 91** – © Manolos: **S. 20** – © Ministeria de Iguladad, Gobierno de Espana, 2009: **S. 40** – © Okapi: **S. 25** – © RAE, 2011: **S. 23** – © Ricardo Gomez, No lo entiendo Ediciones SM, 2008: **S. 18, 19** – © Toma Nota, Informe Infoempleo, 2010: **S. 39** – © Universidad de Alicante, Gabinete de inactivas para el Empleo, 2011: **S. 40** – © vatgeadicctes, 2011: **S. 16** – © Welt online 2011: **S. 51** – © WWF Espana, 2012: **S. 56**